Première partie

Entre abîmes et zénith

1

En trois secondes, une vie peut basculer. Ou en trente ans, s'enliser. « Qu'on me dise où est la vérité, celle que je cherche vainement depuis ma deuxième naissance, cet instant fatal où ma conscience s'ouvrit à la place du vide dans ma vie, dans nos vies, dans le monde. Depuis, au hasard des jours et du vent, je cherche à survivre… »

Émergeant à peine de ses pensées sclérosantes, Pierre commençait à s'impatienter. Le tramway qui l'emmenait vers le rendez-vous avait quitté Saint-Gervais une vingtaine de minutes auparavant. À mesure qu'il prenait de l'altitude, sa carcasse métallique peinait davantage, comme si le poids des années l'asphyxiait progressivement ; chaque mètre gravi résonnait, telle une victoire sur la pesanteur et sur le cours des choses. Pierre se tourna vers la fenêtre et découvrit un reflet fantomatique, celui de son propre visage. À croire qu'il n'y avait que lui sur terre ! Trop de lui, en lui et autour de lui ! Au prix d'efforts démesurés, il parvint à détourner ses yeux qui furent aussitôt attirés par une masse claire et diffuse, suspendue en plein ciel : le glacier de Bionnassay s'offrait nu aux plus téméraires, à ceux ayant su consentir à l'oubli, rejetant la sécurité trompeuse des vallées et leurs lits de certitudes. Le glacier était là, immobile, et pourtant, spectre immaculé, il semblait couler du haut de sa glaciale éternité. Que motivait son élan figé ? Tantôt il virait à droite, tantôt revenait à gauche, sautait par-dessus une barrière rocheuse, hésitait puis reprenait sa course effrénée vers une perte inévitable. Criblée de crevasses insondables et de rimayes béantes, sa surface lui rappelait le visage ravagé des êtres que la vieillesse rejoint brutalement et qui, tout paniqués, fouillent gauchement dans leur passé à la recherche des rares moments où il leur fut donné d'aimer vraiment. Alors, ils restent muets, l'air idiot, spectateurs impuissants d'une chute devenant la leur. « Suis-je le premier à éprouver cela, à cet endroit précis ? Et serai-je le dernier ? D'autres âmes en déroute, dans un siècle ou dans mille ans, ressentiront-elles les mêmes émotions résultant d'un cheminement semblable ? Et puis, quelle importance ? Oui, telle est bien la question essentielle : quelle importance y a-t-il à quoi que ce soit dans le monde ? Et au-delà ? D'ailleurs, suis-je certain d'être présent, de vivre en l'instant ? Stop. Il me faut interrompre ce raisonnement que je connais trop, pour l'avoir parcouru stérilement, en tous sens, depuis plus d'une décennie. Je dois me reprendre, me calmer, quitter cette spirale infernale… » Il ferma les yeux, respira lentement. Peu à peu, la tempête intérieure s'apaisa, faisant place à une sensation insolite, mélange de vide et d'une paix inattendue. Encore quelques instants de flottement et il fut prêt à affronter ce qui l'entourait et qu'il dédaignait depuis trop longtemps : la réalité ! C'est ainsi qu'il parvint sans le réaliser au Nid d'Aigle, terminus de la ligne.

À la descente du train, un air frais et sans écho fouetta son visage. Aussitôt, le souvenir lui revint de ses plus belles années, l'époque où il découvrit l'austère majesté du Mont-Blanc, en compagnie de Sophie. Mais à présent, vingt-deux ans plus tard, c'était seul qu'il lui fallait affronter la paroi oppressante qui accaparait déjà son regard et ses pensées. Cette muraille infranchissable lui semblait uniquement dressée pour priver son existence de lendemain, pour lui rappeler qu'il n'est pas de rémission… Depuis le temps glorieux et révolu où le sourire de Sophie lui suffisait, tout avait changé en cette vie qui, paraît-il, était sienne. À commencer, peut-être, par ses anciennes convictions.

Hésitant, il s'engagea sur le sentier du refuge de Tête Rousse, point de départ de l'aventure. Au fil de la montée, il tâchait de repérer l'itinéraire du lendemain qui, entre éboulis, névés éclatés et vertige grandissant, serpente dans le théâtre inhumain d'incessantes pluies de pierres. Les après-midi d'été, le soleil libère d'un sourire anodin, par bataillons serrés, de redoutables déferlantes retenues prisonnières depuis mille ans. Derrière d'invisibles barreaux de glace, un enfer confiné réside au paradis. Ayant adopté le pas lent et régulier des montagnards, il progressait efficacement quand, emporté par son mouvement, il constata avec surprise n'avoir pas trop perdu de sa forme d'antan. Moins fougueux certes, mais tellement plus réfléchi. Trop, d'ailleurs, et c'était bien là le problème ! « Le privilège de la saison des tempes grises… », pensait-il parfois, comme pour se rassurer. Quelques pauses photographiques, remparts dérisoires contre l'oubli, et le voilà qui parvint déjà aux abords du refuge.

Sur la terrasse, il tomba le sac et fondit sur un banc en mélèze rongé par les saisons. Et là, plongé dans un silence assourdissant, il s'apprêtait à contempler le paysage immense, lorsqu'une voix hésitante le tira de ses pensées :

— Monsieur Moulins ?

— Euh oui ! répond-il en se retournant.

— Bonjour, je suis Gladys. Vous savez, Gladys Delay, stagiaire, comme vous…

— Ah oui ! Bonjour, Mademoiselle… Un silence, puis il reprend : moi c'est Pierre… Quand es-tu arrivée ? Tu permets qu'on se tutoie ?

— Oui, naturellement ! Nous sommes arrivés en début d'après-midi, répond-elle, réjouie que la glace soit déjà rompue.

— Tu n'es donc pas seule ?

— Lorsque j'attendais le train, ce matin, aux Contamines, j'ai rencontré Monsieur Lefort, le troisième stagiaire. Nous avons voyagé ensemble.

À l'air étonné de Moulins, elle se sentit dans l'obligation de poursuivre :

— Il est dans le refuge. Cela fait près de deux heures qu'il étudie notre itinéraire dans le topoguide. Pierre parut surpris et ajouta :

— Ainsi, je suis le dernier ! Moi qui pensais avoir été rapide à la montée !

— Tu n'es pas le dernier arrivé, lui confie-t-elle en souriant : Michel Botti, notre guide, devrait nous rejoindre dans la soirée. Ce matin, il terminait une course sur le versant suisse du massif. Ensuite, il devait acheter les provisions pour les six jours que nous allons passer ensemble.

— Je vois que tu es bien renseignée ! dit Pierre, l'œil taquin. Sais-tu si la bière est fraîche à cette altitude ?

— Apparemment oui car Monsieur Lefort, qui en a bu une tout à l'heure, avait l'air plutôt satisfait. Elle s'approche et lui murmure à l'oreille : pourtant il n'a pas vraiment l'air d'un boute-en-train ! Regarde, le voilà justement qui arrive ! Elle se lève : Monsieur Moulins. Ô pardon, Pierre, je te présente Monsieur Lefort, notre compagnon de cordée !

— Bonjour, Jean-Charles Lefort, dit-il d'une voix sèche en adoptant une posture militaire. Nous voilà donc au complet. J'espère que nous formerons une bonne équipe ! Ce sera nécessaire, car l'itinéraire qui nous attend n'est pas évident. Plusieurs passages réclament d'ailleurs un certain engagement…

« Le ton est donné ! », se dit Pierre avant d'enchaîner :

— Bonjour, moi c'est Pierre.

Gladys et Jean-Charles s'assirent aux côtés de Pierre et, ensemble, échangèrent leurs sentiments sur la montée et sur la course du lendemain, sur l'aventure qui commençait. Les minutes passaient sans qu'ils ne s'en aperçoivent réellement. Pendant ce temps, l'horizon rosissait et gagnait en contraste. Les couleurs y défilaient, rivalisant de nuances et d'éclat. La dernière teinte, à peine arrivée, s'effaçait devant la suivante, œuvre inachevée d'un peintre en perpétuelle quête de perfection. La féerie du spectacle préludait aux mystères du bonheur. Les ombres, en s'étirant, se déchiraient sur l'épine dorsale hérissée des Alpes puis, convulsées jusqu'à perdre toute identité, formaient des milliers de vertèbres qui finissaient par se réconcilier. Complotant au-dessus des villes hagardes, elles mettaient à exécution un plan machiavélique, précipitant les vallées et leurs habitants dans une cécité sans rémission.

Imperturbables et sous le prodige de la confession, les trois compères avaient l'impression de se connaître depuis des lustres, solidaires d'une race supérieure ayant opté pour la pleine lumière quand les autres, par faiblesse, y avaient renoncé. Bibliothécaire de formation, Gladys travaillait dans la librairie de ses parents, dans le vieux Lyon où elle avait grandi. Ce stage, mi-randonnée, mi-alpinisme, elle ne l'avait pas choisi par hasard. Depuis plusieurs années, une force grandissait en elle, qu'elle ne pouvait nommer et qui la poussait à désirer ardemment un changement radical dans sa vie : un saut vers plus d'inconfort et moins de futilité. Longtemps, comme les filles de son âge, elle avait rêvé de mariage et de famille, d'enfants sages et de bonheurs conjugués au quotidien. Quoi de plus normal à vingt ans ? Elle s'était même fiancée ! Mais un soir de pluie, celui qu'elle aimait lui avait écrit qu'il était souhaitable de mettre un terme à leur relation… Anéantie, elle avait entendu une voix étrangère s'exprimer par ses propres lèvres et lui répondre, comme s'il avait été présent, qu'elle comprenait et qu'il avait raison. Naturellement, il n'en était rien ! D'ailleurs, qu'y avait-il à comprendre ? Elle s'était ensuite réfugiée dans ses rêves, préférant les contrées imaginaires où personne ne pourrait la décevoir, où le bonheur se respire en permanence et où les larmes abandonnées ont le pouvoir d'effacer les plaies les plus profondes. Plus tard, selon un cheminement qui la dépassait, elle s'était trouvé une vocation nouvelle : s'embarquer pour les Indes où elle apporterait son aide dans les bidonvilles. Sauver des vies ou du moins en soulager, pouvait-elle trouver plus admirable sens à l'existence ? Oui, c'était bien de cela qu'elle avait toujours souffert en silence : de l'absence de cause en laquelle engager son corps et son âme. Toutefois, jusqu'alors, elle n'avait jamais franchi le pas. En aucun cas, elle ne s'était mise en danger, ni n'avait éprouvé la réalité de ses pensées, jusqu'à en souffrir pour être certaine d'exister. Et si, finalement, il ne s'agissait que d'une rébellion post-adolescente, que d'une construction intellectuelle de petite fille de bonne famille ? En était-elle vraiment capable ? Avait-elle suffisamment d'amour en elle ? Ce stage, elle l'espérait vivement, serait le point final au marasme émotionnel de son indécision, la porte ouverte qui lui permettrait de se décider et, peut-être aussi, de s'envoler : six jours pour le choix d'une vie…

2

La fraîcheur de la nuit les incita à rentrer au refuge. À l'intérieur, l'ambiance était simple et chaleureuse. De nombreux alpinistes dînaient dans un brouhaha bon enfant. Les stagiaires eurent l'impression d'être en retard : leur première soirée en altitude avait perturbé leur horloge interne, fait fondre les habitudes. Des vapeurs de soupes bouillantes s'élevaient dans la pénombre et se mélangeaient à la fumée des cigarettes et aux conversations disparates. Ils se frayèrent un passage en direction d'une table libre que Lefort avait repérée au fond de la salle. Ils s'y installèrent et commandèrent le plat du jour au gardien dont les moustaches mal taillées s'animaient en permanence : il les informa que leur guide était arrivé et qu'il les cherchait. Pétrie d'impatience, Gladys se précipita vers la cuisine où elle avait cru apercevoir une silhouette observant la salle.

— Monsieur Botti ?

— Oui.

— Je… je suis une de vos stagiaires. Les autres sont dans la salle. Nous avions hâte de vous rencontrer.

— Allons-y, dit-il d'une voix vibrante qui intimida la jeune femme.

Les présentations faites, le guide se joignit aux stagiaires pour dîner. Pierre fut surpris par l'aspect monolithique qu'il arborait, ainsi que par la rareté de ses paroles. Était-il vraiment aussi froid qu'en apparence ? Difficile à répondre, pour l'heure. Même Lefort paraissait ébahi par la froideur minérale du montagnard. Seule, Gladys semblait avoir le don d'extirper de sa part plus de trois mots consécutifs. Pierre s'en fit une raison et décida de l'accepter tel qu'il était, sans rien attendre de lui en termes de communication. Comme de quiconque, d'ailleurs… « Seul, on naît, se répétait-il chaque fois que la vie le décevait, et seul, on meurt ! » Il lui faudrait juste choisir quelqu'un d'autre pour tenter d'échanger, durant le stage, un peu plus que des consignes basiques ou de ces banalités consternantes qui composent la majorité des conversations humaines.

Ensuite, sous l'effet complice d'un petit rouge astringent, les confidences reprirent là où ils les avaient suspendues. Pierre leur dévoila que c'était sa première sortie véritable depuis plusieurs mois. Avait-il souffert les dernières années d'une déprime lancinante ou d'une profonde dépression ? Il ne le savait pas, mais en tenait pour partiellement responsable l'insipidité de sa carrière de professeur de philosophie dans un sombre lycée de banlieue. Qu'était devenue la flamme qui, une quinzaine d'années auparavant, l'animait dans ses nombreuses activités ? À cette époque, il ignorait où résidait la vérité. Toutefois il savait où elle n'était pas, et cela lui suffisait amplement. Tantôt, il participait à des manifestations sociales engagées au nom de l'égalité, de la solidarité, du progrès, tantôt il organisait des soirées de réflexion sur des thèmes variés qu'il mettait un point d'honneur à choisir minutieusement. Chaque semaine, il rédigeait aussi pour un journal local des articles commentant, non sans recul, l'actualité. On pouvait régulièrement le surprendre en train d'enrôler des étudiants pour la mise en scène d'une pièce de théâtre. Il s'improvisait régisseur et parvenait tant bien que mal à produire ses œuvres dans les municipalités environnantes. À cette période, la tristesse lui était étrangère. Il aimait Sophie, devenue entre-temps son épouse, et ses deux petits garçons qui le lui rendaient largement. Les jours se succédaient dans la fluidité et l'insouciance du lendemain. Puis, à force d'absence, l'absence elle-même avait fini par le rejoindre… Elle s'était installée en lui insidieusement, avec l'aspect débonnaire et l'obstination d'une vague sans cesse renouvelée, qui aborde le rivage jusqu'à le métamorphoser.

C'est vers cette époque qu'il commença à assister, impuissant, à l'étiolement de sa vie familiale. Les piliers en lesquels il croyait s'écroulèrent un à un, emportés dans une valse implacable. Aujourd'hui, il considère que c'est à son manque chronique de volonté qu'il doit de ne pas avoir divorcé. Comme toute action dans le monde a des répercussions sur le monde tout entier, la chute de sa motivation engendra celle de ses élèves et de leurs fragiles convictions. Commença alors la litanie des traitements médicaux qui n'eurent pour seul effet que de lui faire perdre tout espoir que l'espoir pût exister. Plongé dans l'obscurité, l'homme ne tarde pas à défaillir. Vient alors le temps de l'exil ou des excès. Mais dans les recoins insoupçonnés de la planète usée, au cœur de sa folie, un enfant finit toujours par apparaître, qui découvre l'unique bourgeon encore vivant. Aussitôt, son geste rappelle au genre humain qu'au-delà des nuées opaques du présent, le soleil n'a point renoncé : à travers sa symbolique, il prépare la venue du printemps, prélude indispensable à toute rémission. Moulins a vu cette porte s'entrouvrir, un peu par hasard. C'était au cours d'une de ces séances en lesquelles il ne croyait plus et où un psychothérapeute soudainement pris d'insomnie l'écouta et eut l'idée saugrenue de lui conseiller de faire une randonnée en montagne… À compter de ce jour, les choses se précipitèrent. Pierre vit resurgir du fond de son passé l'indicible sensation qu'il avait éprouvée, vingt-deux ans auparavant, lorsqu'il était parvenu avec Sophie au sommet du Mont Blanc, à l'aube d'une journée limpide. Ensuite, ce fut la ruée vers les bouquins oubliés au fond du grenier, vers les piles de revues jaunies, les veillées passées en recherches tous azimuts et, finalement, la récompense : une randonnée glacière proposée par un guide de haute montagne, aux confins de l'alpinisme et de la randonnée, dans l'envers du Mont Blanc. Adolescent déjà, cette région mythique, insignifiante à l'échelle d'une carte, infinie à celle du rêve, le fascinait. À la surprise générale, Michel Botti prit tout à coup la parole :

— Demain matin, nous nous lèverons à six heures… Après le petit déjeuner, nous ferons l'inventaire du matériel et des vivres. Lefort, inquiet, l'interroge :

— Ne serait-il pas plus prudent de nous réveiller plus tôt ? Le topoguide indique que si on est trop tard dans le Grand Couloir de l'Aiguille du Goûter, le risque de chutes de pierres devient considérable.

— Laisse ton livre de côté, répond sèchement le guide.

Ces paroles bouleversèrent Lefort. Jamais personne ne lui avait parlé sur ce ton ! Pour qui se prenait-il, cet ignorant ? Savait-il à qui il s'adressait ? L'envie de réagir impulsivement explosa en lui, néanmoins un sursaut de bon sens le refréna. Il hésita, changea de cap, prépara une réplique à la hauteur de l'effronterie de son adversaire, mais son manque d'habitude en pareille circonstance le mit dans l'incapacité d'adopter l'attitude idoine, celle qui aurait immanquablement remis le guide à sa juste place ! C'est ainsi qu'apparemment vaincu, il choisit de se taire. Momentanément du moins ; l'outrage ne resterait pas impuni, ce n'était qu'une question de temps et de stratégie !

Comme si rien ne s'était passé (d'ailleurs s'était-il vraiment passé quelque chose, sinon une de ces maladresses insignifiantes qui pourrissent des millions d'existences dont les trajectoires évitent le bonheur ?), Botti poussa du revers du bras les assiettes vides et étala une carte de l'IGN sur la table. « Demain nous monterons par le Grand Couloir jusqu'au refuge du Goûter, où nous déposerons les sacs pour la nuit. L'après-midi, nous ferons une école de glace, côté Chamonix : c'est important que vous vous familiarisiez avec les techniques du cramponnage. Lundi, nous basculerons sur le versant italien où nous pousserons jusqu'au refuge Gonella. Nous descendrons une partie de la voie normale italienne du Mont-Blanc. Le lendemain, nous suivrons le glacier du Miage jusqu'à sa langue terminale, au lieu-dit « Le Jardin. » Vous verrez, c'est un endroit magique… Nous traverserons en oblique puis gravirons une moraine, jusqu'au refuge Monzino. Mercredi, il faudra remonter le glacier du Brouillard, en direction de l'Innominata. Nous poursuivrons jusqu'au bivouac Eccles, à plus de 3 800 mètres d'altitudes : grande ambiance, au pied des à-pics de la face sud du Mont-Blanc de Courmayeur… »

Il marqua une courte pause, se frotta les yeux et reprit en indiquant du bout du doigt le cheminement sur la carte : « La journée suivante sera la plus longue du stage. Nous commencerons par gravir la Pointe Eccles, juste derrière le refuge. Puis nous gagnerons le col Eccles et traverserons le cirque supérieur du brouillard, jusqu'au Col de Peuterey. Pendant cette traversée, nous passerons sous le Pilier Central du Frêney et à proximité du Grand Pilier d'Angle, deux 4 000 fantastiques ! Ensuite, c'est là que commencera la longue descente. Nous suivrons d'abord une arête assez fine qui nous mènera aux rochers Grüber, vous voyez, cette zone où les courbes de niveau s'affolent ! Nous enchaînerons plusieurs rappels pour perdre de l'altitude, face à une cascade de séracs. En contrebas, nous longerons l'arête de Peuterey, sous l'Aiguille Blanche, et nous prendrons pied sur le glacier. Cette arête, l'intégrale de Peuterey, est l'une des plus belles courses du massif. Nous traverserons pour rejoindre un couloir en neige et en caillasse qui nous mènera sur les hauteurs du refuge Monzino. Il ne nous restera plus qu'à nous laisser glisser jusqu'à lui ! Enfin, le dernier jour, nous rejoindrons la base du glacier de la Brenva, par un sentier en balcon et nous plongerons sur Entrèves, au débouché du tunnel du Mont-Blanc. Il ne nous restera plus qu'à prendre les trois tronçons du téléphérique pour rejoindre Chamonix, en fin d'après-midi. »

— Quelle merveilleuse aventure, s'exclame Gladys, radieuse. Depuis que je me suis inscrite au stage, en avril, je dévore les cartes du massif, pour imaginer, pour rêver… Mais en t'entendant, cela prend une tout autre dimension !

— Et la difficulté ? s'inquiète Pierre, conscient de la faiblesse de son état.

Le guide le rassura. Seule, la cinquième journée pourrait être éprouvante : la longueur de la course d'abord, ensuite le glacier très crevassé avec lequel il faudrait composer : de multiples détours, parfois des demi-tours… Il ajouta encore : « En ce qui concerne l'acclimatation à l'altitude, les deux nuits que nous passerons à 3 100 et à 3 800 mètres suffiront. »

Soudainement, le visage de Gladys s'assombrit. Tout son être questionna : « Aurons-nous l'occasion de gravir un vrai sommet ? » Son désir le plus ardent était, en effet, que le stage se déroule exactement comme elle l'avait imaginé ! Elle avait mis tant d'espoirs dans cette chevauchée mystique, qu'elle n'y avait laissé aucune place à l'imprévu ! Toutefois un frisson venait de la parcourir qui lui avait révélé la fragilité de sa démarche, le lot de déceptions auxquelles s'exposent les imprudents cherchant à donner vie aux rêves… Dans ses songes récurrents, elle embrassait depuis une cime isolée la création entière qui s'étendait à ses pieds, dans une succession ininterrompue de crêtes et de vallées se confondant à l'infini, dans le bleu de l'horizon, ultime réceptacle de l'errance humaine… Au fil de ses utopies, cette posture biblique s'était peu à peu imposée comme condition nécessaire à la révélation qu'elle attendait.

— Désolé, Gladys, je ne peux rien te promettre : cela dépend de trop de choses.

— De quoi, demande Pierre ?

— En premier lieu, de la météo, répond Botti, mais ce n'est pas tout : il y a aussi l'état physique et le moral des troupes, l'enneigement des glaciers, le risque éventuel de coulée neigeuse, l'horaire…

Après une courte pause, il demanda s'ils avaient d'autres interrogations. Personne ne répondit. Jean-Charles, qui ne s'était pas exprimé jusqu'alors, en avait pourtant autant que de critiques acerbes qui attendaient leur heure, mais il tiendrait bon : pas question de s'abaisser à discuter à chaud avec ce bourru !

Le guide leur suggéra de se coucher pour être en forme le lendemain. Ils acquiescèrent et gagnèrent le dortoir.

3

Peut-être était-ce l'altitude et le froid ou le confort spartiate des couchettes qui privait Lefort de sommeil. Il passait en revue ses dossiers professionnels les plus préoccupants. Entre veille et rêve, tous devaient dès ce soir même trouver une solution, pertinente et définitive. Sinon, il risquait d'oublier, perspective intolérable, vu les enjeux. Alors il raisonnait, ressassait, imaginait des stratégies élaborées, pesait leurs avantages et leurs inconvénients. Ensuite seulement et toujours selon une démarche scrupuleusement rationnelle, il anticipait les réactions que ses décisions susciteraient auprès de ses supérieurs. Derrière chaque problème soulevé, il en débusquait dix autres, dissimulés, et qu'il lui fallait éradiquer sur-le-champ, avant qu'ils n'appellent à leur tour du renfort ! Il savait qu'à la moindre défaillance de sa part, ils resurgiraient de l'ombre et lui inoculeraient un venin mortel. Et s'il prenait une mauvaise décision ? Peu à peu, la possibilité de commettre une erreur devenait pour lui la pire des éventualités, celle qui provoquerait l'effondrement de son château de cartes, une porte béante sur l'abîme dont personne ne revient ! Sa carrière, l'idée et le respect que les gens avaient de lui, sa propre image enfin, ne le supporteraient pas. Il fallait que le sentiment d'absolu et de perfection qu'il inspirait autour de lui reflète constamment l'ampleur de ses capacités intellectuelles et le caractère exceptionnel de ses compétences. Plutôt que de subir les vicissitudes de la vie et des choses, c'était à elles de se conformer à sa volonté, de se soumettre à ses décisions sans appel. Selon lui, tout n'était que question de volonté. Au long des années, Jean-Charles était passé maître dans l'art de tourner à son avantage les situations les plus critiques, celles dans lesquelles ses collègues – et le commun des mortels – s'enlisaient lamentablement. Jusqu'à ce jour, il avait triomphé de tous les tourments, forçant à chaque occasion l'admiration générale. Mais cette nuit blanche était d'une nature hostile… Seul, face à une armée innombrable et organisée, il sentait ses forces légendaires peu à peu chanceler. Sa tête était lourde, fatiguée, trop remplie et – fait nouveau – vulnérable. Mâchant un pressentiment inédit de défaite, il se tournait et se retournait vainement sur l'inconfort de sa couche. Trouvant l'oreiller trop chaud, il cherchait à travers les mouvements d'un corps exaspéré à recouvrer sa maîtrise mentale. La pression montait, l'univers se refermait sur lui. Les ténèbres annexaient le ciel, les êtres disparaissaient un à un de la surface du globe. Un voile occultait déjà les derniers sourires qu'un océan déchaîné venait d'engloutir…

Jean-Charles est le fils aîné d'une famille de la petite bourgeoisie provinciale. Avec ses trois sœurs, il fut élevé dans le respect du travail bien fait, de l'honneur et dans le culte de l'excellence. Et cette même excellence, qui le précédait au temps de son enfance, semblait l'avoir définitivement rejoint à l'adolescence. Accumulant les réussites et les éloges, il décrocha le titre de major de promotion dans l'une des plus prestigieuses écoles d'ingénieur du pays. Cela n'était qu'une formalité nécessaire, un passage obligé : aucunement un port où jeter l'ancre. La victoire scolaire aussitôt consommée, il plaça la barre plus haute encore. C'est ainsi qu'il s'élança, la tête la première, à la quête du pouvoir, dans un mouvement où, pour rester en équilibre, chaque pas accompli exigeait qu'il accélérât davantage le rythme. Pourtant, au fond de lui, une petite voix lui murmurait de loin en loin que toute course a une fin et que le jour inévitable arrivera où les échelons gravis devront être redescendus. Mais l'horreur de cette perspective n'était rien à côté de la force qui l'animait et transcendait sa volonté. En d'autres lieux, à des époques révolues, il aurait certainement été un grand conquérant, admiré ou haï selon le camp. Coup d'état réussi, Général ou Empereur, il aurait marqué les traités d'histoire de son empreinte inimitable. Toutefois cette vérité suprême ne lui laissait qu'exceptionnellement le loisir d'exister, d'être lui-même. De l'humain, il constatait parfois dans des éclairs de lucidité ne plus avoir que les vertus les plus discutables... Puis un jour, parmi les privilèges du rang auquel il s'était élevé, son entreprise lui proposa de choisir librement une formation ou un stage utile à sa carrière. Il hésita devant le catalogue du service formation. À l'évidence, les stages techniques lui laisseraient un goût de déjà-vu et n'auraient pas la dimension managériale qui incombait à son niveau. Ceux orientés vers la communication ? : il les avait tous éclusés ! Une ligne enfin retint son attention : elle proposait des stages qualifiés de « combatifs », destinés à dépasser ses propres limites, à renforcer son charisme. Accroître encore son pouvoir de persuasion, sa volonté de vaincre, voilà chaussure à son pied ! Son choix se porta sur une formule d'alpinisme pour débutants, proposée par un guide de haute montagne. L'impact psychologique de ce choix ne manquerait pas de susciter l'admiration de son entourage professionnel et, plus particulièrement, de la direction générale. Et puis, à quarante-six ans, il ne devrait pas avoir trop de mal à faire la randonnée glacière dont il avait analysé le descriptif succinct.

4

Six heures du matin. Botti claironna qu'il était temps de se réveiller mais les citadins refusèrent la dure réalité, ne percevant pas les mêmes nécessités. Lefort, qui venait à peine de trouver le sommeil, refusa catégoriquement de bouger. Malgré son insistance, le guide ne put l'extirper du monde enchanteur dans lequel il venait de trouver le repos… Le secours vint de Gladys qui, tel un rayon de soleil, sut trouver les mots qui le convainquirent. Par son intercession, un nouvel affrontement stérile put être évité de justesse. Pierre, sans un mot, sortit prendre l'air ; un mal de tête, probablement dû à l'altitude, monopolisait son attention. Une fois à l'extérieur, la limpidité glaciale de l'aurore où dérivaient les dernières étoiles lui procura un sentiment de bien-être dont il avait perdu jusqu'au souvenir.

Après un petit déjeuner pris à la hâte et sous la direction de Michel, ils firent l'inventaire du matériel et des vivres. Ensuite, le gardien du refuge leur fit essayer différentes paires de crampons et leur distribua des piolets. Pendant ce temps, le guide vérifiait minutieusement l'état de la corde, le bon fonctionnement du descendeur, le nombre suffisant de sangles, de mousquetons, de broches à glace… Autour d'eux, les autres alpinistes s'affairaient pareillement, transformant peu à peu la salle commune en basse-cour querelleuse. Puis ce fut l'heure du départ, angoissant comme tous les départs, mais chargé d'émotion. Un dernier regard en arrière et Pierre surprit une larme ruisselant sur la joue de Gladys.

Botti en tête, ils adoptèrent le rythme des montagnards, celui qui, à force d'obstination, triomphe de l'inconcevable. Bientôt, ils aperçurent une cordée dans la face Nord de l'Aiguille de Bionnassay : deux points minuscules agrippés sur le dos cabré d'un animal préhistorique. Jean-Charles fit le parallèle entre ces alpinistes et lui-même, au quotidien. Certes, les enjeux différaient, puisque, lui, ne risquait jamais sa vie dans l'exercice de sa fonction, cependant leurs démarches les rassemblaient à un certain degré de conscience (ou d'inconscience). Émerveillée par la beauté du spectacle et par la perfection de l'instant, Gladys remerciait son créateur en silence. Elle aurait voulu s'arrêter, hurler sa joie, son inconditionnel amour mais, emportée par leur mouvement, elle était dans l'incapacité d'insuffler à ses compagnons la moindre chaleur de son brasier intérieur. Depuis un moment, elle s'interrogeait : étaient-ils croyants ou non ? Les choquerait-elle si elle abordait ce sujet délicat entre tous ? Comment faire et quelles seraient leurs réactions ? Comment gérer la suite du stage si, d'aventure, ses convictions la reléguaient en marge du groupe et déclenchaient l'aversion générale ?

« Pierre ! Pierre ! », crie tout à coup le guide. Moulins, surpris d'entendre son prénom répété avec une telle insistance, se tourne vers Botti et aperçoit avec stupeur un bolide dévalant furieusement la pente vers eux ! Ils se précipitent instinctivement quelques mètres plus loin, sous l'abri d'un escarpement rocheux. Une rafale déferle dans un grondement de tonnerre, projetant une myriade d'impacts qui s'abîment aussitôt dans le néant. Le danger écarté, ne reste qu'une intense émotion mélangée à une odeur de soufre.

« Ce n'est qu'un avertissement : nous approchons du Grand Couloir, déclare Botti, aucunement décontenancé. Il ne faut pas traîner ici, ça canarde sec ! »

Mis au parfum, ils progressèrent rapidement, les yeux fixés vers l'amont. Face au péril imminent, leurs préoccupations personnelles s'étaient effacées au profit d'une attention primitive, animale. L'instinct s'était réveillé, dont certains ignoraient jusqu'à l'existence. Sous une tension extrême, les minutes filaient comme le vent. Leur cœur battait la chamade et des coups de sang plein les tempes, ils atteignirent une première fois la rive opposée du couloir, l'envers du danger. Ils gagnèrent ainsi de l'altitude, jusqu'à ce que l'adrénaline s'essouffle progressivement. Alors, ils récupérèrent leurs facultés mentales, tout surpris de ces autres eux-mêmes dont ils venaient de faire la connaissance… Cette parenthèse dans l'ascension accapara leurs pensées pendant le reste de la montée, accélérant d'autant le cours du temps. Puis ce fut l'arrivée au refuge du Goûter, promontoire dominant de plus de 3 500 mètres la vaste plaine de France, désormais noyée dans l'horizon irréel, à la dérive sur un continent qui déjà n'était plus le leur…

L'après-midi se déroula selon le programme que Botti avait annoncé la veille. L'école de glace fut l'occasion pour Gladys et Pierre de se remémorer les techniques qu'ils avaient apprises et pratiquées autrefois. Les réflexes revinrent rapidement. Pour Jean-Charles en revanche, ce fut une totale découverte. La précision et l'exigence des mouvements à accomplir le séduisirent. Survolant les étapes dans lesquelles la majorité des néophytes stagnent des jours durant, il étonnait ses compagnons et forçait jusqu'à l'admiration du guide, par la rapidité de ses progrès. Après seulement quelques heures de pratique assidue, il affichait une maîtrise semblable à celle de Pierre et de Gladys, en franchissant les plus raides séracs. Il exultait !

La fin de la journée fila à tire d'aile. Après le dîner, ils se retrouvèrent sur l'étroite terrasse du refuge, pour admirer les feux du couchant. Sous une lumière en sursis et les muscles encore vibrants, les masques se mirent à fondre et les confidences reprirent naturellement. Pierre livra sa vie avec simplicité et transparence, sans pudeur ni concession. Son manque de retenue étonnait Jean-Charles, au point même de le déranger.

Gladys, au contraire, était ravie. Pierre se surprit à parler d'événements et d'états d'âme extrêmement personnels, qu'il n'avait jamais abordés avec ses proches. Michel écoutait, en silence. Il connaissait le pouvoir d'un soleil languissant sur des cœurs lourdement chargés ! Chaque fois qu'un client s'abandonnait en confidences, après une journée d'efforts passée en haute altitude, face au vide et plongé dans un océan de sérénité, Botti se faisait la réflexion suivante : que le métier de guide a deux visages, dont un seul est connu des hommes… Dans la solitude et la mélancolie des cimes, le guide assiste à la métamorphose de personnes apparemment banales, en être uniques, dépositaires de richesses fabuleuses qu'ils méconnaissent eux-mêmes. Le guide montre la voie, celle qui permet de vaincre l'objectif que le client s'est fixé, objectif matériel, parfois grand, beau ou difficile, souvent dangereux, mais toujours inutile et absurde aux yeux du monde. Tel un prêtre que le sacerdoce condamne au secret, il accueille sans jugement les confessions les plus diverses. Au fil des années, il voit le regard qu'il porte sur ses clients, et par extension sur ses semblables, changer imperceptiblement. Également capable de rester stoïque lorsque les éléments se déchaînent ou d'accompagner, pour son dernier voyage, un frère de sang que la montagne a prématurément rappelé… Les yeux rivés sur la paroi nord de l'Aiguille de Bionnassay que les rayons épuisés effleuraient maintenant, Michel revit défiler le cortège de ses amis disparus. Dans le rouge et l'orange, c'était le poids de sa vie entière qui le prenait à la gorge. Pourquoi était-il encore là, lui et pas les autres ? Il n'était ni plus fort, ni plus vertueux que ses bien-aimés absents. Alors, il s'interrogeait sur la fin qui serait sienne. Une avalanche, comme son beau-frère Fernand ? Un caillou, comme Gérard, qui lui avait tout appris, y compris à se méfier des chutes de pierres ! La foudre, peut-être ? Ou le froid, qui eut raison d'authentiques légendes vivantes ? Ou bien un lit ou un chauffard, au détour d'un virage ? Perdu dans ses pensées et face à l'oppressante solennité du tableau qui tapissait son amertume, son cœur accueillait avec la même importance et le même respect les états d'âme de Pierre, les aspirations de Gladys, les ambitions démesurées de Jean-Charles et la disparition de ceux qui n'auraient pas dû mourir.

Ensuite, du fond du ciel où un rideau noir était suspendu, une brise s'éleva qui fit peu à peu basculer l'ordre établi. Le voile décroché se mit à onduler au gré d'un murmure imperceptible et vint se poser délicatement sur le lit de braises de l'horizon assagi. Alors, dans un dernier éclat, jaillirent le jaune, l'ocre et le rouge, comme pour achever leurs âmes fragiles égarées en plein ciel. Ultime sursis avant les ténèbres, cet instant aux couleurs d'éternité proféra aux stagiaires abasourdis la plus poignante des leçons d'amour et d'innocence. Le génie, l'inspiration, l'illumination ressemblent à la rosée : ils perlent à l'aube, tels des joyaux étincelants, sur le velours sombre de la nuit. Et, comme les fleurs du désir, ils ne possèdent qu'une gloire éphémère et disparaissent à jamais, de n'avoir été cueillis au faîte de leur gloire. Ainsi de la vie ; certains – et non des moindres – en furent privés, qui tardèrent seulement à y goûter… L'homme adulte est celui qui sait consentir à l'instant, croquer à pleines dents les fruits mûrs, et ne pas remettre au lendemain les projets de l'âme les plus ardents. Il sait surtout que le courant donnant vie aux rivières ne peut survivre en captivité…

5

Lundi, le jour suivant, fut en tous points semblable au bonheur. Les préoccupations des stagiaires se raréfiaient avec l'altitude, tandis que leurs muscles s'affûtaient, toujours plus sollicités. Le souffle régulier, les battements de cœur mieux contenus, la machine humaine célébrait à travers leur progression la symbiose parfaite du corps et de l'esprit, si loin de l'agitation contemporaine et de son cortège de stéréotypes prônant la consécration du corps pour le corps ou de la pensée pour la pensée, mais jamais ce subtil équilibre qui, de l'effort physique inconsidéré aux spéculations mystiques, mène sûrement, par les prodiges de l'amour, à la paix intérieure. Pourquoi s'étonner alors que, tôt ou tard, à force de bafouer ce balancement vital, nous goûtions aux travers de l'existence et que d'innocentes victimes se retrouvent, chemin faisant, précipitées dans notre propre déroute ? Durant ces journées simples et merveilleuses qui unissaient momentanément quatre destinées dissemblables, les heures s'égrenaient dans une rare innocence. Et leurs cœurs ne s'y trompaient pas. Chaque aurore réinventait la veille, propulsant leurs solitudes dans un présent au parfum d'infini. D'une main de maître, Botti emmenait son groupe dans une chevauchée fantastique qui les portait de dômes gorgés de soleil en crêtes effilées, de plateaux débonnaires à des vertigineuses parois où équilibre et vertige s'entrelaçaient constamment. Plongés dans tant de vérités intemporelles, puissantes et naïves, ils subissaient à leur insu une lente et irréversible mutation, de celles qui ne laissent aucune trace en surface, mais qui anéantissent la trame des certitudes les plus profondément enracinées. Trop tôt encore : la chrysalide demande plus de temps. Car le temps, seul, peut triompher d'un rêve…

Au cours d'une de ces montées paraissant ne jamais devoir aboutir, Jean-Charles pensa à Elisabeth, sa femme, et à ses deux enfants. Que faisaient-ils, en cet instant précis ? Pensaient-ils à lui ? Étaient-ils heureux ? Il se remémora l'une de ses dernières querelles de couple. Elle lui reprochait une nouvelle fois de ne pas être présent, de ne vivre que pour son travail. Qu'aurait-il pu objecter, lui qui se levait chaque matin le premier, déjeunait seul, embrassait en coup de vent sa famille au saut du lit puis disparaissait à 7 h 30 précises, pour ne réapparaître, fourbu, qu'après 21 heures ? Son épouse aussi avait un travail prenant, pourtant elle parvenait à garder le sens de la mesure et à gérer son petit monde efficacement, jonglant en permanence avec une batterie de baby-sitters, de nourrices bardées de références inutiles et un nombre déraisonnable d'activités parascolaires. Leurs week-ends, qui auraient dû faire office de havre de fraîcheur dans la chaleur étouffante du désert familial, n'étaient que morne platitude. Le samedi, après les sempiternelles courses dans les hypermarchés bondés, ils s'écroulaient de fatigue dans le canapé. Quant au dimanche, ils ne sortaient plus depuis longtemps. Les instants rarissimes pendant lesquels ils auraient pu apprécier d'être ensemble étaient consacrés, par obligation, aux tâches familiales et administratives accumulées durant la semaine et qu'ils se répartissaient efficacement, les effectuant chacun de son côté. Jean-Charles aimait ses enfants, mais était conscient d'être le membre de la famille que ceux-ci connaissaient le moins bien. Souvent, la conscience de cet exil dans lequel sa course perpétuelle l'acculait lui donnait des sueurs froides. Puis toujours, destinée oblige, l'esthétique parfaite d'une trajectoire professionnelle ascendante à en donner le vertige à ses collègues les plus méritants, avait le dernier mot. Dès ses premiers lauriers scolaires, il avait accepté un pacte tacite, celui de renoncer à sa propre liberté et de perdre toute identité personnelle, pourvu que naisse une identité supérieure… Peut-être la cause valait-elle le sacrifice ? Avec l'âge, il avait appris à ne plus douter de ses choix. Combien de ses concurrents mésestimaient les vertus prodigieuses d'une telle aptitude ? Et comment aurait-il gardé intacte sa lucidité, quand un brasier lui consumait les entrailles ? Jean-Charles était victime – certes consentante – de son propre succès, le plus implacable des geôliers. À présent, le crissement de la glace sous ses crampons, associé au rythme régulier de ses pas, lui rappelait la joie qu'il surprit plusieurs années auparavant sur le visage de ses garçons à qui il venait d'offrir des sucres d'orge, à la foire du Trône. Était-ce le bruit de leur emballage qui avait traversé l'espace et le temps pour venir s'échouer sur cette croupe neigeuse, à cet instant précis, sous les dents acérées de ses crampons ? Ou bien, le jeu sournois d'un inconscient plus rebelle qu'il n'y paraît ?

6

Le cœur serré, Gladys s'apprêtait à franchir la ligne de partage entre deux univers semblant faits pour s'ignorer. Elle chevauchait la crête hérissée qui court d'un bout à l'autre du massif quand soudain elle s'arrêta net : l'Italie, telle une traîne de mariée, s'étendait à ses pieds, jusqu'à la limite où portait l'imagination. Alors, une force inconnue lui révéla que son cœur allait incessamment chavirer. Elle perçut dans l'azur noir une intensité qui n'existe que dans ce pays de lumière. Elle connaissait cette sensation pour l'avoir déjà éprouvée, mais ce qui l'étonna d'abord fut son incapacité à en distinguer le moindre indice, la plus infime trace qui lui aurait permis de se remémorer. Souvent, elle s'était interrogée sur la raison pour laquelle un ciel en apparence quelconque pouvait être si différent, au point de lui insuffler que plus rien ne serait désormais pareil. Puis la chaleur des Abruzzes, les vapeurs de la plaine du Pô, les collines de Rome, la douleur de Pompéi et le silence immense des Pouilles convergèrent vers son piédestal, comme autant de supplications irrésistibles. Replongée dans ses rêveries adolescentes, elle réalisa que face à elle résidait sa véritable patrie…

À plusieurs reprises, ses amis tentèrent de la ramener sur terre : peine perdue, elle demeurait ailleurs ! Seul, le vent finit par lui devenir audible ; il lui insufflait, par-delà tout langage, la nostalgie d'une mélodie d'antan. Empreinte de solennité, l'harmonie des accords résonnait en elle, tandis qu'une voix intérieure l'exhortait à dire « OUI. » Une corde se raidit et la fit basculer malgré elle sur le versant sud. C'est ainsi que commença l'interminable descente par la voie des Aiguilles Grises.

La trace plongeait vers le glacier du Miage et se perdait dans un réseau complexe d'arêtes, de séracs et de rocs dont les imbrications tortueuses se fondaient, loin devant, dans les vapeurs piémontaises. De cette succession de cimes et de vallées, jamais commencée, jamais achevée, émanait une écume qui se soulevait à peine puis retombait aussitôt dans une autre éternité… Bouleversée par l'affluence des émotions, Gladys laissa tomber quelques mots dont celui, magique, de révélation ; le but de sa démarche venait juste de se concrétiser.

L'élan fantastique, qui l'avait extirpée de l'uniformité d'une vie qui ne la confrontait qu'à la poussière de livres entassés, avait trouvé sa justification, celle qu'elle espérait ardemment mais dont elle n'attendait pas la venue aussi rapidement. Elle se sentit comme ces êtres aveuglés qui, immergés subitement dans le bonheur, n'en reconnaissent pas d'emblée le visage. L'existence lui avait joué un tour auquel elle n'était pas préparée. Jusqu'alors, elle s'imaginait que l'illumination ne pourrait avoir lieu qu'à la fin du stage, lorsque la magie du parcours initiatique en haute montagne aurait lentement opéré. Et la voilà désemparée, fébrile et dépositaire d'une évidence inédite. Opposée à l'immensité fuyante du décor, elle comprit enfin ce qu'elle savait depuis toujours… Tout était donc terminé, achevé ? Plus rien à espérer ni à regretter ? Dans la confusion de sa joie, sa détresse ne pouvait se résoudre à accepter que sa mission fût déjà accomplie. Un goût d'inachevé lui montait à la gorge, semblant répéter « à vaincre sans péril… » Néanmoins l'évidence était là, les dés bel et bien lancés. La suite du stage ne serait plus pour elle que cadeaux supplémentaires. Elle se sentirait enfin libérée du poids du doute, de l'anxiété de la défaite, toujours possible. Pour la première fois, elle allait enfin pouvoir s'ouvrir à la futilité du monde et se laisser vivre, du moins pendant quelques jours, pour le seul plaisir d'exister. Prendre le temps de sentir l'air pénétrer ses poumons et d'éprouver combien cela est bon ! Écouter les battements de son cœur, sans les compter, laisser le regard s'attarder sur ce qui n'a pas d'importance, mettre l'urgence dans l'inutile. Vivre, n'est-ce point d'abord se laisser porter ? Mais un capitaine peut-il pleinement goûter à l'ivresse du voyage ? Elle se ressaisit, puis se laissa aller aux transports de l'abandon. Le pouvoir d'une déséducation si profonde l'interpellait plus encore que la certitude désormais acquise de bientôt appareiller pour les Indes. Elle allait enfin pouvoir vivre et revivre, libérée d'elle-même et de ce qu'elle se refusait jusqu'alors de devenir. Tourner la page et en découvrir une nouvelle, entièrement vierge, vouée à la poésie, au don de soi et aux multiples formes imprévisibles que prendrait la confiance. Mais s'agissait-il véritablement d'une libération ou de l'euphorie paradoxale de l'engouement pour un esclavage délibéré ? Quoi qu'il en soit, ce dont Mademoiselle Delay allait longtemps se souvenir, était cette paix immense qui l'envahit ensuite, comme une marée. Et aussi de la légèreté de ses pas qui, malgré le poids du sac, la faisait survoler les inégalités du sol, débarrassée des contingences des existences ordinaires. Les crevasses à contourner, la neige accumulée sous les crampons, le fer rouge des bretelles sur les épaules cessaient tout à coup d'être sources de contrariété et synonymes d'épreuve ; ils devenaient les partenaires improvisés d'une danse emportant d'un même élan une cordée de quatre ombres colorées posées sur la blancheur de l'immensité. Sous la baguette du chef d'orchestre, à chaque changement de direction, les piolets, synchrones, basculaient d'un côté à l'autre de la corde tendue, symbole émouvant d'une harmonie parfaite.

Plus tard et avec le recul, Gladys réaliserait que le soleil avait plié un genou et, qu'avec lui, un pan entier de sa vie – et non le plus glorieux – avait définitivement sombré. Au loin, elle distingua un amoncellement de cumulus, augurant une journée complice sur les alpes transalpines. Un choucas frôla la cordée de ses ailes soyeuses, puis amorça un virage en piqué et disparut derrière une crête rocheuse. Gladys, envoûtée, observait avec bienveillance l'imperceptible mouvance de l'astre diurne. Elle aurait encore voulu hurler sa joie, l'intensité de son bonheur mais, toujours, ses cris restaient muets.

7

La soirée au refuge Gonella scella davantage le groupe. En plus de se connaître, les stagiaires apprirent à se comprendre, peut-être également à moins se juger. À tout partager, avec la fatigue, le stress ou la peur qui empoigne parfois les plus résistants, il n'est pas rare qu'en l'espace de quelques heures d'épreuve commune en altitude, de parfaits étrangers aient l'impression de mieux se connaître qu'après dix années de vie classique, c'est-à-dire où rien d'essentiel n'est en jeu. S'opère ainsi l'un des miracles banals de la haute montagne, inlassablement répété dans l'indifférence générale.

Gladys était intarissable. Pierre, conquis pas sa joie communicative, écoutait avec intérêt chaque détail de ce qu'elle avait vécu durant la descente, à l'insu de ses compagnons, et qu'elle décrivait avec une extraordinaire transparence. Il était émerveillé et ému à la fois, par tant d'enthousiasme et de passion. Son jeune âge, pensait-il, ne pouvait expliquer à lui seul une euphorie si dévorante. À 24 ans, la personnalité est déjà bien ancrée ; il devait donc y avoir une autre explication. Quand il la questionnait, il ne recevait en réponse que de vagues synonymes du mot « amour. » Décidément, cette ravissante personne l'intriguait de plus en plus. Était-ce sa candeur, la pureté de ses traits et de son âme ou la nostalgie d'une époque qu'il n'avait pas connue mais à laquelle son cœur aurait pu s'embraser pareillement ? Une chose lui semblait évidente : s'il l'avait aperçue vingt ans plus tôt, il en serait tombé éperdument amoureux. Ce n'était pas sans mal qu'il lui fallait détourner les yeux chaque fois qu'un rayon caressait son visage et enflammait sa chevelure dorée. Elle avait tout pour elle : l'esprit, le charme et la beauté, la jeunesse et peut-être le plus important, une part de mystère encore intacte. Un brasier fabuleux crépitait en elle, qui réchauffait jusqu'à ceux dont le regard croisait le sien. Plus fort, se disait-il, que la flamme qui l'habitait lui-même, du temps où il ne devait pas réprimer de mouvement de recul lorsqu'il rencontrait un miroir.

Jean-Charles aussi était intrigué par la demoiselle. En revanche, c'était moins par l'intensité des émotions qui bouillonnaient en elle que par sa faculté rarissime de ne se passionner que pour des motivations exclusivement irrationnelles, pour de vulgaires impressions, de pâles sensations, des émotions stériles, de pures lubies ! Pour lui, elle était d'ailleurs…

Plus tard dans la soirée, Pierre constata que l'enthousiasme de Gladys s'évanouissait peu à peu dans le bruit et l'agitation bon enfant du refuge. Comme si l'Italie tout entière s'était donné rendez-vous dans cette construction anachronique, échouée par inadvertance sur la colère d'un océan figé. La liesse d'un peuple sachant célébrer son bonheur de vivre contaminait l'un après l'autre les stagiaires, jusqu'à Botti qui éprouvait une joie profonde, chaque fois qu'il se retrouvait avec des amis autour d'un génépi, en pays valdotain. Depuis sa plus tendre enfance, il affectionnait ce versant du massif où, plusieurs années ensuite, il signa les plus grandes courses de sa carrière. Une relation particulière le liait à cette face du Mont Blanc méconnue des Français. Pour lui, il était vain de chercher l'aventure aux antipodes comme le firent nombre de ses collègues : en Himalaya, dans la Cordillère des Andes, dans les fournaises de l'Afrique ou aux confins des hémisphères… À portée de la main, un écrin existait qui recelait plus de secrets intérieurs qu'une vie peut en découvrir. Un joyau surgi du passé ou de l'avenir, où les parois gelées s'élancent à l'assaut de bastions verticaux, haut perchés dans la voûte céleste, où mille rivières émeraude convergent vers des vallées au creux desquelles somnolent des millions d'hommes. Et puis il y avait cette ambiance éthérée, épurée jusqu'à la trame, née du double engagement physique et moral qu'il n'avait jamais su nommer mais sans laquelle il n'aurait pu vivre. Sans respect, sans humilité, dépourvu d'une sérieuse dose d'abandon et d'une pointe de fatalisme, nul ne peut prolonger durablement son séjour au sanctuaire de la haute montagne, de même que nul ne peut percer les mystères de l'amour. Véritable paradis par beau temps, la montagne peut, en l'espace de quelques minutes à peine, se transformer en piège redoutable, d'où toute retraite devient éprouvante, sinon impossible. En Michel, vivait intacte l'histoire des grandes voies du massif. Les noms mythiques des piliers, des arêtes, des glaciers et des conquérants qui triomphèrent dans la gloire ou dont le parcours remarquable fut prématurément interrompu… Brenva, Brouillard, Frêney, Grand Pilier d'Angle, Intégrale de Peuterey, Innominata, Hyper couloir… la seule évocation de ces noms avait toujours suscité en lui, ainsi que dans le cœur de plusieurs générations d'alpinistes, des sentiments forts, empreints d'admiration, de crainte et surtout d'un respect profond.

La juste mesure

1

La nuit, on ne dort pas en Italie. En ce pays de lumière, renaît quotidiennement une vie distincte à laquelle son peuple averti voue un culte particulier et y puise jeunesse et optimisme. Lors des soirées qui s'éternisent, il célèbre avec juste démesure son insouciance de vivre. À l'opposé de la sagesse, cette autre sagesse s'avère à bien des égards supérieure à la première. Et dès le matin suivant, une leçon plane sur les décombres du plaisir, qui peut mener plus loin, aux confins même de la véritable sagesse…

En cette aube blafarde, Pierre reconnaissait cette faculté de l'Italie comme une vieille connaissance, mais dont le nom échappe. Il se leva au milieu du refuge encore assoupi, déserté des fantômes de la nuit, enjamba des sacs, des chaussures, plusieurs corps allongés à même le sol et quitta l'abri symbolique. Sur le pas de la porte, un bruit l'assomma : l'absence totale de son ! Lui, qui souffrait de la vacuité de l'existence, mesura par la grâce du silence l'authentique nature du vide, le vide fait de rien qui, tel un trou noir, absorbe tout !

Le philosophe fit quelques pas dans la neige moite avant de constater avec stupeur que le ciel avait disparu ! Les profondeurs étoilées de la nuit avaient été balayées en quelques heures d'indifférence, remplacées subrepticement par une couverture immaculée, livide comme l'angoisse. Un manteau incolore s'était immiscé dans les moindres anfractuosités. Il avait glissé le long des pentes, dévoré les arêtes, englouti des parois entières, gommé les couloirs, rampé avidement le long des cheminées. Dévalant de partout, surgissant de nulle part, il s'était emparé de l'horizon. De néant, il devenait tout à la fois, semblable au pire des cauchemars ou à une vie de part en part dépourvue de sens. Les alentours n'étaient plus que sinistre pâleur. Dans ce décor sans ancrage, Pierre fit quelques pas pour s'imprégner de l'étrangeté des lieux puis chut, la tête la première, dans la neige. Privés de repère, ses pas étaient fragiles ; privé d'objectif, l'homme court à sa perte… Les joues couvertes de givre, il fit le choix de ne pas se relever immédiatement et dirigea son regard vers la vallée. Il vit l'immensité du glacier fuir, tel un toboggan sans fin. Cette vision lui suggéra Platon : était-ce la réalité qui se profilait devant lui, tant cette perspective différait de celle qu'il avait contemplée la veille, sous un ciel éblouissant, ou la projection d'une réalité intangible, une simple émanation de l'imaginaire ? « Y a-t-il une vérité ou en existe-t-il un nombre illimité ? Ou aucune, ce qui revient finalement au même ? » Le visage anesthésié par le froid, enfin insensible aux douleurs du monde, il pressentit que la notion de vérité est l'un des pires maux sortis de la boîte de Pandore qui, aujourd'hui encore, continue clandestinement son œuvre dévastatrice. Chaque conviction n'a d'autre portée ni consistance que le vent. Parfois, certaines s'assemblent et paraissent solidaires, presque cohérentes. Pour conserver leur emprise, il leur faut consentir à l'entretien des apparences. Alors se révèlent les différentes faces d'un sommet, le temps tout éphémère des certitudes. Elles prennent pension à nos chevets, l'espace d'un battement de cils ou pour une éternité en sursis. Et l'homme, là-dessus, analyse, fouille, réfléchit, sonde avec les armes dérisoires de sa raison. Il referme ses mains sur des concepts qui lui échappent, croit boucler des coffres à double tour, habille sa détresse avec les moyens de l'époque. Est-ce réellement sa faute, si la nature humaine a plus de propension à faire fructifier des comptes bancaires qu'à se résoudre, dès l'âge qualifié d'adulte, à jongler avec du sable ? Ensuite, le froid mordit ses jambes raides. La douleur, à dose homéopathique, est vecteur méditatif, mais qu'elle s'intensifie à peine et fondent comme des oiseaux meurtris les convictions patiemment engrangées : grandeur et fragilité de l'espèce. Pierre revint alors à la réalité. Laquelle ? Celle qu'il connaissait le mieux et au nom de laquelle il acceptait la chaleur accablante de l'été, la soif et la faim ou celle qui lui survivra et dont le cortège infini de sa descendance jouira à sa place ?

De retour au refuge, il découvrit ses compagnons en train de déjeuner. Gladys l'invita à les rejoindre, en rejetant en arrière, d'un geste précieux, une mèche blonde qui dissimulait la moitié de son minois. Pierre s'étonna de la voir aussi enjouée que la veille. En la considérant, il se trouva jaloux. Jaloux de son bonheur, de sa pétillante joie de vivre, la même qui jadis l'abandonna. En guise de maigre consolation, il pensa qu'elle n'avait pas encore goûté aux affres du regret, au temps des désillusions à répétition, à la désertion des certitudes, voire à la simple démission de la volonté, à l'abandon aux sirènes de la fatalité… Oui, il était jaloux et n'en avait pas honte ! Elle incarnait tout ce qui lui avait été repris ou, plus justement, ce qu'il avait laissé partir. Avec la force et l'âge de tout entreprendre, de tout espérer, elle détenait la jeunesse éternelle. Mêlée à sa jalousie galopante, Pierre ressentait une prodigieuse affection pour elle, empreinte du mélange inavouable de crainte et de souhait qu'elle foule, à sa suite, les terres arides où il échoua et y connaisse, comme lui, l'épreuve… Pourquoi serait-il le seul à être dépouillé de l'essentiel et à devenir un fantôme condamné à errer parmi les décombres de sa vie inachevée, déphasé, oublieux et oublié de tous ?

Malgré sa désillusion il ne pouvait se résoudre à accepter pareil gâchis pour la belle Gladys. Il fallait que sa fidèle lucidité vienne en aide à sa protégée. Naturellement, il savait qu'une expérience personnelle ne profite jamais à autrui et que chaque vie s'évertue à réinventer des situations mille fois vécues par d'autres, certaine de faire mieux qu'elles, jusqu'au jour, auquel nul n'échappe, où le voyage revêt des allures d'exil. Commencent alors les nuits sans fin, la fuite dans l'agitation, la précipitation vers des quêtes inutiles…

Pierre fut frappé par le sourire de Gladys quand elle lui tendait la corbeille à pain. Un sourire simple, franc, tendre et généreux qui lui prouva sur-le-champ que ses pensées à l'égard de cette fée, ainsi que les théories fumeuses qu'il venait d'échafauder, n'étaient que pures inepties ! Il n'avait rien compris de cette fille aux yeux clairs, obéissant à des règles qui le dépassaient. Ni de lui-même d'ailleurs ! C'était elle, finalement, qui avait raison et tout à lui apprendre. Une puissance étonnante l'habitait, au point de quelquefois la transporter. Une honnêteté absolue à laquelle il n'avait jamais été confronté. Sa nature, à l'évidence, était d'une autre essence…

2

Formant une heureuse parenthèse, ces journées se succédaient comme le bonheur, dans la quiétude et la sérénité, sans qu'ils en prennent pleinement conscience. Plus tard peut-être, avec le recul… mais cela ne les concernait pas. Il y a un temps pour vivre et un temps pour raisonner, puis pour oublier. Pour se souvenir, aussi. Ce n'est qu'à long terme que la vie départage. Ces pensées tenaient Pierre à l'écart de la conversation. Au hasard, des mots décousus parvenaient jusqu'à lui : météo, descente, crampons, mousquetons, efforts, courbature, ampoules, crevasses, rimayes. Ces contingences matérielles ne le concernaient pas ; il restait terrassé par un sourire. Ce n'est donc pas sans mal que Lefort et Botti parvinrent à l'extraire de ses rêveries.

Le groupe quitta le refuge vers 8 h 30. D'un mouvement mécanique, la cordée progressait à bonne allure. Une heure plus tard, un phénomène indéfinissable prit possession du ciel. Déconcentrés, ils s'arrêtèrent et observèrent l'espace environnant ; rien de particulier ne retint leur attention. Après s'être dévisagés mutuellement, ils reprirent la descente. Les minutes se passaient à contourner les crevasses, à franchir des ponts de neige, à éviter la chute possible de séracs accumulés sur les pentes latérales. Ils restaient vigilants, déjouant mètre après mètre les pièges de la haute montagne. Le ballet que leurs corps décrivaient sur le dos buriné du glacier semblait parfaitement huilé, lorsque subitement le sol s'illumina. Chacun resta muet de stupeur, se demandant s'il était victime de son imagination ou si un flash s'était réellement produit. Botti, songeant immédiatement à l'orage, se mit à compter les secondes. Mais les secondes se succédaient sans que le tonnerre ne se manifeste. Gladys réalisa que depuis leur départ du refuge, aucun oiseau n'avait sillonné le ciel. L'étendue, autour d'eux, était comme suspendue. Le vent lui-même retenait son souffle. Pas le moindre murmure pour trahir la présence d'une vie. Le glacier, dans sa froideur millénaire, retenait le cours du temps. Une rupture avait eu lieu dont ils ignoraient la nature. Par dépit, la cordée finit par reprendre sa marche, gardant les yeux fixés sur le ciel omniprésent. Michel connaissait ces matins blêmes où tout peut basculer. Pourtant ses trente années d'expérience étaient inutiles. Seules les minutes bougeaient encore dans un univers en cours de solidification, lorsque Gladys s'écria : « Vous avez vu ? »

— Quoi ? Où ? répondent-ils de concert.

— Dans le ciel, quelque chose…

Pierre et Jean-Charles eurent beau fixer les alentours avec attention, ils ne constatèrent rien de particulier dans l'espace incolore et insipide.

— Parle, Gladys, insiste Jean-Charles. Qu'as-tu vu ?

— Je ne sais pas. Ou plutôt, je ne sais plus. J'ai eu l'impression que le ciel changeait d'aspect. À présent, je commence à douter…

Jean-Charles grommelait en son for intérieur : « À quoi bon faire tout ce foin, si elle n'a même rien vu ! » Botti, l'air soucieux, intervint d'une voix grave : « Regardez, derrière, la couleur du ciel ! »

Ils se retournèrent et aperçurent l'arête de Bionnassay qu'ils avaient franchie la veille, scellée d'une lueur ocre. Gladys, rassurée par la présence d'une touche de chaleur dans le décor morbide, retrouva la parole : « Oui, c'est bien cela : c'est une coloration que j'ai dû apercevoir. »

— Cela n'est pas bon, murmure le guide sans desserrer les dents. Lefort intervient :

— L'orage ?

— Probablement.

À la tournure des événements, Jean-Charles voyait le signe positif de la fin annoncée de leurs interrogations : un problème qui se manifeste est un problème presque élucidé, avait-il l'habitude d'affirmer. Botti ordonna d'accélérer le rythme. Le ton de son injonction n'appela aucun commentaire.

— Faut pas tarder ! dit-il d'une voix péremptoire. Faut perdre de l'altitude…

— Facile à dire ! bougonna Lefort. Comment perdre rapidement de l'altitude sur un glacier quasiment plat !

Sentant le piège se refermer dangereusement, Botti avait soin de taire ce qu'il pressentait depuis un moment. Inutile, se disait-il, d'avoir à gérer la panique des clients en plus des conditions météorologiques. Pour lui, plus de doute : le salut était dans la fuite.

Le ciel, immobile jusqu'alors, fut ensuite progressivement contaminé par une nausée verdâtre et se mit à couler. Il entama un ample mouvement vers l'est, dégageant de lourdes formations nuageuses qui s'enflammaient une à une, avant de se regrouper, intensifiant la menace qui pesait sur la région. Au-dessus de leurs épaules désarticulées, la chape du ciel en mutation paralysait leurs pensées, plus écrasante que le destin. Le mouvement de la cordée s'accéléra. Pendant un court instant, leur course contre les nuages semblait équilibrée, presque équitable. Mais rapidement les alpinistes durent concéder à leur rival inhumain une légère avance, qui ne cessa de croître par la suite. À bout de souffle, ils durent abdiquer, rendant justice à leur insignifiante condition. Face à l'infini, seuls les déments gardent la tête haute. Plus tard et bien que soutenant toujours un rythme effréné, leur retard prit l'apparence d'un abandon, terrassés par la rage des cieux qui dédaignaient ces créatures minuscules au profit de proies plus nobles. Alors, le roulement des nuages se mua en une valse insensée des couleurs. Les nuances les plus subtiles de l'arc-en-ciel tournoyèrent vertigineusement dans un décor de fin du monde. Dans leur course désespérée, plus aucune parole ne trouvait place. La menace balayait tout sur son passage, jusqu'à leurs pensées éclatées et les sentiments désormais inutiles. Comme un fou lancé à la poursuite d'un train, ils couraient vers la vallée embourbée dans une obscurité d'encre. Était-ce le ciel qui les dépassait ou eux qui reculaient ? La réalité ou un de ces cauchemars trop réels auxquels il est impossible d'échapper ? C'est alors que le ciel opaque fondit sur eux, telles des harpies. Au-delà de l'effroi, Gladys découvrit un espace ignoré où la conscience bouge encore. Leur panique fuyait en tous sens mais la corde les rappelait constamment à l'ordre, s'obstinant à réunir leurs destins. À son grand étonnement, Pierre se surprit à contenir sa terreur. Quoique la menace fût extrême, qu'avait-il à perdre, lui dont la vie depuis longtemps avait cessé de vibrer ? Surprenant avantage d'un désespoir avancé, songea-t-il au cœur de l'horreur, lorsqu'il mesura la panique de Lefort.

Botti, quant à lui, restait obsédé par l'absence d'éclair et de tonnerre, craignant que le pire reste à venir. Pour lutter efficacement, l'homme a besoin de nommer son ennemi : c'est de l'ignorance que naît l'impuissance. En dernier de cordée, comme le métier l'exige à la descente, il tirait régulièrement sur la corde pour contenir la déroute de ses clients et leur éviter une chute certaine dans une crevasse. Cernés par l'eau dans ses trois états simultanément, jamais la fragilité de l'existence n'était apparue plus intense aux stagiaires. Michel connaissait cette peur qui monte du fond des entrailles, s'attaque aux bronches et asphyxie lentement, faisant perdre toute conscience de la réalité. Cette même panique qui défenestre les victimes des gratte-ciel en feu. Son rôle, se répétait-il, était de limiter les dégâts. Par devoir, il ne pouvait plier le genou, ne fût-ce qu'une fraction de seconde. Pour cela, il lui fallait lutter farouchement contre le spectre de la détresse qui, quelques années auparavant, avait brusquement remplacé son ombre. Ce n'était pas pour sa propre vie qu'il devait résister, mais pour sa mission. Il lui incombait d'honorer le contrat jusqu'au bout. Soudain, ils entendirent Lefort récriminer contre Gladys qui enchaînait à voix haute des « Notre Père » et des « Je vous salue Marie. » Il allait exploser lorsqu'un déchirement d'une violence inouïe retentit de nulle part. « À terre ! », hurla le guide.

Instantanément, tous se retrouvent plaqués sur la glace. Botti leur ordonne de retirer les crampons et de les jeter le plus loin possible, ainsi que les piolets. Ils rampent dans la neige sur une centaine de mètres. « On va attendre ici. Faut pas se relever, même pas la tête ! », crie-t-il avec autorité.

Partout, les éléments se déchaînent. La foudre s'abat au-dessus d'eux puis à leur hauteur, en contrebas ensuite. Aucune issue. Ils protègent vainement leurs oreilles de la fureur du tonnerre. Comme des naufragés perdus sur une mer en ébullition, ils découvrent dans un singulier face à face le visage grimaçant de la mort. Gladys est prise de violents tremblements ; elle multiplie les prières aussi décousues que ses pensées, désespérées que la situation. Les bombardements s'intensifient. À présent, des bourdonnements d'abeilles gagnent l'espace, tandis qu'une odeur d'ozone et de soufre les accueille en enfer. Tel un doigt justicier, la foudre frappe au hasard de sa rage. Le plus souvent, elle s'abat du ciel, éblouissante et fatale, mais parfois elle surgit des entrailles du glacier et darde l'arrogance des nuages. Échoués au milieu d'un combat de titans, au paroxysme de la violence et du déchirement des choses, Pierre est pris d'un soubresaut puis sent curieusement son cœur s'apaiser. Passée la crainte instinctive de la mort, il découvre à son tour l'au-delà de l'épouvante. Soulagé de connaître sa propre fin, il voit ses chaînes se rompre une à une. Plus rien à attendre, ni à espérer : le sort est jeté. Il se tient droit, fasciné, devant un miroir courant d'un bout à l'autre de l'horizon. Le temps ralentit. Son regard lui échappe, ses mouvements s'exécutent dans une nouvelle dimension. Sans appréhension, il s'apprête à pénétrer dans cet écran dont les reflets lui parviennent comme autant d'appels irrésistibles. Une jambe s'en approche et le traverse. Aussitôt il ressent une vague de chaleur monter en lui, comme une marée, et diffuser jusqu'à ses cheveux que mille promesses extérieures semblent attirer. Le reste de son être suit. Indicible douceur, noyée d'un silence absolu. Puis vient le tour du visage. Il appuie délicatement une joue ; le voile soyeux se déforme, dispensant à son âme une plénitude souveraine. Les yeux fermés pour mieux vivre l'extase, il sent une brise s'élever et le soutenir, l'emporter enfin. C'est alors qu'une puissance démoniaque lui arrache le bras. Il cherche à résister mais sa volonté n'a plus d'emprise sur son corps. Une force mystérieuse s'oppose à sa détermination. Millimètre par millimètre, il concède du terrain à l'invisible ennemi et voit peu à peu le miroir providentiel s'éloigner. Il observe avec impuissance le retrait de ses bras, de sa jambe, de son pied finalement. Le mouvement s'accélère, pendant que le miroir au reflet désormais mat s'estompe dans la nuée. « Respire », le supplie une voix inconnue.

Tandis qu'on le retourne, il entend de confuses paroles en provenance de contrées lointaines, prononcées dans des langues inconnues, puis des roulements de tambours entrecoupés de violents claquements de cymbales. Il ouvre un œil et découvre à travers la soie d'un cocon déchiré un ciel d'apocalypse, lacéré, plus sombre que la nuit, plus effrayant que ses cauchemars réunis. Un ciel qui est partout, qui est tout ! « Reviens, Pierre… Reviens. On a besoin de toi », supplie une voix familière. Mais qui parle ? Une fée ? Un spectre ? Il incline la tête et voit à travers la mouvance de la brume, trois paires d'yeux penchées sur lui.

Encore quelques flottements et Pierre est de retour parmi les hommes, à l'épicentre de la tempête. L'orage n'a pas faibli. À chacune de ses frappes aveugles, le cœur du professeur et celui de ses compagnons se descellent davantage. Dans son immense fragilité, la machine humaine résiste étonnamment. Botti s'adresse à lui :

— Ça va aller ?

— Oui, enfin je crois…

— Il faut partir maintenant, dit Michel en essuyant une larme.

Ils aident Pierre à se relever et reprennent aussitôt la course afin de perdre le plus vite possible de l'altitude. Les traces affolées qu'ils laissent derrière eux trahissent leur déroute. Ils vacillent, titubent, trébuchent et se redressent, glissent et basculent à nouveau. Malgré la frayeur et l'épuisement, ils se ruent vers l'unique espoir : la vallée. Leurs émotions, aux regrets confondues, emportent leur conscience dans la tourmente. Seul Michel garde sa lucidité.

Plus tard, il s'aperçoit que la foudre a cessé. Méfiant, son regard sonde l'extrémité inférieure du glacier et bute sur un mur d'eau noire, fendu par l'étrave d'un paquebot imaginaire : le versant opposé du Val Veny. « C'est fini ! C'est fini ! », répète-t-il à haute voix. Le miracle contenu dans ces mots reste inaccessible à ses clients choqués. Il se retourne et voit une trouée vers l'ouest d'où jaillit un torrent de lumière. Il tente d'avaler sa salive, mais sa gorge en est dépourvue, déjà préparée pour l'éternité. Prenant le temps de contempler cette percée messianique, il sent la vie refluer en lui, goutte à goutte, comme distillée par perfusion. Il assiste passivement à la résurgence de ses émotions qui avaient tari par une sinistre matinée d'automne, en 1979. Son sang, coagulé depuis, récupère graduellement sa fluidité et irrigue son cœur desséché. En plein état de grâce, les forces qui, en lui, avaient renoncé, réapparaissent au grand jour. L'air pénètre ses bronches empoussiérées : il a sept ans de moins ! Le vent frôle sa peau, court dans ses cheveux poivre et sel : il redevient capable d'éprouver. Pour conjurer la cruauté d'un trop beau rêve, il remue un doigt afin de trouver la partie de son corps dont il vient d'être amputé ; il est bel et bien indemne ! Ses clients aussi sont hors de danger, bien qu'incapables encore de le réaliser. Michel, paralysé par une joie trop intense et subite, voudrait les prévenir, les secouer pour les sortir de leur prostration, mais ils demeurent inabordables. Par respect ou par instinct, il décide de ne plus les brusquer, de laisser au temps le soin de l'annonce miraculeuse. Il imite les médecins-secouristes qu'il aida au cours d'un récent sauvetage. C'était de l'autre côté du massif, sur l'arête Midi-Plan. Un corps en hypothermie profonde venait d'être retiré d'une crevasse, après un séjour prolongé. Les secouristes ne l'installèrent pas dans la cabine de l'hélicoptère mais suspendirent le brancard à l'extrémité d'un câble, vingt mètres sous l'appareil de la gendarmerie, pour éviter un choc thermique…

Du reste de la descente, Botti ne gardera pas de trace précise, incrédule encore en sa propre résurrection.

3

Lorsque Jean-Charles Lefort se réveilla, il vit ses compagnons inertes, dispersés dans l'herbe détrempée. Les souvenirs lui revinrent par bribes. Il reconstitua le fil des événements qui l'avaient mené jusqu'à cet alpage perdu, en cette fin d'après-midi insolite. De plus en plus nets, les faits survenus sur le glacier s'agencèrent pour restituer l'incroyable réalité. Que s'était-il passé pendant les heures qui avaient suivi l'orage ? Sa mémoire avait-elle été affectée par la violence de la tempête ou par le choc de leur compagnon ? Ces heures s'étaient-elles écoulées à une vitesse vertigineuse ou n'avaient-elles pas eu lieu ? Pourtant, il était là, indemne, et ne pouvait le nier. Au-dessus de lui, le ciel, toujours menaçant, semblait épris de sentiments moins vindicatifs. Jean-Charles se rendit à l'évidence : ils avaient survécu ! Instantanément, il se mit à savourer leur victoire. Sa victoire !... N'était-ce pas lui, en effet, le premier à avoir repris connaissance ? Triomphant de cette éclatante démonstration de supériorité, non seulement intellectuelle comme à l'accoutumée, mais aussi physique, il se sentit plus invincible que jamais : pour la première fois, sa réussite avait porté sur la plus terrible des épreuves et pas simplement sur des rivaux indignes... Il était désormais acquis que cette aventure extraordinaire allait décupler son charisme ! Triple victoire donc à son actif : sur la vie, sur les autres et sur le but qu'il s'était assigné en choisissant le stage. À présent, il ne se lassait plus d'imaginer la sensation de toute puissance et de respect incontestable qu'il allait susciter auprès de ses collègues. Tous, consciemment ou non, s'inclineraient devant lui, que plus rien ne pourrait impressionner. « Aïe... ma tête... ! », gémit une voix à peine audible, à quelques mètres de distance.

— Gladys ? Comment vas-tu ? demanda-t-il avec condescendance.

— Où sommes-nous ?

— Je ne sais pas précisément. Dans la vallée, en dessous du Glacier.

— Pourquoi ?

— Par miracle, répondit subitement la voix de Botti que l'échange de paroles venait de réveiller. Il se frotta les yeux en s'étirant. Un long silence, puis ajouta : elle est passée très près, cette fois !...

Le respect qu'il vouait à la mort venait de celui qu'il portait à la vie. Du moins à celle des autres ! Peut-être aussi un peu plus à la sienne, depuis quelques heures. Gladys le comprit et ressentit au fond d'elle-même l'étrange solitude de celui qui revient d'où il n'est pas censé revenir... Dans les yeux plissés du guide, elle devina que ce n'était pas la première fois qu'il s'en sortait de justesse. Elle s'approcha de lui et s'assit à ses côtés, sur un éboulis. Sachant que l'essentiel échappe au langage, elle laissa son regard, comme le sien, porté par l'impressionnante enfilade du Val Veny et du Val Ferret, formidable saillie de trente kilomètres de long séparant deux mondes que tout oppose : celui des hommes, à l'est, et celui qui les nie, les tourmente et parfois les glorifie, à l'ouest. Celui de l'apparente sécurité de vies bien rangées, et l'autre qui exacerbe la grandeur, la folie et la fragilité de l'existence.

— C'est la deuxième fois, lui confia-t-il d'une voix estompée. Devinant ce que lui coûtait cet aveu, elle n'osa intervenir. Après une longue hésitation, il poursuivit : c'était en 1979, avec mon cousin Émile. Nous étions dans la Verte...

— Et puis ? se hasarda-t-elle.

— Comme ce matin, la foudre était partout : l'horreur absolue ! On ne voyait plus à dix mètres. Impossible de se déplacer, ni de s'entendre. Le vent, le brouillard, la pluie, tous les éléments étaient en furie.

Botti se frotta le visage de ses grosses mains ridées. Il balaya l'horizon. Le regard fixé sur le néant, il continua : « J'ai passé la corde autour d'un éperon rocheux, pour nous protéger en cas de chute. Nous avons attendu, chacun de notre côté, que cela se calme. Il y avait des bourdonnements d'abeilles, plus terribles que tout à l'heure. Nous ne pouvions bouger, prisonniers de la corde et du vide. Ensuite, j'ai dû perdre connaissance, car je n'ai gardé aucun souvenir précis. Probablement suite à un courant de surface… » Il marqua une nouvelle pause qui parut interminable à Gladys. Réalisant finalement l'impatience de la jeune femme, il rassembla ses forces et termina : « Après avoir repris connaissance, j'ai appelé Émile. Avec le vent, je ne pouvais l'entendre d'où j'étais. Impossible également de le voir ; il était masqué par la roche sur laquelle nous étions arrimés. Alors, j'ai crié, encore et encore, mais les minutes défilaient sans que l'écho daigne répondre. Peu de temps après, le brouillard a commencé à se dissiper. J'en ai profité pour franchir le béquet rocheux en porte-à-faux sur le vide puis j'ai avancé de quelques mètres sur la vire couverte de neige fraîche. À chaque pas, la vie me semblait plus fragile. »

À cet instant de sa confession, la voix de Michel dérapa et son regard fuit : « J'ai aperçu Émile, gisant à l'extrémité de la corde ! J'ai hurlé dans la tourmente : trop tard ! Il était raide, pétrifié par la foudre, avec une expression sur le visage que je n'oublierai jamais… »

Gladys qui sanglotait en l'écoutant, tendit une main hésitante qu'elle finit par poser sur son épaule : « Je comprends… » Il poursuivit :

— Ce matin, pour être honnête, c'était Émile que je cherchais désespérément à ranimer lorsque je m'acharnais sur le corps inerte de Pierre…

— Peu importe, c'est toi qui l'as sauvé ! Sans toi, il ne serait plus des nôtres. Tu l'as ramené, c'est ce qui compte à présent !

Il se leva sans répondre, évita le regard de Gladys et se retira derrière un rocher à quelques pas de là. Elle respecta son besoin de solitude, venant de découvrir la faiblesse tout humaine de celui qui incarnait à ses yeux la force inébranlable. Elle apprit ce soir-là que les mythes ont leurs failles et que rien de définitif n'existe en ce monde. La jeune femme connut dans la foulée l'étrange amertume qui accompagne la perte d'une certitude, au profit d'une autre, pourtant bien supérieure à la première. Pressentiment confus, fait de joie, d'abandon et de remords. En cause, peut-être, la crainte inavouée que le parcours initiatique menant à la révélation ne relève que des méandres du hasard ou de l'inné et reste inaccessible à la conscience. Appréhension également qu'il s'évanouisse dès la respiration suivante… Mais Gladys n'était pas complètement dupe : adolescente déjà, elle était fascinée par l'isolement auquel élève la méditation, ainsi que par l'impossibilité outrageuse d'en partager avec autrui la véritable substance. L'exil des âmes favorise le progrès, qu'il s'agisse des grandes avancées de l'Histoire ou de la multitude de fruits restés secrets dont l'anonymat s'oppose depuis Adam et Ève aux vicissitudes de la connaissance. Jusqu'alors, Gladys croyait en l'immuabilité des montagnes et en la vulnérabilité des papillons : elle découvrait à présent la parenté des contradictions dont regorge la planète.

Quelques minutes plus tard, Gladys alla vers Pierre, qu'elle trouva assis près de Jean-Charles. La voyant approcher, Pierre sourit. Elle devina que Jean-Charles lui avait tout raconté : la foudre autour de lui, sa chute dans la neige puis le massage cardiaque et l'obstination de Botti pour refuser l'inacceptable. Le miracle enfin…

— Où est Michel, que je puisse l'embrasser ? demanda Pierre.

Gladys, qui respectait le recueillement du guide, hésita à lui répondre ; elle esquissa un geste vague : « Il s'est retiré dans cette direction. » Pierre se leva et courut en titubant vers celui à qui il devrait désormais chaque seconde à venir.

4

Plusieurs heures s'étaient écoulées depuis l'orage, quand ils décidèrent de vider dans l'herbe le contenu de leurs sacs et de partager la nourriture. Ce fut un festin royal. Les bouchées de pain revêtaient une saveur inédite. L'eau, qu'ils buvaient à la régalade, prenait une dimension quasi symbolique. Par elle, la vie leur était redonnée. Elle s'engouffrait dans leurs gorges dénouées, débordait de partout et jetait des serpents glacés sous leurs vêtements. Lefort demanda à Botti où ils étaient. Ce dernier évoqua les abords du Jardin du Miage, vaste îlot morainique séparant en deux langues symétriques la partie inférieure du glacier. Entourée de masses colossales, Gladys sentit leurs destinées plus vulnérables que quelques instants auparavant. En un jour, le même glacier du Miage l'avait vue exulter, suite à sa révélation sur la crête sommitale, puis leur avait entrouvert les portes de l'éternité. Elle fit part de ses émotions à ses compagnons. « Entre rêve et fatalité tenaillée, tel est le tribut de toute existence cherchant à vivre véritablement » : voilà ce que les propos de Gladys inspirèrent à Moulins qui sentit une flamme, minuscule encore, ranimer son cœur qu'il croyait définitivement inerte. Botti s'exprima d'un ton solennel, presque paternel :

— Vu les événements, nous devons modifier le programme du stage. Il s'interrompit le temps de peser ses mots et reprit : Nous descendrons en autobus jusqu'à Courmayeur, où nous nous octroierons un repos. Là, chacun fera le point.

— Nous allons perdre une journée de stage ! s'exclama Lefort, avec contrariété. Cette réaction surprit le guide mais la fatigue modéra ses transports ; il ne réagit pas comme ce néophyte l'aurait mérité. La pression retombée, il s'adressa à l'enfant qu'il était :

— Au cas où tu ne l'aurais pas remarqué, nous avons manqué de perdre bien plus qu'une journée de stage ! Néanmoins que personne ne s'inquiète : nous ne prendrons une décision qu'après nous être remis de nos émotions. En attendant, la priorité est au repos !

Cette perspective réjouissait Gladys et Pierre tandis que Jean-Charles maugréait à l'écart. Ils rangèrent leurs sacs puis reprirent la descente. À main gauche, le socle immense du Mont-Blanc les accompagnait, écrêté à 2 500 mètres par le plafond nuageux. Au sud, de vastes trouées découvraient une toile aux tons orangés, annonciatrice du déclin du jour. Sous la chape des cumulo-nimbus, la vallée dégageait une beauté primitive. Ils gagnèrent le lac Combal et ses marécages puis, en contrebas, traversèrent le torrent sur un pont vacillant. Ils empruntèrent ensuite le chemin muletier qui s'élève à flanc de coteau sur le versant opposé, parmi les rhododendrons et les myrtilles sauvages.

Vers 19 heures, le groupe parvint à proximité d'un alpage où une modeste habitation de berger laissait s'échapper une fumée indécise. Les stagiaires furent profondément émus par ce signe de présence humaine. À une trentaine de mètres de l'abri, Botti posa le sac et se dirigea vers la porte basse en bois vermoulu. Quand il approcha, elle se mit à trembler puis grogna sourdement et s'ouvrit, dévoilant la silhouette trapue d'un vieillard arcbouté sur une canne torse. L'ombre se dégagea péniblement de l'obscurité et laissa apparaître une barbe blanche, suivie d'un visage buriné au front dégarni, plissé en tous sens. Les citadins restèrent à l'écart, dans l'herbe grasse émaillée de gentianes bleues. À la vue de Michel, la face du vieil homme se plissa encore davantage, trahissant un sourire intérieur. Il s'apprêtait à lui demander comment il allait, lorsqu'il reconnut dans le regard du guide un signe qui ne trompe pas : celui des êtres qui reviennent de loin… Ses yeux exorbités, semblant fixer le néant, et sa figure dénuée d'expression révélèrent au berger qu'il avait été confronté à la grande épreuve. « Entre, Michel », dit-il simplement. La porte se referma sur son dos courbé.

Eux disparus, Gladys fut parcourue de frissons. Elle examina la sombre bâtisse dont les pierres se confondaient avec les roches avoisinantes. Sa toiture de lauzes crevées attestait des assauts répétés d'hivers interminables suivis d'étés aussi brefs que dévastateurs. Pierre, Jean-Charles et Gladys étaient assis côte à côte, sur un affleurement rocheux. Ils se considéraient silencieusement quand une voix chevrotante parvint jusqu'à eux : « Venez vous réchauffer. » L'octogénaire réapparu sur le seuil de sa porte prolongea son invitation d'un ample et douloureux mouvement de bras. Émus, ils approchèrent. Lorsqu'ils furent à l'intérieur, ils s'attablèrent près d'un vieux poêle au ronronnement paisible. À travers une vitre couverte de suie, des lueurs rougeoyantes filtraient de temps à autre, réchauffant leurs âmes autant que leurs corps éprouvés. Leur hôte servit un bol de soupe fumante sur lequel ils fondirent sans un mot. Il fouilla dans le recoin le plus sombre de la pièce et revint, l'œil pétillant, un fromage à la main et une bouteille de vin sous l'aisselle. Ils se rassasièrent goulûment tandis qu'une expression humaine reprenait possession de leurs visages.

Lorsque Gladys eut retrouvé ses esprits, elle balaya la pièce du regard. Les murs, l'équipement rudimentaire, l'épaisseur de l'air enfumé, tout reposait dans une noirceur caverneuse et cependant chaleureuse. Sur les parois de pierre, un ancien joug de bois se partageait la vedette avec un piolet centenaire et un miroir fendu. Près de l'entrée, une étagère désarticulée supportait péniblement quelques boîtes de conserve rouillées, aux étiquettes éventrées. Dans un coin dérobé, une couche étroite taillée dans un beau mélèze orangé sortit brusquement de l'ombre, débusquée par les rayons du couchant. D'une extrémité à l'autre de la pièce, par une fenêtre étriquée, le soleil donna vie et éclat à la sombre vapeur suspendue à mi-hauteur. Le logis révéla un cachet inattendu. Jean-Charles se demandait comment il était possible de vivre, à la fin du vingtième siècle, dans un endroit pareillement délabré. Pierre, au contraire, suivait la conversation entre les deux montagnards. Bien qu'il ne parlât pas l'italien, il devinait le sens de mots aux consonances francophones, aidé par l'expression qu'il lisait sur le visage du guide et du berger. À leur attitude grave et à leur retenue, il comprit qu'ils en avaient connu des situations dramatiques, dans leurs existences passées loin des villes. Il crut aussi saisir dans la confusion de leur conversation que Botti évoquait la foudre qui s'abattait autour d'eux, sur le glacier. À ce moment, les yeux du berger se brouillèrent et des vagues plus profondes se creusèrent sur son front ravagé. Tous deux se retournèrent vers Pierre. Le pâtre le considéra longuement puis étendit son bras et posa sa lourde main sur son épaule. Pierre, surpris, flatté et embarrassé, ne sut comment réagir ; il ne bougea pas. Cet instant commençait à se prolonger de façon gênante, mais il n'osait faire le moindre geste, comme si trop de forces étaient en jeu dont le sort était suspendu à son propre souffle. Finalement, le vieil homme détourna le regard et reprit sa conversation avec Botti. Lefort en profita pour s'adresser à Moulins : « Alors c'est toi, le héros du jour ! » Sans le réaliser, Pierre venait d'être intronisé au rang des montagnards. Jean-Charles ne concevait pas quel pouvait être son mérite. Au contraire ! Au plus fort de l'orage, n'était-il pas le seul des stagiaires à avoir perdu connaissance ?

Ils restèrent attablés un long moment avant que Michel s'adresse à eux :

— Nous passerons la nuit dans la grange. Demain, nous n'aurons qu'une courte marche pour rejoindre l'autobus qui nous mènera dans la vallée.

— Quelle grange ? s'inquiéta Lefort.

— La petite annexe, derrière. Cela suffira pour dormir.

Assommés par la fatigue et la tension nerveuse enfin relâchée, les stagiaires s'allongèrent à même la paille, dans l'abri en ruine. Ils sombrèrent dans un sommeil profond. Botti resta tard à discuter avec leur hôte. Quand il rejoignit ses clients, il chercha vainement le repos. Il ressassait les événements ayant précédé la mort d'Émile, ne pouvant échapper aux similitudes troublantes avec l'orage qu'ils venaient d'affronter. Jamais, depuis la disparition de son cousin, il n'avait imaginé qu'il pourrait vivre à nouveau une situation si proche. Maintes fois, il avait espéré une occasion de se racheter mais, toujours, il concluait, dépité, que rien ne pourrait rendre la vie à Émile. Il ne voulait pas d'un acquittement de bonne conscience, convaincu de ne mériter aucune clémence. Et pourtant, cette nuit, à l'heure où les premières vapeurs laiteuses envahissaient la vallée, il éprouvait un sentiment étranger, délicieux, oublié, qui lui murmurait qu'après le sauvetage de son client, il avait enfin droit au repos… Ne pouvant y croire pleinement, il sentait sa culpabilité travailler aux entrailles de son indéfectible malaise. La plus inespérée des victoires tremblait timidement en lui, une victoire dont il ne pourrait tirer de satisfaction personnelle. Il restait prostré face à son détachement, alors que venait de se réaliser ce que ses rêves n'avaient osé imaginer. Certes il savait, comme ses proches lui avaient mille fois répété, qu'il n'était pas responsable du drame familial, mais cette affirmation aux couleurs d'excuses ne l'avait jamais convaincu. À compter de cet automne assassin, une voix intérieure ne l'avait plus quitté, qui lui assénait que c'était lui, et non Émile, qui aurait dû être foudroyé. Depuis, il vivait hanté par l'angoisse du survivant malgré lui. À la violence du temps qui passait, que pouvait-il opposer ?

Et voilà qu'en cette fin de journée qui lui avait offert une chance inopinée, allongé sur le dos, la tête perdue dans les étoiles ruisselant de la toiture crevée, il attendait le déclic qui lui ouvrirait définitivement les portes de sa renaissance, celles du « Grand Pardon. » Comme un prisonnier, le jour de sa libération après des années d'incarcération, qui découvre, aussitôt affranchi, que rien de ce qu'il a attendu, espéré dans son exil et qui a nourri sa force de continuer, ne se déroule comme prévu. Alors, désemparé et perdu dans cette vie à laquelle il a été soustrait, il constate avec effroi qu'il est devenu un peu de ces murs qui délimitaient sa cellule et contre lesquels il a tellement pesé. Que son esprit s'est replié sur les barreaux devenus son unique horizon et qu'à présent libéré, il est privé d'horizon… Sans la force d'espérer, que lui reste-t-il ? Trop longtemps tendu vers le même point de fuite, ses liens une fois rompus, c'est lui qui s'apprête à se rompre…

Cloué au sol, la tête au firmament, Michel connut une forme inédite de vertige. Le monde, en cette nuit qui allait marquer sa mémoire, était trop beau, trop vaste pour lui, incapable d'assumer son avenir dont il était soudain dépositaire. Il eut désiré qu'une puissance externe vienne à lui, le prenne par la main et l'extraie de lui-même. Qu'elle l'entraîne loin, vers ces pays de lumière où les regrets n'ont que le parfum des regrets et où la projection des rêves de jeunesse atteint sans encombre le fond de la caverne… Il attendit encore et encore ce déclic imaginaire, éprouvant les diverses déclinaisons de l'angoisse et du doute de celui se retrouvant seul à un rendez-vous convenu trop longuement à l'avance.

Il est des nuits où le poids du globe semble tout écraser. Alors, aussi loin qu'il regarde en avant, le rêveur n'aperçoit que la litanie du passé, gouffre sans fond où veillent, tapies, ses anciennes compromissions. Puis la nuit, dans une mise en scène théâtrale, ouvre ses bras et lui livre, de l'invisible Croix du sud aux extrémités boréales, la myriade de ses prédécesseurs dont les efforts, les espérances et le cortège de forfaits inavouables ont versé dans l'inutile leurs utopies de perfection. Il est aussi des nuits dont la délicatesse recouvre d'amertume l'espace et le temps et dévore tous les « plus tard », les « j'aurais dû », « j'aurais pu. » Singulier équilibre entre désespoir et révélation, c'est alors qu'il faut savoir écouter attentivement les mélodies secrètes et laisser les évidences s'abandonner au destin brumeux de l'humanité. À cette pointe ultime de clairvoyance, la nuit accomplit des prodiges que seules les âmes en perdition finiront peut-être par croiser sous de lointaines latitudes. Chercher à décrypter le monde, c'est avant tout s'adonner à lui, s'oublier en lui, faire sienne sa propre dérive. Ainsi, sous la bienveillance des dieux, las de sa lassitude, épuisé de bonheur surabondant, Botti put enfin admettre qu'il était absous…

Ne rien chercher parmi les hommes et l'incohérence de leurs sentiments, voilà une des rares leçons de sagesse qu'il a apprises. La récompense ne peut venir que d'elle-même. Il accueillit cette révélation comme une clé ouvrant mille serrures mais exigeant de se remettre en cause… Il se souvint d'un vieil ami qui lui confia que la vie est faite pour être bue « cul sec. » Ensuite, ses pensées plus confuses se noyèrent dans une pluie d'étoiles. Un silence formidable se referma sur la grange éventrée et scella l'univers de leurs rêves.

5

La haute Vallée d'Aoste s'éveillait à peine. Dans l'aube immaculée, les sanctuaires surgissaient des profondeurs du ciel. Botti fut le premier à se lever. Ses pensées soudainement exposées au grand jour lui révélèrent la portée de la parole de son ami : « …cul sec… ! » Jusqu'alors, il l'avait analysée, disséquée, pétrie, retournée maintes fois, mais toujours elle résistait. Enfin éclairé, il réalisa que sa signification, à l'instar des grandes idées, n'est accessible qu'aux impatients ! Et si l'impatience était vertu ? Si elle méritait d'être érigée au rang de précepte ? Comment ne pas tout vouloir, continuellement et tout de suite ? Au nom de quelle éthique faudrait-il remettre à plus tard ce qui brûle nos lèvres et tremble dans nos mains ? Emporté par son raisonnement, il se demanda si cette « anti-sagesse » n'égalait pas, à bien des égards, les plus vénérables sagesses. La vraie sagesse ne serait-elle pas foi en la déraison ? Et quelle déraison n'est pas à la hauteur de ce contre quoi elle s'insurge ? Michel se redressa pour observer ses compagnons encore endormis dans l'abri archaïque. Son regard croisa un miroir au reflet terni ; il y découvrit une lueur embrumée menaçant son apparence de roc.

— Ça va, Michel ?

— Oui, Pierre ! Il l'emmena à l'écart et se confia : cette nuit, je n'ai quasiment pas dormi. Je ressassais la journée d'hier. Je la comparais à la mort d'Émile…

Son regard s'éclaircit et, fixant Pierre, il se débrida : « Je crois que je viens enfin d'accepter le passé. Je me sens mieux, incroyablement mieux ! Réellement soulagé. S'il n'y avait pas eu l'orage et si je n'avais pas pu te ramener, jamais je n'aurais franchi le pas et ne serais à mon tour revenu… Au fond, c'est moi qui te dois tout ! C'est comme si je refaisais subitement surface, après une interminable apnée sous la banquise. » Il esquissa un geste flou : « Je redécouvre en ces montagnes, qui pourtant étaient ma vie, un visage familier. Je réapprends à les aimer. »

Après un petit-déjeuner frugal, ils prirent congé de leur hôte. Au moment des adieux, Gladys vit scintiller des larmes au creux des yeux plissés du vieil homme. En l'espace de quelques heures, ils étaient devenus sa seule famille. Et en les regardant s'éloigner à travers l'alpage verdoyant, lui, qui ne possédait rien, se trouvait soudain dépossédé de tout. Gladys, le cœur étriqué, n'osa se retourner lorsque leurs routes se séparèrent sur le chemin de la vallée.

Ils progressaient rapidement parmi l'herbe détrempée. Les fleurs des alpages éclataient au soleil et offraient leurs pollens dorés aux brises ascendantes. La douceur des courbes de la moyenne montagne qu'ils foulaient à présent s'opposait aux à-pics du versant opposé. Une paix de décor de puzzle finit par consoler Gladys. La petitesse des hommes à côté de la nature partout présente, qui les devance et leur survit, les dépasse et les écrase, les séduit et les nie à la fois, accapara ses pensées à nouveau troublées. « Telle est notre juste mesure », se dit-elle. « Comment concilier l'agitation et le sérieux avec lesquels nous servons si assidûment nos intérêts personnels, avec ce décor parfait dans lequel nos vies ne pèsent pas plus lourd que le papillon ocre qui s'est posé sur l'épaule de Lefort ? » Au fil de sa réflexion, elle songea que les ailes des lépidoptères ont un poids véritable dans l'univers, puisqu'elles ont le pouvoir de faire naître un sourire et d'apaiser momentanément un cœur tourmenté. Non, décidément, conclut-elle, nul n'a le droit d'ignorer, et encore moins de mépriser, la danse des élytres. Elle compte autant pour le monde que ses projets personnels, que la fatigue qu'elle ressentait dans les jambes ou que l'incessante pression des sangles du sac sur ses épaules meurtries. Un papillon ne vaut pas moins que ses souffrances ni même, peut-être, que son propre souffle. Pourquoi ignorer alors, dédaigner, oublier, ce qui ne partage pas notre condition, ce qui ne nous apporte rien ? Elle s'interrogeait encore : « Et si Dieu raisonnait à notre égard comme tant de gens envers toutes formes de faiblesse ? Sommes-nous supérieurs aux papillons, aux yeux de Dieu ? »

Le soleil avait gravi un échelon dans le ciel lorsqu'ils atteignirent le hameau de La Visaille, terminus de la navette. Ils s'assirent sur un tronc de mélèze couché par la dernière tempête et attendirent le bus de 9 h 45. Pour patienter, les stagiaires contemplèrent la haute chaîne, attentifs aux commentaires de Michel :

— La vallée transversale qui se dresse face à nous jusqu'au sommet du Mont-Blanc de Courmayeur, c'est celle du glacier du Brouillard. Nous aurions dû y être ce matin…

— C'est splendide ! s'exclama Gladys. L'ambiance, là-haut, semble tellement différente de celle que nous avons connue jusqu'à présent.

— Tu ne penses pas si bien dire ! répondit-il, également admiratif.

Sous leurs pieds, la terre se mit imperceptiblement à vibrer. Ils tendirent l'oreille et discernèrent un vrombissement issu de la vallée. De seconde en seconde, le souffle rauque montait en puissance puis, soudain, déborda de toutes parts et remplit l'espace : la navette !

Une fois à son bord, les portes se refermèrent, élevant entre la montagne et eux la muraille du progrès. Il sembla à Pierre que cette machine et son grognement n'étaient faits que pour leur rappeler leur appartenance au genre humain. Brutalement, l'engin les arracha à l'emprise des glaces et à l'écrin qui faillit leur servir de linceul. Dans un vacarme mécanique, il traversa une forêt de mélèzes clairsemés puis les précipita de virage en virage dans un univers devenu étranger : la plaine. Parfois, la bête s'attardait pour avaler de nouvelles proies offertes à son insatiable appétit : personnes isolées ou familles volubiles agglutinées le long de la route. Alors, des rires d'enfants et des échanges de paroles avec le chauffeur parvenaient jusqu'à eux, assis sur la banquette arrière. Et ces signes leur rappelaient la vie, l'autre. Après chaque bouchée, l'ogre, jamais rassasié, reprenait la chasse en poussant des rugissements devant lesquels toute existence devait frémir. Seul, le klaxon rompait la monotonie du trajet, à l'approche des virages dérobés. De temps en temps, un véhicule venant en sens inverse répondait timidement à ses appels, puis se taisait à sa vue. Pierre pensa aux prophètes prêchant dans le désert, dont les paroles ne sont entendues que par le vent. Comme eux, cette conversation sonore lui paraissait pathétique, car d'une consonance commune avec tant de vies passées à jeter des passerelles vers autrui, qui aussitôt s'abîment dans l'oubli.

Ce fut alors l'arrivée à Entrèves, première bourgade italienne, nichée au pied du géant. Tous les quatre se sentirent basculer dans un autre univers. Sans prévenir, le bus se retrouva emporté dans le flot ininterrompu de véhicules de toutes tailles et couleurs qui, du débouché du tunnel de Chamonix aux vapeurs bleues de la Doire Baltée, non loin d'Aoste, ressemble à une colonne de fourmis disciplinées. Pris par la masse qui cherchait son salut au ras du sol, ils se sentaient exclus du monde d'en haut, déjà quelque peu orphelins. L'instant vient toujours où il faut se mettre en règle avec la vie, quand trop de bonheur fut dispensé et consommé.

En l'espace de quelques minutes, la navette perdit encore de l'altitude. Reniant les siens, elle fit soudain un écart et emprunta une bretelle qui l'amena dans un nid où reposaient plusieurs congénères arborant les mêmes teintes et le logo de la compagnie. Elle s'en approcha lentement comme pour ne pas les réveiller, renifla l'emplacement idéal, recula, hésita puis finit par se ranger à l'extrémité de la gare routière. Les portes s'ouvrirent, laissant pénétrer dans l'habitacle un souffle tiède remontant des profondeurs de l'Italie.

Un choix sans importance

1

Botti descendit de l'autocar, suivi de ses compagnons. Ils traversèrent d'un trait l'esplanade bétonnée du parking, longèrent l'office du tourisme puis remontèrent les rues embouteillées pour gagner le centre-ville. À l'extrémité de la viale Monte-Bianco, l'un des deux grands axes commerçants de la ville, le groupe s'arrêta à la terrasse fleurie et ombragée du Zillo's bar.

— Au bout de la rue, c'est la place principale, avec l'église et le bureau des guides. Je propose que nous nous retrouvions là, dans un restaurant, vers 18 heures : nous déciderons de la suite du stage. En attendant, tâchez de faire votre choix.

— Ça me va ! répondit gaiement Gladys : je pense que c'est une excellente idée.

— Moi aussi, ajouta Moulins. Botti enchaîna :

— Nous avons plusieurs possibilités. La première, c'est de poursuivre notre itinéraire à partir de la base du glacier du Miage, là où nous l'avons interrompu. D'après Pietro, le berger qui nous a hébergés, la météo devrait tenir jusqu'à samedi. Deuxième solution : tout arrêter, ici et maintenant. Mais nous pouvons aussi continuer en faisant une simple randonnée. Ou revenir vers Chamonix directement par les glaciers. Ou n'importe quelle autre proposition techniquement compatible avec votre niveau. En ce qui concerne le planning, je n'ai pas d'engagement avant mardi prochain : donc pas de contrainte de ce point de vue !

Voyant que Pierre semblait embarrassé, il se hâta de poursuivre :

— Surtout, ne répondez pas trop vite : prenez le temps de la réflexion. Comme cela, plus tard, vous ne regretterez rien ! De toute façon, nous ne déciderons pas avant ce soir.

Sans détourner le regard de la fumée qui s'échappait de son café, Jean-Charles questionna : « Et que faisons-nous en attendant ? » Son ton suffisant rappela au guide leur affrontement du premier soir.

— Vous faites ce que vous voulez ! Pour ma part, je vais rester en ville : j'ai à y faire, répondit-il d'un air énigmatique.

— Moi aussi, répliqua Moulins. J'éprouve le besoin d'être seul. Il se tourna vers Gladys :

— Et moi, j'ai envie de me balader en forêt, de voir les fleurs, de prendre mon temps, d'être heureuse… Jean-Charles embraya à son tour :

— Bonne idée, je vais t'accompagner ! Surprise, elle accepta, davantage par politesse que par enchantement.

Leurs boissons consommées, ils se séparèrent. Moulins remonta la voie piétonne à la recherche du bureau de poste pour téléphoner à son épouse. Quand il l'eut trouvé et malgré son insistance, la ligne resta muette. Songeur, le monde lui paraissait hostile. Il s'assit sur les marches de l'entrée. Dans la confusion de son esprit, ses idées se heurtaient anarchiquement. De grosses gouttes de sueur se mirent à ruisseler sur son front bouillonnant. Il aurait voulu exprimer sa détresse, mais à qui ? Il se leva et marcha au hasard des rues pavées ; le mouvement l'apaisait. Il ralentit le pas et se força à observer les vitrines luxueuses, soucieux d'éviter une nouvelle rechute. Il savait que son salut immédiat était dans la futilité. Sous ses yeux égarés, les étalages de la via Roma formaient un train ininterrompu, aux formes et aux couleurs irréelles. L'espace lui semblait distordu. Au-dessus des boutiques et de l'agitation urbaine, des balcons fleuris, des volets en mélèze, des chiens-assis courbés sous de lourdes lauzes. Les maisons lui apparaissaient singulièrement basses, la voie excessivement large, le ciel trop présent pour un centre-ville. Les perspectives se mirent à fuir devant ses prunelles interrogatrices. Tout à coup une pâtisserie alléchante attira son attention dans un étalage surabondant. Les spécialités y étaient exhibées en une explosion de lumière. En d'autres circonstances, il aurait eu l'eau à la bouche mais pour l'heure, son cœur était ailleurs. Plus loin, une librairie en contrebas de la chaussée, suivie des sempiternels magasins de sport de montagne où piolets, lunettes de glaciers, cordes, mousquetons et sac à dos rutilants composaient de chatoyants patchworks. Puis une jeune femme blonde entraînée par un lévrier lui barra la route. Ses longs cheveux soyeux rejetés en arrière étaient maintenus par une paire de lunettes de soleil dernier cri. L'espace d'un battement de cils, ses yeux croisèrent les siens. L'arrogance de son regard lui indiqua qu'il n'était plus en montagne et que la faune sophistiquée qui frayait dans la station devait provenir de Rome, de Florence ou de Milan, pour un week-end bon chic bon genre entre amis, dans le confort snob d'un chalet familial. Il reprit sa marche, l'esprit rempli de la suffisance de ce regard.

Lorsqu'il passa à la hauteur d'une boutique de jouets, un pincement de cœur lui rappela qu'il n'avait pas pu joindre sa famille et qu'il ignorait tout d'elle, comme elle ignorait tout de lui. Il tenta de fausser compagnie à son malaise en s'intéressant à la vanité flamboyante des objets superflus offerts à la convoitise des chalands. Un plateau couvert d'or et de diamants, une collection de mobilier à cornes, une épicerie fine spécialisée dans les champignons, des vêtements élégants, des sacs à main dont la décence imposait qu'on en dissimulât le prix… Soudain, il s'arrêta, piqué de curiosité par d'étranges ustensiles suspendus dans une vitrine d'articles de sports. Il s'interrogea longuement sur le rôle des innovations récentes en matière d'équipements d'alpinisme. « Quel progrès depuis l'époque où j'ai fait le Mont-Blanc », songeait-il, dépassé. Pour prévenir la montée d'une nostalgie stérile, il reprit sa marche et s'abandonna au flot continu d'un carnaval en plein été, fermement décidé à ne plus succomber aux sirènes des néons et des publicités mensongères. Il avançait dans la foule qui s'écartait et formait une haie d'honneur condamnatoire : il comprit qu'il n'avait plus sa place dans cette ville, qu'il lui fallait fuir de toute urgence. Son pas s'accéléra. Peu à peu, le décor des venelles s'estompait. « Et si c'était cela, le bonheur, songea-t-il : ne plus regarder ailleurs que devant. Ignorer le reste, ne plus se retourner. Vivre sans distraction, sans comparaison, ni incitation à la jalousie. Suivre son propre mouvement et rien que lui, trouver l'équilibre dans son balancement. Oublier qu'en dehors un monde existe encore, laisser couler les journées, aussi légères qu'une brise estivale, pures que l'eau du baptême, puissantes qu'une conviction. Des journées subtilement désintéressées, à l'instar d'espoirs déchus. Vivre sans autres pensées que celles qui nous aspirent et nous transcendent. Comme un fantôme, traverser l'espace et l'existence en se jouant des murs et des conventions, laisser à nos pairs les soins inutiles : vivre pour l'essentiel. » Tandis que son allure se métamorphosait en une authentique course, Pierre fut pris de vertiges et d'absences qui lui glacèrent le sang et le ramenèrent à l'impitoyable réalité. Sa première pensée lucide fut l'absurdité d'être en proie au vertige, en pleine rue, après avoir côtoyé sans encombre, trois jours durant, d'insondables abîmes ! Ensuite, il mesura l'inconséquence de ses propos et de son plaidoyer en faveur de l'égocentrisme absolu. Songeant à Gladys et, à travers elle, aux vocations mystiques, son cœur hésita. Il savait que le don total de soi peut nourrir une vie, sans jamais défaillir. Déconcerté, il lui fallait faire le vide dans sa tête, ne plus penser qu'aux évidences, porter son attention sur la démarche désordonnée de ses semblables. Si leurs visages ne trahissaient aucun malaise, si des rires éclataient de-ci, de-là, aux coins des rues, si des vieux assis sur un banc pouvaient parler des heures sans relever la tête, c'était forcément qu'il y avait un essentiel, que lui, le philosophe, n'avait pas su découvrir ! Pourquoi avait-il toujours été privé de la vertu de simplicité ? Quel forfait avait-il commis pour mériter pareil châtiment ?

Assailli de vertiges, il s'arrêta à la terrasse d'un glacier et commanda la spécialité de la maison. Il la mangea avec une lenteur extrême sans en goûter le parfum, au demeurant exquis ; son regard était figé sur les passants. Il imaginait leurs pensées, leurs préoccupations, la raison pour laquelle ils avançaient, ce qui les motivait, leurs goûts, leurs craintes et leurs espoirs… Il cherchait à interpréter les sourires qu'ils échangeaient au fil de leurs rencontres, l'objet des conversations hachées de jeunes mamans tiraillées entre l'impatience de leurs chérubins et l'envie de renouer des liens avec d'anciennes copines ou encore l'euphorie criarde et immature d'un groupe d'adolescents. Quelles étaient donc leurs véritables motivations ? Et la sienne ? Sans réponse, il s'interrogea encore sur la vie des autres. Était-elle aussi inconséquente que la sienne ? Était-il dans la norme sans le savoir ou en marge sans le vouloir ? Lassé de son impuissance face au monde qui l'évinçait, philosophe de formation mais si peu dans l'âme, comment pouvait-il se voir pareillement démuni quant au sens des choses ? Quelle ironie du sort, pour lui qui avait misé sa carrière sur la quête de l'ultime ! Y a-t-il un essentiel ou ne s'agit-il que de spéculations vénielles ? Alors, le vide, encore lui, lui apparut comme l'alternative unique régissant les êtres et les événements, les faisant tôt ou tard succomber à ses inexorables desseins. Une nouvelle fois, Moulins dut capituler devant ce vide souverain qui jamais ne déroge. Étrangement, cette défaite le rapprocha de la foule dont il observait la mouvance indécise. Otages du même labyrinthe, il éprouva son intime parenté avec elle, solidaire d'une destinée unique, marquée du sceau fatal du Minotaure. Puis vint l'instant redouté où la dernière bouchée de son savoureux dessert fut consommée. Il se souvint qu'il avait une décision à prendre, capitale et superficielle à la fois : un choix sans importance, irrationnel comme les jours de bonheur. Ainsi et sans chercher à en comprendre la raison, il sut qu'il n'avait finalement pas le choix et qu'il lui fallait continuer l'aventure. Car même aux tréfonds du marasme de ses années passées, il n'avait imaginé la possibilité que tout finisse réellement. Il pressentait que sa propre fin, semblable à celle des autres ou à leur naissance ou à la couleur de leur peau, lui était intrinsèquement inaccessible. Réminiscence probable d'années de catéchisme qui, au débouché de l'enfance, se trouvèrent progressivement enfouies sous une couche d'agnosticisme, pour se métamorphoser en athéisme proféré, plus aisé à porter en société. L'esprit d'appartenance, et partant de reconnaissance, exige des facéties faisant écho aux penchants de l'époque. Comme ses contemporains, il n'y avait pas échappé. Sa désillusion avait eu raison de son ancienne conviction, selon laquelle l'homme était capable d'accomplir de grandes choses. Désormais, il savait celui-ci emporté dans le tumulte écrasant de puissances occultes.

La cuillère à la main, le nez au vent, il se remémora un vol Paris-Munich qu'il fit quelques mois auparavant, dans le cadre d'un voyage scolaire, et au cours duquel l'appareil fut brusquement frappé à deux reprises par des turbulences latérales d'une violence inouïe. Elles jetèrent la confusion dans la cabine qui, jusqu'alors, emportait docilement une centaine de visages graves, absorbés par des lectures frivoles, par les derniers scandales politiques et mondains ou encore par la bonne conscience d'un travail à terminer, l'essentiel étant de rester soustrait, la durée du vol, à la solitude de la réflexion. Ainsi du succès des moyens modernes qui captivent l'individu au quotidien… Et il avait donc suffi d'une masse d'air rebelle pour jeter dans le poulailler volant le tumulte d'une poignée de graines dans une basse-cour ! Pierre songea qu'en un éclair, le devenir des hommes peut chavirer. Et cette pensée qui ne lui était pas neuve se voyait renforcée par son expérience dramatique de la veille. Le souvenir d'une visite à Pompéi s'y ajouta aussi, où une pluie de cendres avait subitement scellé des milliers de vies comparables à la sienne. Ensuite, l'avion avait repris sa route sans encombre et déjà effacé d'un mouvement d'aile l'insoutenable fragilité de l'existence. Le jour arrive inexorablement où l'eau recouvre le désert ; tout n'est que question de patience. Mais la race humaine est l'espèce animale pour laquelle le temps est la plus rare des denrées. Il ne se laisse apprivoiser et, difficile à sculpter, ne peut être pétri que par d'humbles âmes. À la vue des acharnés, il se rebiffe ! La componction seule ouvre les portes de l'allégresse : telle fut l'ultime leçon que la montagne, dans sa furie, prodigua à Pierre et que chaque seconde à venir ne cesserait de renforcer. Cette découverte simple et profonde sema le trouble dans son esprit émergeant à peine de dix ans de réclusion. Comment une évidence aussi criarde pourrait-elle coexister avec la seule qu'il possédait jusqu'alors ou qui plutôt le possédait : l'absence complète de sens, la toute puissance du néant ? Assis, toujours assis, la lassitude le gagna. L'envie de s'abandonner définitivement à la fortune et de cesser de déchiffrer les dessins que formaient son corps et son esprit à travers les convulsions de la vie.

2

Cela faisait deux heures que Gladys et Jean-Charles s'élevaient au-dessus de Courmayeur. Ils approchaient de l'alpage du Pré, surplombant le confluent entre le val Ferret et le Val Veny. La fatigue de la montée ne ternissait pas la joie de Gladys qui sentait son émerveillement grandir de lacet en lacet. Le paysage, les fleurs et les senteurs aiguillonnaient ses sens et exaltaient ses émotions. Lefort restait fasciné par l'attitude de Gladys. Il ne savait s'il devait la plaindre ou l'envier. Décidément, elle le troublait car elle échappait aux modèles comportementaux qu'une kyrielle de stages de management lui avait inculqués dans l'ambiance cossue et aseptisée de cabinets parisiens.

— Dis-moi, Gladys, comment fais-tu pour être constamment si enthousiaste ? Pour t'étonner de la même façon devant un paysage fantastique ou face à un vulgaire insecte ?

— À vrai dire, je l'ignore ! De plus, il n'y a rien de « vulgaire » en ce monde ! Je suis comme cela, voilà tout et me moque bien de comprendre et d'expliquer les choses. Ce qui m'importe, c'est ce que je ressens, ce que je suis. Le reste, c'est pour plus tard, du domaine du peut-être… Et moi, puis-je à mon tour te poser une question indiscrète ?

— Vas-y.

— Pourquoi veux-tu toujours tout analyser ? Que fais-tu de la spontanéité, du jeu, du hasard, des imprévus, du plaisir ? Crois-tu aux signes ?

— Je ne me suis jamais réellement posé ces questions. J'imagine que cela doit venir de ma formation cartésienne ; tu sais, il n'y avait guère de place à ce que tu cites là dans les études que j'ai faites. Quant aux étudiants qui les suivent, ce ne sont pas les plus exubérants.

— Oui, je comprends, répond Gladys visiblement déçue. Mais ta réponse ressemble étrangement à l'histoire de l'œuf et de la poule ! Es-tu ainsi suite à ta formation ou l'as-tu choisie parce qu'elle correspondait à ton caractère ?

— Bonne question… dont j'ignore la réponse !

— Voilà qui est un bon début ! dit-elle, satisfaite d'avoir enfin pu faire vibrer à travers sa carapace une fibre humaine. Il se rebiffe :

— Et puis, je ne suis pas psychologue ! Je n'ai pas l'habitude de parler de moi, de mes réactions, de mes motivations et encore moins de les justifier ! Ce que je vise, c'est l'efficacité et la rentabilité. Il s'interrompt pour chercher un argument imparable et, à défaut de le trouver, poursuit en baissant le ton : je reconnais que cela me gêne d'en parler.

— Je respecte, répond-elle sur le même registre. Et d'ajouter : rassure-moi, il t'arrive parfois de te comporter différemment, je veux dire avec un minimum de fantaisie ou d'humanité ?

— Je n'aime pas la fantaisie ! C'est une perte de temps.

— Une perte de temps ! Tiens, par exemple, ce que nous faisons là, en ce moment précis, discuter de nous-mêmes et essayer de nous entendre, est-ce selon toi une perte de temps ?

— Honnêtement et au risque de te décevoir, oui !

— Pourquoi ? insiste-t-elle, blessée intérieurement, elle qui accorde tant d'importance aux relations humaines.

— Parce que cela ne nous mènera nulle part. Tu n'arriveras pas à me convaincre et moi, apparemment, non plus !

— Avoue-moi ce qui t'irrite le plus : que je ne parvienne pas à te convaincre ou que tu ne puisses me persuader, toi devant qui les collègues se prosternent hypocritement ?

— Si nous changions de thème ? tente-t-il, acculé.

— Je sais bien que cela ne me regarde pas, mais esquives-tu toujours les sujets qui te concernent intimement et qui te remettent en cause ? Le fais-tu aussi avec ta femme et avec tes enfants ? Haussant une nouvelle fois la voix, il rétorque :

— Ma vie de famille se passe très bien ! Je n'ai pas à m'en plaindre, c'est l'essentiel !

— Te rends-tu compte de la façon dont tu parles de ta famille ? On dirait qu'il s'agit de subalternes que tu méprises et qui te doivent une obéissance aveugle. Comme s'il s'agissait d'esclaves ! Quoi, que veux-tu encore ajouter ? crie-t-elle hors de ses gonds. Y a-t-il autre chose qui te chagrine ?

— Non tout va bien, à part ton caractère stupide et borné ! Et puis si... : tu es bien trop jeune pour comprendre ce que sont les responsabilités. Tu n'as aucune idée de celles qui m'incombent, ni des budgets que je manipule chaque jour.

— Ah non, pas de cela ! Il va falloir trouver mieux ! Toi aussi tu es de ceux qui se cachent derrière les années et qui, à force de lâcheté vis-à-vis d'eux-mêmes, finissent par s'auto-persuader de leurs propos les plus aberrants ? Comme s'il y avait un âge pour la sagesse ! Penses-tu vraiment que les années bonifient le jugement, que la hauteur d'esprit progresse sensiblement ? À mon humble avis, les deux principales choses que le temps améliore, c'est le compte en banque et le tour de taille ! Crois-tu qu'il y a proportionnellement plus de sages chez les personnes âgées que chez les jeunes ? Du haut de ton piédestal, sais-tu au moins ce qu'est la sagesse ? Pour moi c'est une sorte de recul constructif, un regard amusé face à la vie en général et à la sienne en particulier. Amusé, quels que soient les événements mais jamais défaitiste.

— On croirait entendre un livre ! Tu as trop dû en lire et pas assez travailler ! Il te manque le concret. De la vie dont tu prétends connaître les rouages, tu ne sais finalement que ce que tu as lu et retenu, ce qui ne doit guère peser lourd… Tu as vécu par procuration ! Tu t'es tellement éloignée de la réalité, que tu avances aujourd'hui dans un monde parallèle, à une autre époque que tes contemporains : tu es déphasée, Gladys, et malgré ton âge, déjà obsolète ! Le vrai monde – celui que tu ignores – est bien plus impitoyable que tu ne l'imagines. Tu évolues en pleine utopie ! Désolé de te l'apprendre, mais Cendrillon n'existe pas !

— Eh bien non, je refuse ! Car moi, je dis vrai le système qui rend les hommes heureux. Que signifie l'adjectif « vrai » s'il n'est pas éminemment lié à la joie de vivre et à l'intensité des émotions ? Le monde imaginaire dont tu parles et que tu nies, n'existe certes pas de la même façon que cette fleur que tu es en train de piétiner sans t'en apercevoir, mais son pouvoir est néanmoins mille fois supérieur au tien, fait de stratagèmes et de résultats économiques. Je déclare sans honte ni pudeur que tout ce qui ne touche pas de près ou de loin à l'amour et aux sentiments ne m'intéresse pas. Au fond, c'est peut-être cela la véritable force de la jeunesse, celle à laquelle tu n'as certainement jamais goûté : ne pas se résigner sous le joug de conventions stériles, refuser l'ordre arbitraire, pouvoir à toute heure partir pour le grand large, à la poursuite de l'être aimé ou d'un croissant de lune. Ou même de son simple reflet. Chercher toujours plus loin la poésie qui donne couleur et relief à la vie.

Chacun campait sur ses positions, jusqu'à ce que Lefort jette un regard sur sa montre. « Misère ! », s'exclama-t-il, nous sommes en retard : il faut immédiatement redescendre !

— En retard de combien ?

— Seize minutes, précisément. En tablant sur une vitesse en descente de quatre cents mètres par heure, nous devrions arriver vers 18 h 15 à Courmayeur. Ensuite, il nous faudra traverser une partie de la ville pour rejoindre le lieu de rendez-vous.

— Et alors, qu'y a-t-il de grave à être un peu en retard ? Selon moi, une seule chose pourrait être grave : ce serait qu'en nous pressant stupidement à la descente, l'un de nous se blesse. Et dans ce cas, je ne te parle pas du retard !

Ces divergences de vues exprimées, ils rebroussèrent chemin et entamèrent la descente en direction des premières brumes lenticulaires de la vallée. Jean-Charles épiait régulièrement sa montre. De temps à autre, il jetait un regard sévère sur le paysage, en contrebas, pour y déceler des éléments qui le renseigneraient sur l'évolution de leur altitude. Il éprouvait un besoin capital d'affiner continuellement ses prédictions. Quelques mètres derrière lui, Gladys pestait intérieurement. Elle voyait filer sur les côtés du chemin les superbes fleurs aux teintes chatoyantes qu'elle n'avait pu admirer à la montée, au nom de l'impérieuse nécessité de ne pas casser le rythme. Et leur fuite lui pesait comme des promesses bafouées. Elle imaginait le chant des oiseaux dont les accords venaient d'être censurés. Mais pourquoi au juste suivait-elle ce fou furieux ? La tentation la gagna de le laisser la distancer, de ne pas se présenter au rendez-vous ou de n'y aller que pour leur annoncer son départ du groupe, son renoncement à la fin du stage. Quel sens pouvait-elle encore trouver à rejoindre dès le lendemain l'aridité de la haute montagne, alors qu'à portée de ses lèvres palpitantes, les alpages regorgeaient de vie, d'eau, de miel sauvage et de bonheur ? Où lui serait-il possible, mieux que dans la quiétude d'un cadre bucolique, de célébrer l'harmonie parfaite d'un cœur débordant d'amour et du monde qui lui ouvrait les bras ? Sa décision était irrévocable : elle abandonnerait le stage, sauf si d'aventure ils décidaient de le transformer en une randonnée paisible en moyenne montagne. Pour elle, il était désormais primordial de prendre son temps…

Cependant et pour une raison qui échappait à sa raison, son rythme ne faiblissait pas. En frères ennemis, ils poursuivaient leur course aussi frénétique que burlesque ! Sans décolérer, Gladys songea que le siècle manquait cruellement de stages ou d'écoles dont la vocation serait d'enseigner l'art de ne rien faire, d'admirer les merveilles au sein desquelles des milliards d'êtres cheminent, tête baissée. Comment s'abandonner à son étoile, à la nature et s'oublier soi-même ? Par opposition, elle considéra la force rageuse qui animait Lefort. Ainsi, et malgré sa jeunesse, elle pressentit l'amère ivresse que distillent les rêves de grandeur et de possession. Leur perfide faculté de s'insinuer par des failles insoupçonnées, sous l'évidence fatale de certitudes. Certitude d'exister et d'avoir à lutter contre le bon sens commun. Conviction de devoir s'élever au-dessus de sa condition. Besoin aussi, éternellement inassouvi, de ne plus chercher hors de l'investissement personnel ce qui peut rassasier un cœur ambitieux. Décidément, tout en elle exécrait de tels desseins. L'humilité sincère, la gratuité, l'abnégation restaient pour elle les seules vertus estimables.

À ce stade, il faut s'appesantir sur le lien particulier qui unissait Gladys à Jean-Charles et inversement. Au mépris des apparences, il reposait sur un respect mutuel. La considération de Gladys envers Jean-Charles n'était pas fondée sur l'admiration ou la crainte, ni même sur la confrontation subite avec l'incarnation d'une perfection dont l'intelligence, la maîtrise, l'à-propos, en tous lieux et circonstances ne font jamais défaut. Non, mais plutôt sur le respect simple et authentique de la personne en tant que personne. Pour Jean-Charles, les motifs étaient différents. Seule Gladys osait s'adresser à l'homme qu'il était, sans dissimuler sa pensée. Elle avait deviné que derrière son masque, pesait une solitude qui s'ignorait. Qui d'autre aurait pu l'atteindre, le bousculer, lui dire « non » en pleine face avec le plus désarmant des sourires ? Du haut de sa candeur, ses paroles faisaient mouche. En dépit de ses principes, Jean-Charles était envoûté par cette fille désarmante, décalée, échouée d'une époque révolue et échappant aux modes et clichés, créature dérangeante dotée de pouvoirs supérieurs aux siens, dans bien des domaines dont il méconnaissait jusqu'à l'existence…

3

Dix-huit heures. Pierre, arrivé le premier au rendez-vous, patiente à la terrasse d'un restaurant, la carte à la main. Il lève les yeux et scrute la rue qui, à cette heure, charrie sa cargaison de badauds d'une extrémité à l'autre de la ville. Parmi le grouillement frivole, il aperçoit Michel en train de se frayer un passage à contre-courant. Ce dernier s'approche et lui sourit. D'un accord tacite, ils commandent une bière.

— Je suis surpris que Jean-Charles soit en retard ! déclare le guide, moqueur.

— À mon avis, il ne va pas tarder. Il ajoute, lui aussi avec une pointe d'ironie : les gens pointilleux sont souvent en retard ; ils ont toujours des travaux importants à terminer ! S'ils les remettaient à plus tard, ils risqueraient de les oublier, ce qui serait catastrophique !

— C'est tellement vrai ! répond Michel, amusé.

Ils plaisantent encore un moment puis aperçoivent deux sacs émergeant de la masse, dont les mouvements hystériques rappellent ceux des drapeaux de fanfares. Pierre ne peut réprimer un sourire en découvrant Jean-Charles trahi par son inimitable démarche. Au bord de l'asphyxie, les retardataires s'approchent de la terrasse, dégoulinants de sueur, et s'arrêtent net. Ils balayent du regard les tables mais ne voient ni Michel ni Pierre.

— Vous cherchez quelqu'un ? lance le guide.

Moulins, taquin, leur demande s'ils ont l'intention de manger debout. Ils s'asseyent sans un mot, plongent le nez dans la carte et passent commande sans prêter attention au menu. Les minutes s'égrainent, la conversation ne démarre pas. Gladys, excédée par les conditions de la descente sous le joug de Lefort, a clairement décidé de bouder ! C'est la première fois que Pierre découvre cette facette de son caractère. Loin de le décevoir, ce petit travers lui apparaît comme la preuve irréfutable de l'humanité de cette créature exceptionnelle. Il est rassuré de constater qu'elle n'est pas faite que de qualités, car la perfection est suspecte ! Et le côté risible de son attitude immédiate lui confère même un surcroît de sympathie à ses yeux.

Autour d'un ragoût de chamois à la polenta arrosé d'un cru de pays, les langues se délient. Ils abordent le sujet crucial : la suite du stage. Botti leur propose de s'exprimer tour à tour. Les stagiaires se regardent, chacun attendant qu'un autre commence. Moulins se dévoue :

— Pour ma part, je souhaite continuer, exactement comme prévu. Lefort enchaîne immédiatement :

— Moi aussi ! Quand on commence quelque chose, il faut aller jusqu'au bout : c'est une question de principe !

Les regards se tournent vers Gladys qui fait mine de ne pas être concernée par la conversation. Les incitations répétées de ses compagnons finissent par la ramener parmi eux. Acculée, elle déclare : « Je ne sais pas ! » Un silence. Elle se frotte les yeux, bâille ostensiblement et laisse tomber sa serviette sous la table puis la ramasse avec une lenteur forcée. Toujours distante, elle déguste un verre d'eau et replonge dans ses réflexions. Ses compagnons n'osent intervenir, surpris par son attitude inhabituelle. Finalement, lasse du poids de leur impatience, elle quitte son mutisme : « Cet après-midi, les alpages étaient magnifiques… J'aurais tellement aimé avoir le temps de les observer, d'écouter les oiseaux ! De prêter attention au vrombissement des insectes, au murmure des torrents. Au lieu de cela, j'ai dû courir, survoler le décor, ne rien y découvrir, encore moins ressentir. Cela pour tenir un horaire, respecter un programme établi ! A quoi bon ? Est-on plus heureux en passant à côté de l'essentiel avec, pour consolation, la satisfaction d'avoir atteint un objectif fixé, objectif sans la moindre importance d'ailleurs ? Un décor de roches et de glaces est bien plus spectaculaire, plus grandiose, plus élitiste que les champs et les vallons aux courbes douces, mais moi je suis infiniment plus émue par un pré regorgeant de fleurs, par la quiétude d'un ruisseau, le chant d'une cascade, par une truite qui ondule dans l'eau claire ou par un écureuil, un lapin, une perdrix des neiges surprise au détour d'un sentier, par le sifflement d'une marmotte, par tout ce qui regorge de vie… Et ce n'est pas fini : depuis ma plus tendre enfance, je rêve de rencontrer un coq de bruyère, un ours ou un loup… » Gladys s'interrompt pour sécher des larmes. D'un ton paternaliste, Moulins tente de la consoler :

— Si tu savais comme je te comprends… Il se tourne vers Botti : et toi, Michel, que proposes-tu pour la suite, tu as autant à dire que nous ? Celui-ci s'apprête à intervenir, quand Gladys reprend la parole :

— Il est vrai que la haute altitude a aussi ses beaux côtés… Je reconnais que la chance exceptionnelle qui m'a été donnée lundi, quand nous franchissions la crête frontière, et qui m'a permis de me décider quant à mon avenir, s'est concrétisée bien au-dessus de la limite de la végétation.

Elle s'interrompt à nouveau et porte les yeux vers le ciel où les rayons saupoudrent d'or les cimes environnantes. Une indicible poésie envahit son cœur. Elle reprend son souffle : « Pour la beauté du geste, il est vrai qu'il serait préférable de poursuivre le programme. Et puis, si j'arrêtais, ne serait-ce point par pur égoïsme ? J'ai eu le privilège de voir mon vœu le plus cher s'exaucer, ce qui n'est peut-être pas votre cas, messieurs. » Elle marque encore une pause et cherche l'inspiration dans les derniers feux du jour. Enfin elle conclut, le sourire aux lèvres : « Pour toutes ces raisons, je suis partante ! » À l'annonce de cette nouvelle, les trois hommes se regardent, stupéfaits, puis éclatent de rire : « Sacrée farceuse, s'exclame Moulins, moi qui pensais te connaître ! » Pour fêter cette décision collégiale, Botti porte un toast à leur amitié et aux aventures qui les attendent.

Leur enjouement les fit pénétrer dans la nuit qui rôdait depuis plus d'une heure. Du fond de la vallée et de ses innombrables anfractuosités, elle guettait, tapie, puis au fil de la discussion, elle s'était mise à ramper sur les prés, s'était hissée le long des berges des torrents, avait gravi les combes secrètes et de hardies barres rocheuses. Arrivée sur les hauts alpages, elle avait soufflé, laissant pour quelques instants encore les rondeurs délicates du relief émaillé de troupeaux jouir de la clémence trompeuse de l'été. Ensuite, redoublant d'énergie, elle avait révélé sa convoitise et était partie à l'assaut des glaciers suspendus, avait escaladé les couloirs vertigineux, vaincu les derniers bastions en feu et finalement terrassé les crêtes et flèches de granite. Ni le guide, ni ses clients n'avaient aperçu sa sombre chape s'abattre, comme un oiseau de proie, sur cette journée charnière. Une après l'autre, les bourgades lovées le long de la route principale avaient docilement rendu les armes. Courmayeur n'avait pas échappé à la règle, ni à la voracité nocturne. Son hégémonie locale ne lui avait pas épargné une lutte perdue d'avance. En succombant à la grande marée, elle s'était mise en règle avec les dieux.

Vers la fin du dîner qui se prolongeait, de pâles nébuleuses s'accrochaient aux sommets les plus élevés. Leurs contours énigmatiques inspiraient Gladys, déliée par les soins de Bacchus. Elle s'étira profondément, rejeta la tête en arrière et reçut en plein visage le phare symbolique d'une étoile veillant sur la nuit. La jeune femme compara ce signe à une missive divine ; pour tous les éveillés, songea-t-elle, il existe, même dans les plus insondables abîmes, une lueur d'espoir qui, semée dans un cœur de chair, peut tout métamorphoser. Le vin continuait de couler avec régularité ; la fatigue gagnait les stagiaires. Raisonnablement, Lefort les invita à laisser pour les soirées à venir leurs débats philosophiques, au profit d'une question qui, à cette heure avancée, prenait une importance grandissante, à savoir où ils allaient dormir ! Pour les sortir de l'impasse, Botti, mystérieux, les pria de régler leur repas et de le suivre. Les pensées en panne, ils obtempérèrent et remontèrent en file indienne une ruelle perpendiculaire à la Via Monte-Bianco. Soudain, le guide s'arrêta et tira de son sac une clé en fer forgé. Il tâtonna puis l'introduisit dans la serrure d'une porte semblant ne mener nulle part. Sans parole, ils pénétrèrent dans un couloir étroit, obscur comme leurs pensées, et gravirent un escalier aux marches irrégulières. À l'étage, Botti poussa délicatement une autre porte. Ils entrèrent à pas de loup dans un espace mal aéré où régnait un silence habité. Après s'être heurtés à plusieurs reprises sur des objets bas métalliques, ils devinèrent qu'ils étaient dans un dortoir. Un ronflement sourd et rugueux faisait écho à leur maladresse. Michel alluma sa frontale qu'il occulta aussitôt de la main. Il leur désigna les couches encore libres.

4

À son réveil, agressé par le chant éraillé d'un coq, Lefort constata que tous les lits occupés lors de leur arrivée étaient libres, les couvertures bien rangées. Seuls, ses compagnons restaient incrustés dans un confort d'où rien ne semblait pouvoir les extraire. D'un œil anxieux, il consulta sa montre et secoua ses comparses avec fracas. Malgré leur retard sur l'horaire convenu la veille, Botti insista pour qu'ils prennent le temps d'acheter un petit déjeuner raisonnable sur le trajet. Ils s'habillèrent à la hâte, rassemblèrent leurs effets personnels et plièrent nerveusement les sacs de couchages récalcitrants. L'équipée fit halte dans la première boulangerie et s'empara d'un lot de viennoiseries. Ensuite, ce fut la descente à pas de course vers la gare routière. Par bonheur, lorsqu'ils atteignirent le vaste espace bétonné, l'autobus du Val Veny était en retard. Ses portes grandes ouvertes l'apparentaient davantage à un moulin qu'à un moyen de transport. À quelques pas, le conducteur terminait une conversation animée avec un collègue en uniforme. Leurs gestes et mimiques faisaient l'attraction des voyageurs déjà installés. Soulagés de ne pas avoir manqué la navette, ils montèrent à bord et s'avachirent aux premières places. Leur tension se relâcha.

Pierre éprouva un sentiment inédit, alliance de joie, d'impatience et d'un étrange pressentiment. Les minutes coulaient, inutiles, sans que l'employé de la compagnie ne daigne considérer ses passagers. Pierre vécut ce moment comme un retour. Il songea à ces chemins trop rares qui lui entrouvrirent le bonheur et que les hasards de l'existence lui permirent, bien plus tard, de parcourir à l'envers, lorsque la vie avait largement entamé son potentiel. Il se souvint de ces retours ; comme alors, il craignit que la déception l'emporte sur un second embrasement.

Pétri d'humilité, Pierre nourrissait depuis la veille l'intuition que l'épreuve véritable restait à venir.

Un bruit de klaxon renversa l'ordre établi. Le flottement des passagers se fixa sur la porte avant du véhicule, que le conducteur venait de franchir avec triomphe. D'un geste auguste, il salua son équipage en lui adressant un « Salve a tutti » et s'installa au poste de commandes. De simple chauffeur, sa prestance l'élevait au rang de capitaine. Il tapota le compteur kilométrique, porta le regard loin vers l'arrière, dans le champ magnifié des rétroviseurs. Tel un amiral vérifiant la position de sa flotte avant le combat, il parut satisfait et, d'un mouvement ferme et décidé, mit le vaisseau en marche. Au quart de tour, le moteur commença à ronronner, berçant de ses vibrations puissantes sa précieuse cargaison. La machine obéissait docilement. Après avoir considéré le bataillon d'aiguilles déployées sur le tableau de bord, le maître donna l'ordre décisif et l'unité 17 de la SAVDA prit le large. Régime au ralenti, elle se fraya avec majesté un passage parmi les embarcations chétives de la cité : barques de pêcheurs au mouillage, fourgonnettes à trois roues regorgeant de légumes, scooters tonitruants, voitures garées en dépit du bon sens…

Avec concentration et force dextérité, le conducteur aligna l'autocar puis l'engagea prudemment sur un pont étréci, jeté par-dessus les caprices de la Doire Baltée. Il le traversa, au centimètre près, sans effleurer le prestigieux véhicule. Aussitôt franchi, le moteur s'emballa et les emmena à l'assaut de l'immense vague morainique verrouillant l'accès du Val Veny. De lacet en lacet, les hameaux enchâssés dans la verdure semblaient reculer et se confondaient avec la roche de plus en plus présente. Au débouché du dernier virage, les stagiaires tombèrent en admiration face à la colossale chute de séracs du glacier de la Brenva. Plongeon étincelant, cette chevauchée fantastique figée en plein élan paraissait issue d'une contrée altière, inaccessible au genre humain, fille unique du ciel et des astres. Michel leur parla des grands itinéraires inscrits dans ce versant aux proportions himalayennes, de l'engagement qu'ils réclament pour livrer certains de leurs secrets, de l'extraordinaire ambiance dans leurs portions terminales, du sentiment éprouvé au petit jour, en sortant sur l'arête frontalière. Pierre et Gladys étaient envoûtés par la description du guide et par la passion que sa voix trahissait. Jean-Charles écoutait. Il soupesait le pour et le contre de telles entreprises. Son verdict fut rapide et sans appel : les risques encourus étaient d'autant plus absurdes que la démarche constituait l'accomplissement même de l'inutile ! À la rigueur, il aurait pu concevoir qu'on s'y aventure pour réaliser une première et, partant, inscrire son nom à la postérité, mais aucunement pour exécuter la énième répétition de courses certes difficiles mais qui n'intéressent pas les médias et que seul un nombre infime d'individus apprécie à leur juste valeur. Ses réflexions acerbes l'accaparèrent jusqu'au terminus de la ligne. Il était environ onze heures.

Une fois la navette repartie et ses passagers dispersés, la cordée se retrouva devant une muraille qui monopolisait ses pensées. Que les stagiaires le voulussent ou non, une attache indéfectible les unissait au décor glacial érigé face à leurs interrogations. Une masse complexe, écrasante et néanmoins svelte, sourde aux supplications, tortueuse comme des âmes possédées, à la trame éblouissante criblée d'énigmatiques balafres. Ils restèrent plusieurs minutes hypnotisés devant ce flamboiement gothique. Plus tard, ils se surprirent à marcher l'un derrière l'autre, dans les pas de Botti, sur la trace du refuge Monzino.

Rapidement, l'herbe grasse et les mélèzes au vert tendre firent place à l'austérité de la moraine. Courbés sous le fouet des bretelles de leurs sacs, ils s'employaient à éviter les cailloux instables et à déjouer les pièges d'un sol malveillant. Au fil de leur progression contrariée par une nature rebelle, Pierre ne put s'empêcher – déformation professionnelle oblige – de méditer sur le parallèle entre la vie et les gestes élémentaires et répétitifs qu'ils enchaînaient pour avancer sans tomber. Chaque jour, à chaque instant, des choix sont à faire qui engagent avec illogisme la fierté de l'homme, sa réputation, son honneur, ses richesses, son avenir et celui des siens… Et sous l'assaut de ses choix, par ses choix répétés, son équilibre moral s'en voit affecté. Commence alors la saison des tentations qui se prolonge jusqu'à ce que l'adversité le frappe à l'échine, en lui vantant les vertus fabuleuses de naufrages programmés...

La montée se poursuivit sous un soleil assommant. L'omniprésence des roches et l'absence de vent accentuaient l'âpreté des lieux, l'impression de fournaise. Chacun, selon son tempérament et la connaissance plus ou moins affûtée qu'il avait de lui-même, choisissait les pensées les plus efficaces, celles qui lui épargneraient la conscience fatale des gestes monotones à accomplir. Ô absence toute puissante, échappatoire à l'inutilité de l'action ! Ils avançaient, tourmentés par l'insoutenable durée du présent. Par la souffrance aussi et les pensées vénales auxquelles des générations d'âmes plus méritoires finirent par succomber avant eux. En montagne comme ailleurs, celui qui évolue sans ancrage est perdu d'avance : le jour fatidique le guette jusqu'à ce qu'il ralentisse, analyse. Alors, il se retourne, regarde sur les côtés et renie l'objectif premier après l'avoir soupesé, disséqué jusqu'à l'essence, concluant à la vanité de sa démarche, de toute démarche... Et tous ceux qui ont véritablement connu la tentation, en montagne, en haute mer ou dans les quelques autres formes de déserts qu'abrite encore la planète, et qui lui ont résisté à la seule force du poing, ceux-là savent qu'il en est de même, mais plus sournoisement, dans la confusion récurrente de la vie. Ou se pourrait-il que ce soit l'inverse ?

Durant la pause déjeuner, Jean-Charles s'étonna à haute voix de la beauté environnante : stupéfaction générale ! Sous leurs pieds, la vue dégringolait sur les grandes marches du glacier du Brouillard, rebondissait à sa base pour s'écraser ensuite, après un vol plané magistral, sur les escarpements lointains du versant opposé. Sous la lumière funeste du début de l'après-midi, un réseau de crevasses d'une complexité inextricable complotait, cerveau de glace en pleine ébullition. Cette comparaison l'emmena plus loin. D'abord, il se sentit hésitant puis bascula, aspiré par la pensée vers les entrailles de cet agglomérat nerveux, aux confins de son propre inconscient, là où grouillaient dans une mixture infâme les travers et les vertus de ce qu'il avait jusqu'alors rejeté. « Et dire que quelques mètres plus haut, sur la surface ravagée du glacier, le soleil règne en maître absolu ! », songea-t-il alors.

Par la suite, le jour dut se remettre en marche car le ciel fonça d'un degré. Le temps de fixer l'azur, de fermer les yeux et de sentir la chaleur filtrer à travers les paupières et diffuser ses bienfaits, qu'une page nouvelle de leurs vies était tournée. Inlassable fuite du temps gagnant tous les cœurs, qu'ils soient consumés de passion, dévorés d'ambition ou rongés par la haine. Point de salut en dehors d'un amour consenti.

La soirée au refuge fut mémorable, comme la nuit qui suivit. Les stagiaires furent saisis par le changement radical d'ambiance par rapport aux veillées précédentes dans les autres cabanes. À l'évidence, le public aussi était différent. Ils évoluaient désormais dans une dimension inédite, dont les règles se lisaient dans la modération des rares éclats de la clientèle. Gladys avait recouvré son optimisme légendaire. Autour d'elle, après les débordements de la veille, la cohésion du groupe avait repris. À table, Jean-Charles poursuivit de sa propre initiative le fil de ses aveux. Il révéla les difficultés de son couple, l'éloignement progressif de ses enfants qui lui reprochaient, comme son épouse, de ne jamais être présent ou, les rares fois où le hasard leur permettait de le croiser à la maison, de n'y être que physiquement. Pierre lâcha par inadvertance un « bienvenue au club ! » Sur-le-champ, Jean-Charles interloqué redressa la tête. À la réflexion, ce cri du cœur le soulagea plutôt : avantage étonnant de la solidarité dans la déroute ! Il poursuivit. Plus il parlait, plus Pierre et Michel le renflouaient en vin. Et plus il buvait, plus sa langue se déliait… Sous l'emprise de l'alcool, ils observèrent la transformation de leur compagnon, tandis que celui-ci devenait sans le savoir l'attraction du refuge. Selon une logique toute relative, il alternait confusément ses succès professionnels et sa consternation devant l'attitude déplorable de la mère de ses enfants ! Sous le regard davantage amusé que compatissant de ses compagnons, il défendait avec véhémence des causes perdues d'avance. La conviction qu'il mettait dans ses explications alambiquées débouchait de plus en plus fréquemment sur de sonnantes contradictions dont il était le dernier à réaliser l'absurdité. En guise d'esquive, il finissait par recourir à la pure mauvaise foi. Ses auditeurs, attendris par la naïveté d'affirmations si outrancières, furent ravis d'assister à une mutation qui ne pouvait qu'être bénéfique… Bien plus tard, lorsque d'autres préoccupations auraient estompé la honte d'un tel relâchement, ils lui avoueraient qu'ils furent soulagés de le voir révéler un visage tellement humain !

À l'heure où les alpinistes se faisaient rares dans la salle commune, la conversation bascula vers les croyances de Gladys. Échauffés par quelques verres de trop, les trois hommes se liguèrent lâchement contre leur compagne. Imperturbablement, elle répondait à leurs questions provocatrices et à leurs attaques à peine dissimulées. Plus que ses répliques, ce fut l'aisance et le détachement avec lesquels elle leur tenait tête qui expliquait l'irritation grandissante de ses compagnons. Irritation qui n'allait pas tarder à se muer en effarement, lorsqu'ils retrouveraient leurs esprits. Les plus sages réaliseraient qu'en se liguant de la sorte, ils réglaient davantage les comptes qu'ils avaient envers eux-mêmes qu'envers cette fille à qui ils ne trouvaient d'ailleurs rien à reprocher !

Parmi les réponses bigotes et stéréotypées qu'elle objectait à leurs assauts déloyaux, il en fut une dont l'originalité sut percer la conscience éméchée de Pierre : elle leur décrivit sa stupéfaction, au cours d'un récent séjour en Suède, en apprenant que dans ce pays le sentiment religieux avait presque totalement disparu chez les jeunes. Voire aussi chez leurs parents. Même le nom de Jésus-Christ était inconnu pour nombre d'entre eux !

Pierre se sentit le devoir d'intervenir ; d'un ton professoral, il s'entendit plaider que cela prouvait que le sentiment religieux provient de l'éducation ou du milieu familial – on respecte ou on s'oppose à ses parents – ou de la précarité de la situation. Pour illustrer ses propos, il cita les régions défavorisées du globe, où l'esprit du sacré est exacerbé, tandis qu'aux antipodes, l'opulence a tôt fait de le reléguer au rang du superflu. Les explications qu'il donnait trahissaient sa confusion croissante. Ainsi, de la neutralité de sa réplique initiale, il dérapa en déclarant que c'est dans les nations qui exhibent leur puissance à travers le monde et dispensent à tous vents de louables leçons de morale, que l'individu se trouve le plus vite confronté à sa propre convoitise… Gladys renchérit en expliquant que le Christ n'était pas venu pour les biens portants mais pour les infirmes, et à travers eux pour toutes les formes de faiblesses. Trouvant cette affirmation toujours d'actualité, elle les interrogea : « Pourquoi les hommes attendent-ils l'épreuve, la vraie, la grande, l'irréversible, pour faire un pas dans la direction du seul qui se donna intégralement pour ses semblables ? » En osant cette question, elle savait que ce n'était pas à eux qu'elle l'adressait, mais à l'autre part d'elle-même qui attendait encore une réponse… Ensuite et sous la fatigue grandissante, elle accorda qu'en tous les êtres sommeillent des profondeurs insoupçonnées. Peut-être également en ceux qui arborent, pour unique centre d'intérêt, le profit matériel et qui, par malheur, triomphent dans leurs desseins. Elle trouvait admirables les passions à ce point dévorantes, quoique pathétiques…

Avant de gagner le dortoir, ils sortirent du refuge. Leur regard effleura un tapis d'étoiles qui flottait dans la nuit glaciale. Ils devinèrent la présence du bivouac Eccles, leur prochaine étape, perdu dans l'immensité. Loin vers le haut, noyé de ténèbres et chargé de signes, ce minuscule abri semblait aussi insignifiant qu'un insecte figé par le givre dans les à-pics alpins. Pourtant, point de convergence momentanée de quelques destinées, des forces obscures s'accordaient à le maintenir en équilibre, jour après jour, entre conscience et inconscience. Pierre pressentit qu'en cet espace étriqué et éthéré, deux mondes séparés s'ignoraient. Qu'il revêtait, l'espace d'une seconde ou d'une éternité tout éphémère, l'écrasante fonction de clé de voûte. Ne pouvant accueillir que peu de visiteurs, il réserve un cadeau merveilleux à ceux qui s'aventurent jusqu'à son lopin de néant : le sentiment d'une sécurité relative, joyau décuplé lorsque les éléments, par-delà la frontière mythique des « quatre mille », se mettent à obéir à des lois inconnues des néophytes. Pour certains, il constitue un but, pour d'autres un départ, mais pour tous il est la porte étroite du Saint-Sanctuaire. Celle au-delà de laquelle il n'est plus de compromis, où il faut tout donner pour conserver une chance de pouvoir un jour contempler sa descendance. Néanmoins, paradoxe dans le microcosme du grand alpinisme, ceux qui parviennent à surmonter le concentré d'épreuves qui les attend, passée cette limite invisible, et qui pourraient en témoigner sont rarement expressifs. Il est des altitudes intérieures à partir desquelles la notion de témoignage verse dans la désuétude. Lorsque l'engagement dépasse l'entendement, plus la peine de vouloir expliquer ce qui, par essence, ne se conte pas : l'avoir vécu suffit amplement. À ce stade de ses réflexions, Moulins fut parcouru d'un frisson : il prit pleinement conscience que c'était vers ces lieux magiques que Botti les emmènerait dès le lendemain.

5

Dès leur réveil, les stagiaires éprouvèrent l'ambiance des grands départs. Leurs estomacs étaient noués, intimidés par la majesté du décor et son intense part de mystère. Par son ubiquité, la montagne avait fini par les pénétrer. Elle exerçait une pression invisible sur leurs maigres certitudes. Lentement, elle s'était immiscée par tous leurs sens et les avait gagnés jusqu'à les posséder. Ils croyaient encore pouvoir résister : naïveté de profane ! Chacun, à sa manière, fermait les yeux sur ce qu'étaient sa vie, ses joies, ses motivations, ses craintes immémoriales et découvrait avec effroi le verdict : déjà trop tard ! La montagne avait créé une césure. Pierre et Gladys savaient qu'il leur faudrait beaucoup de temps pour mesurer et accepter ce qui, en eux, avait basculé.

Confondus, ils attaquèrent la montée le long du glacier du Brouillard. Le terrain, de plus en plus délité, canalisait leur attention. À peine si Pierre eut l'occasion de s'appesantir sur son triste sort, sur l'implacable fatalité qui l'avait ballotté, tel un bouchon, sur les incohérences de son parcours. Les conséquences de son état dépressif sur ses proches revêtaient une importance étrangement secondaire. Seul Botti, par habitude, savait garder intact le fil de ses pensées. Quand plusieurs heures de marches se seraient écoulées, il leur parlerait de sa joie intérieure depuis que s'était produit le déclic qu'il n'espérait plus. Désormais, il se savait à nouveau capable d'admettre les faits pour ce qu'ils étaient, et non plus uniquement pour ce qu'ils auraient dû être. Libéré des chaînes de la culpabilité, il allait pouvoir laisser sourdre les bienfaits de sa résurrection. À force d'absence, de volonté, de dureté, d'indifférence parfois, d'habitude souvent, un visage peut revêtir les traits de ce qu'il admire ou exècre le plus. C'est ainsi que Michel avait assisté, passivement, à la pétrification de son cœur. Il leur relaterait son désespoir passé, sa renaissance inattendue et les nouvelles épreuves qu'il allait devoir surmonter. Son épouse lui manquait énormément, depuis que la maladie l'avait prématurément emportée par une soirée d'hiver où il n'était pas là. La neige tombait silencieusement, emportant dans l'au-delà leurs rêves communs. C'était quelques mois à peine avant la disparition d'Émile.

Pour l'heure, Michel dirigeait la cordée dans un dédale de rocs, de névés et de pièges naturels tendus aux inconscients ou à ceux dont l'humilité n'est pas la principale vertu. De cette journée qui s'écoulait comme une eau de source dans leurs gorges déployées, les stagiaires garderont en mémoire l'école d'escalade qu'ils feront l'après-midi, non loin du bivouac, plusieurs milliers de mètres au-dessus des brumes d'Aoste. Michel tenait à les initier aux techniques rudimentaires de l'escalade et plus particulièrement à celle du rappel dont ils allaient avoir besoin dès le lendemain. Gladys adorait ces exercices ludiques. Se balancer dans le vide, suspendue au bout d'un fil d'araignée, plonger à son gré en se jouant des contingences de la pesanteur. Elle rêvait en plein jour. Pierre aussi éprouvait une joie infantile à ces pratiques salutaires pour l'esprit. Quant à Jean-Charles, il souffrait atrocement du vertige. Il convoquait en vain sa volonté jusqu'alors toute puissante pour garder un semblant de maîtrise de soi ! Le guide ayant perçu son malaise, l'invita à garder les yeux fixés sur le rocher, droit devant lui, et à éviter de porter le regard vers le bas. D'abord vexé de recevoir une consigne si triviale, il finit par reconnaître qu'elle seule pourrait le secourir. Il obtempéra. En élève discipliné, il s'attela à la tâche mais celle-ci s'avéra plus ardue qu'il ne l'imaginait. Son malaise grandissait sans cesse, atteignant rapidement des proportions démesurées. Ne plus bouger, comme son instinct le lui dictait, équivaudrait à crier sa défaillance : pas question ! Échouer dans un exercice où Pierre et Gladys excellaient sans entraînement, avec un plaisir manifeste de surcroît, serait la pire des humiliations. De plus, renoncer ce jour impliquerait qu'il serait dans l'incapacité de franchir le lendemain les barres rocheuses menant au glacier ; ce serait l'échec pur et simple de son stage. Il se voyait déjà, descendu par le guide au bout de la corde, comme une vulgaire masse inerte. Puis la honte, la terrible honte. Auprès de ses compagnons d'abord, au bureau ensuite. Ces perspectives désastreuses, associées à la panique de poursuivre, faisaient jaillir des flots de sueur qui dégoulinaient sur son visage blême. Ses yeux noyés se mirent à brûler. Paralysés, ils refusaient de s'ouvrir. Il voulait les frotter mais ses mains ne lui obéissaient plus, l'une scellée sur la corde, l'autre sur le descendeur. Soudain, un cri strident venant de nulle part le fit tressaillir. Surpris, il relâcha la tension qu'il exerçait sur la corde et aussitôt fit un bond de plusieurs mètres, aspiré par le vide. Son cœur essuya un coup de bélier et brusquement tout s'immobilisa. De violents afflux de sang déferlèrent dans ses tempes prêtes à exploser. Il réalisa qu'il venait lui-même de stopper sa chute, en accroissant spontanément la tension sous le descendeur. Il réalisa que le cri qui avait tout déclenché était une incitation du guide. Son réflexe vital lui rendit un sursaut de confiance. Il lui fallait recommencer sans tarder ce geste, en contenant sa panique. Attendre aurait laissé le doute réinvestir son esprit ébranlé. Seule, l'action sauve, se répétait-il en prenant son souffle puis il produisit le plus gros effort qu'il n'eut jamais à accomplir et laissa filer délicatement la corde entre ses doigts. « Oui, c'est cela, tant que je descends, je ne crains pas de tomber… » Pendant ce temps, ses compagnons assistaient à son chemin de croix, impuissants, attentifs et émus. Ils ressentaient l'urgence de se taire et de le laisser vaincre seul cette terrifiante épreuve, pire à ses yeux que l'orage de l'autre jour. Botti, dont la vigilance ne faiblissait pas, répétait qu'il était en sécurité, solidement assuré sur un prussik. Finalement, Lefort rejoignit les stagiaires sur un replat neigeux : fin de l'école d'escalade ! Dès qu'il foula le sol, il chercha à fuir leurs regards.

— Bravo ! Tu as maîtrisé ton vertige ! dit Michel sur un ton amical et rassurant. Gladys sourit. Pierre ajouta :

— Le vertige est une loterie : personne n'est responsable…

Lefort, absent, restait sourd à leurs encouragements. « Merci », finit-il par lâcher avec une émotion ambiguë. Puis il se détourna et, tout tremblant, tâcha de se dégager de la corde. Botti lui vint en aide.

Il était environ 16 heures. Les ombres des cimes environnantes commençaient à se contorsionner. Le décor gagnait en profondeur et en solennité. Gladys frissonnait. Elle plongea le bras dans son sac qu'elle fouilla pour en retirer une paire de gants et un gâteau sec. Botti profita de la pause pour leur désigner, à quelques centaines de mètres à vol d'oiseau, une tache à peine visible noyée entre neige et roc : le bivouac. Puis, d'un geste lent décrivant un arc de cercle, il leur expliqua le parcours du lendemain :

— Nous commencerons par gravir la Pointe Eccles, à 4 050 mètres, à l'aplomb du bivouac. De là, vous verrez, la vue est encore plus époustouflante que d'ici.

— Et puis, par où passerons-nous ? s'inquiéta Gladys qui ne voyait rien au-delà de cette éminence plantée en plein ciel.

— Nous basculerons de l'autre côté, versant Frêney. Cela semble impressionnant, vu d'ici, mais c'est surtout un effet de perspective. Vous verrez, cela se passera bien. Nous traverserons le plateau supérieur de Frêney, sorte d'amphithéâtre au pied des voies les plus ardues du Mont-blanc, jusqu'au col de Peuterey. Là, nous aurons une vision spectaculaire sur le haut bassin de la Brenva et ses à-pics, ainsi que sur l'immense chute de séracs que vous avez observée hier, depuis la navette, quand nous quittions la vallée centrale. Ensuite, nous entamerons la descente par l'arête sud, neigeuse, toujours versant Frêney. Nous nous dirigerons vers les rochers Grüber : c'est la partie la plus technique du stage. Il s'agit d'une succession de rappels. Le plus difficile est de repérer le tracé. Mais par bonne météo, les relais sont facilement identifiables. En bas des rochers, nous mettrons pied sur le glacier. Là, il nous faudra contourner ses nombreuses crevasses, en évitant de rester exposés sous les séracs. Nous traverserons le glacier pour rejoindre un couloir raide, en neige et en éboulis, avec parfois un peu de glace vive. Il nous portera sur la crête sud de l'Innominata. De là, nous gagnerons le refuge Monzino.

Lefort, préoccupé, prit le guide en aparté et s'adressa à lui sur le ton de la confession : « Vais-je y arriver ? »

— Tu es quelqu'un d'intelligent, n'est-ce pas ? Alors crois-tu que si je n'en étais pas persuadé, j'envisagerais de vous emmener là-bas ? Je connais mon métier ! Tu n'auras qu'à faire exactement comme tout à l'heure : fixer la roche, droit devant toi, sans regarder vers le bas. Tu te laisseras glisser lentement. Au moindre incident, l'autobloquant enrayerait ta chute. Tu verras, tu y parviendras très bien. En rappel, quand on respecte les règles de sécurité, on encourt moins de risques qu'en prenant sa voiture pour aller travailler. À présent, il faut que tu penses à autre chose : il n'est pas bon de gamberger ! Dis-toi simplement qu'aujourd'hui tu as fait le plus dur…

Pierre s'exclama : « C'est magnifique, mais tellement désert par ici ! Si on m'avait dit que, si près du sommet du Mont-Blanc, on pouvait passer une journée complète, par grand beau temps, en n'apercevant personne, j'aurais eu du mal à le croire ! » En se rapprochant d'eux, Michel répondit :

— C'est l'un des recoins les plus secrets du massif. Ici, avec l'isolement, tout prend des dimensions extrêmes. De retour chez vous, vous garderez le souvenir de ces moments passés sur ce versant, le plus intime de la chaîne. Et cela, même sans avoir effectué de prouesses techniques. Malheureusement, peu de gens savent que pour les alpinistes authentiques et contre tout préjugé, l'essentiel n'est pas d'atteindre un sommet convoité, ni la renommée à laquelle il peut élever, ni la victoire sur les difficultés ou sur sa propre volonté, ni même l'échec évité, car en montagne il n'est jamais de véritable échec…

— Mais alors, qu'est-ce que l'essentiel ? interrogea le philosophe, aiguillonné par la curiosité. Toutefois le lyrisme de Botti retomba subitement.

— L'essentiel, pour être franc, je ne sais toujours pas ce que c'est ! En revanche, je sais ce que ce n'est pas ! Je peux vous dire que ce que j'ai vécu en dehors de la haute montagne et de l'amour de ma femme n'entre pas dans le périmètre de l'essentiel ! L'essentiel pourrait être de se donner pleinement, à travers ce que l'on fait, à ceux qu'on aime. De le faire avec sincérité…

— C'est beau, Michel, dit Gladys en se frottant les mains pour les réchauffer. Pour moi qui ai la foi, c'est exactement ce que je voudrais arriver à faire. C'est pour cela que je vais embarquer pour l'Asie…

— C'est vrai que cette réponse est belle et probablement juste aussi, ajouta Pierre. Mais toi, Gladys, pourquoi dois-tu t'expatrier dans des conditions de vie si difficiles ? Ne serait-ce pas aussi valable de te mettre au service d'autrui plus près de chez toi, au seuil de ta porte ?

— Tu as forcément raison, lui répondit-elle à leur grand étonnement. J'y ai souvent réfléchi et toujours, j'arrive à la même conclusion que toi ! Cependant j'ai vécu trop longtemps repliée sur mon nombril ! J'ai besoin d'espace, de recul. Il faut que je me sente vraiment utile et cela me paraît plus simple là-bas.

6

Au bivouac, ils étaient seuls. Au milieu de nulle part. Seuls, en une contrée néanmoins habitée. Quelques instants auparavant, le ciel s'était figé. Le froid, sans prévenir, avait repris ses droits, à la frontière symbolique des quatre mille. Le soleil, après une dérive incontrôlée, s'était échoué sur l'écueil déchiqueté d'une crête de granite. Ce fut un naufrage, l'effondrement des promesses diurnes, la montée des eaux sombres. Du fond de l'abîme, l'astre meurtri larguait ses ultimes fusées de détresse. Affaiblies, celles-ci gardaient le pouvoir occulte d'enflammer des cathédrales de protogine, lancées à l'assaut du firmament. Partout alentour, des flèches dorées s'élevaient dans un velours noir tissé de silence et d'absolu. Jean-Charles gérait tant bien que mal ses émotions. Entre la panique qu'il venait de connaître et dont ses muscles ressentaient encore les soubresauts et l'impression de toute puissance que lui prodiguait la démesure des lieux, il n'était plus sûr de rien. Plus habitué à jongler avec des sommes à six chiffres ou avec le destin professionnel de collaborateurs qu'avec un bouquet de sentiments diffus. Imaginait-il que derrière ces collaborateurs, le sourire d'enfants fut menacé par ses choix personnels ? L'échec qu'il avait essuyé cet après-midi marqué d'une croix rouge ne lui ressemblait pas. Il le savait mais ne pouvait l'admettre, ni le changer. Incarnation de la force de caractère, il avait été supplanté par une fille naïve et exaltée, flanquée d'un philosophe raté, qui n'avaient brassé et ne brasseraient que le vent stérile d'idées invérifiables. Le métier de guide, songeait-il, a néanmoins plus d'envergure : à l'instar du sien, il gère des hommes et résout des situations inextricables à première vue. Mais Jean-Charles reconnaissait que les enjeux de ces deux professions n'étaient pas de même nature. Pour le métier de Botti, la rançon était unique : la vie de ses clients qui, à chaque course, pesait plus lourdement dans ses mains noueuses…

Jean-Charles se remémora l'arrivée au bivouac, après l'épreuve du rappel. Plusieurs fois en chemin, il s'était senti terrassé par l'indicible présence de la grande muraille. À mesure que leurs pas augmentaient la distance qui les en séparait, la confiance refluait en lui. La cordée progressait tantôt dans la neige, tantôt dans la rocaille. Toute l'attention de ses compagnons était accaparée par le terrain. Lui, demeurait ailleurs. Peu de temps après, ils marchaient à la suite d'ombres fuyardes. Michel fixait attentivement ces compagnes de toujours, muettes et tellement fidèles. Exactement comme il faudrait savoir aimer. Elles les précédaient en dansant, leur ouvraient les portes de l'espérance et de la confiance. C'était elles aussi qui leur survivraient, un bref instant du moins. C'était donc le cœur léger, sentiment auquel il ne s'était pas encore pleinement réaccoutumé, que le guide put à nouveau regarder son ombre de face, sans connaître la répulsion de jadis. De longue date, il portait une affection particulière à ces fantômes sympathiques et à leurs métamorphoses incessantes sur les courbes immaculées du terrain ou sur ses divines colères. Ce n'était pas quatre ombres banales qu'il dévisageait, mais un cortège de spectres ondoyants, aux destinées scellées par un filin à peine visible. Fragile et poignante image de l'existence. Il se savait spectateur privilégié du dessin que formaient leurs vies dans le grand champ du monde. Un instant, il crut reconnaître, derrière la sienne, l'ombre d'Émile, emboîtant ses pas. Loin de l'effrayer, cette pensée l'anima d'une joie intense. Dans son silence intérieur, il sut qu'il avait enfin gagné cette autre terre, imperméable à l'euphorie, aux regrets et aux excès, où s'accueillent d'une humeur égale les événements heureux et les cinglantes détresses. Il comprit que quoi que l'avenir lui réservât, une force invincible l'habitait désormais, qui n'était pas de lui mais du mystère de sa propre histoire. Telle une passerelle qui le réunissait à ses amis disparus, un pouvoir qu'aucun sortilège ne pourrait lui soustraire. Il se sentait devenir un peu de cette création qui l'avait accueilli et dont, enfant renégat, il avait boudé les largesses, esquivé les clins d'œil, à l'unique profit du plus infécond des cultes : celui du regret. À présent, il entrait dans cet été invincible où chaque pas s'accomplit en harmonie avec les êtres aimés. Tous ces sentiments, c'était à Gladys qu'il pourrait les exprimer, tard dans la nuit, sous l'écume grouillante de la voie lactée. Au terme de ses confidences, une étoile fila qui annonça un nouveau départ…

7

Comme le confort au bivouac, le dîner fut rudimentaire. Loin des commodités de la ville, il prit pour Moulins et Botti un goût particulier, mélange de victoire sur soi-même et de don venu du ciel. Ce qui pouvait encore leur arriver ne les concernait plus totalement. Ils étaient là, immobiles, au-dessus d'une province plus riche que toutes les provinces. Une contrée débonnaire, indomptée, dont les mille visages dissimulaient des nuées de crises ou de bonheurs individuels promis à l'anonymat. Pour les accompagner plus loin dans leur méditation, les deux hommes n'avaient, pour seul mentor, que la solitude d'une forêt minérale défiant le ciel et le temps et dont la bienveillance séculaire étirait sa vaste pèlerine sur les crépitements de vies dissimulées dans l'étendue. Pierre avait conscience de vivre des instants qui le marqueraient à jamais et d'avoir le privilège de se trouver en un lieu féerique dont ses lectures romantiques d'autrefois lui avaient susurré l'existence. De ces moments qui élèvent à des altitudes intérieures d'où tout retour devient incertain. Il savait également qu'il ne pourrait rapporter à autrui ce qu'il ressentait en l'instant et qui était le fruit d'un demi-siècle d'errance. Quel gâchis, remâchait-il ! Pourtant sa candeur avait ses limites : il connaissait la nature de son allégresse, ainsi que sa vulnérabilité. L'amer parfum de son impuissance à témoigner jetait un voile sur la courbe d'une journée sans nuage. Maintes fois, il avait expérimenté à ses dépens, comme des milliards d'autres écervelés avant lui, l'âpre déception de celui voulant capter, à travers les mailles trop lâches de filets à souvenirs, l'effluve d'instants parfaits. Il se résolut donc à vivre aussi intensément que possible la minute qui l'élevait mais dont l'éclat commençait déjà à faiblir…

Trop d'humanité tue l'humanité. Sous la magie polychrome de nuits boréales, Pierre découvrira, bien plus tard qu'il est des mélodies dont les accords se composent d'eux-mêmes et dont les interprètes finissent auditeurs. Entre beauté, créativité et chef-d'œuvre, des mondes coexistent qui tolèrent mal la médiocrité. Et là, point d'hésitation : servent enfin les leçons de vie accumulées depuis l'enfance ; c'est le moment ou jamais de se lancer, de faire un pas, sans réfléchir et de s'abandonner corps et âme, laissant le reste flotter au gré du vent. Long est le chemin menant de la conscience et du savoir à l'ouverture sur l'impossible. Ceux qui l'ont vécu voient défiler dans leurs délires tous les délires de l'humanité. Un jour, au cœur d'une de ces absences, Moulins avait rêvé d'une rose printanière dont le parfum emplissait l'espace et avait su le consoler de la mélancolie d'instants à venir…

Au bivouac, la solitude devenait pesante. De ce nid d'aigle, le regard dominait plus qu'une région, il embrassait un pays sans frontière. Comme les soirées précédentes, et peut-être encore davantage, le crépuscule se parait de reflets d'éternité. Pour tuer le temps, Botti leur parla des grandes figures qui avaient marqué l'histoire de l'alpinisme, non loin de leur promontoire. Il leur apprit que tous ces héros avaient connu, en cet espace restreint aux dimensions infinies, le doute des grandes premières, tribut incontournable à la postérité. Ce qui rendait passionnants les propos de Michel, était sa façon de présenter l'envers du décor. Il ne s'attardait pas sur les prouesses techniques et humaines que ces hommes accomplirent, fabuleuses au demeurant, mais sur les petits travers que taisent les journaux au lendemain des dénouements heureux. La peur, le doute, la faiblesse, l'angoisse, la jalousie, l'ambition, la revanche, le désespoir, la quête de gloire… À mi-mots, le guide leur dévoilait l'alchimie transformant un bouillon d'émotions contradictoires, louables et haïssables, en un prodigieux élan qui balaye du revers ses origines les plus contestables. Et c'était là, selon lui, le véritable exploit. Le talent de ces « conquérants de l'inutile », comme les nommait si justement le grand Lionel Terray, résidait plutôt dans la gestion du marasme de leurs incertitudes que dans leurs réalisations concrètes. Michel, dont la langue paraissait pour la première fois totalement déliée, leur disait qu'il admirait dans l'alpinisme une vertu particulièrement rare : le côté indissociable de l'engagement physique et moral. Tant d'exploits, expliquait-il, s'opèrent quotidiennement au profit exclusif de l'un ou de l'autre, mais rarement en balançant équitablement ces deux pôles. Qu'est-ce que l'esprit sans le corps et qu'est-ce que le corps sans l'esprit ? Il poursuivit en leur racontant les grandes premières ou les répétitions mémorables qui s'étaient opérées dans la face sud du Mont-Blanc. Le Pilier Central du Frêney était là, derrière eux, qui le fascinait entre tous. Une lueur traversait ses yeux chaque fois qu'il prononçait le nom des géants ayant marqué de leur empreinte ce haut sanctuaire : des Bonatti, Desmaison, Bonington, Grassi résonnaient dans sa voix ainsi que d'authentiques cantiques... Il leur narra aussi – car les pierres ne retiennent pas que les succès – les sombres tragédies. De la main, il désigna les emplacements où, dans la tourmente, certains des plus résistants avaient rendu les armes, après plusieurs jours d'agonie. Il évoqua aussi ceux qui, marqués une première fois au fer rouge, étaient revenus sur la scène où ils se virent amputés d'une partie de leur chair : la vie d'un compagnon de cordée. Pour la gloire ? Quelle gloire ? Simplement pour achever un travail commencé. Ou plus curieusement encore, par une forme peu banale de respect. Héros adulés ou décriés par la chronique, mais avant tout tempéraments exceptionnels. À travers le récit de leur guide, les stagiaires eurent l'impression d'effleurer pour la première fois ce qui peut susciter ces étranges vocations et, fraîchement solidaires d'une même pulsion, de les juger moins sévèrement. Ils apprirent ainsi qu'il est des destinées de roc qui ne reposent que sur la fragilité du doute... Tels les phares les nuits de grandes tempêtes, ces figures emblématiques guident les alpinistes néophytes ou chevronnés vers le repos illusoire de la victoire ou, mal interprétées, les mènent droit sur les écueils de l'existence.

Le face-à-face

1

Dans l'espace confiné et mal ventilé du bivouac, une ombre s'éleva. Maladroite, elle heurta l'une des couchettes superposées, déclenchant un ruissellement de ferrailles dans le silence de l'obscurité. Puis elle s'immobilisa ; le calme réinvestit le volume clos. Gladys ouvrit un œil et suivit les mouvements incertains du fantôme matinal. Après une errance inquiétante, il fondit sur un sac qu'il sonda dans un crissement contenu de chaînes rouillées. Le spectre alluma un réchaud et prépara du thé, ce qui le rendit plus sympathique. Rapidement une vapeur s'éleva dans le ronronnement de la combustion. La trajectoire de la fumée s'infléchissait vers la porte, semblant répondre à un appel inaudible. Ainsi en est-il de nos vies, pensa Gladys, à peine réveillée. Elle rassembla ses forces qu'une nuit écourtée en haute altitude avait éparpillées et s'extirpa de sa couche exiguë en direction de la sortie.

— Ça va Gladys ? murmura l'ombre qui, entre-temps, avait disparu de sa vue.

— Oui, mais vaseuse ! Tu es réveillé depuis longtemps, Michel ?

— Une demi-heure environ. Je prépare le matériel et le petit déjeuner pour que nous puissions partir de bonne heure : il ne faut pas se trouver trop tard sous les séracs.

Gladys ouvrit la porte et sortit pour prendre l'air. Aussitôt, un spectacle extraordinaire lui apparut. Déjà remarquable la veille, la splendeur du panorama s'élevait au grandiose en cette aube limpide. Une mer de nuages reposait dans le lit tranquille des vallées d'où une forêt de pics et d'aiguilles émergeait, baignée d'une lueur irréelle. Cette vision de genèse prolongeant ses rêves lissait la brutalité du réveil et faisait oublier la froideur himalayenne. Loin vers l'est, au-delà des alpes piémontaises, le ciel s'était condensé autour d'un horizon réduit à sa plus simple expression, par les affrontements répétés du jour et de la nuit. Chaque minute passée densifiait cette frontière plus magique que réelle. Pressentant l'imminence d'un prodige, Gladys décida de ne plus détourner les yeux de cette lueur lointaine d'où une étoile allait surgir. Incroyable privilège, pensa-t-elle, que d'assister à la naissance d'un astre. Quel cadeau plus symbolique la vie pouvait-elle lui offrir ? Consciente de sa chance de pouvoir accueillir d'une joie aussi intense un des spectacles les plus poignants de la nature, elle fit le vœu de ne jamais se lasser de contempler les merveilles du monde. Vint ensuite l'instant où le miracle s'accomplit : du nord au sud, l'horizon explosa. Elle dut détourner les yeux, car trop de beauté aveugle.

La journée se mit en route ; les crêtes se couvrirent d'or puis d'argent. Des ombres naissaient, grossissaient et se détachaient du relief en narguant les abîmes. Gladys les voyait onduler par-delà la distance et, vagues de lumières, s'approcher d'elle dans un silence de cathédrale, pour finalement s'évanouir à ses pieds. Leurs proportions, rendues immenses par leurs métamorphoses successives, évoquaient tantôt de délicates dentelles, tantôt des monstres terrifiants. Immobile, Gladys avançait dans un champ semé d'allégories. De nouvelles ombres aux contours évanescents s'unissaient aux premières et suggéraient la mouvance féerique des nuits polaires. Comme si, parties de l'Antarctique plusieurs mois auparavant, des aurores boréales avaient dérivé loin des regards et, à bout de souffle, faisaient escale sur la courbe parfaite de l'arc alpin, avant de reprendre leur lente migration vers l'autre pôle. De sa caresse rasante, le soleil révélait les anfractuosités de la roche. Un à un, les monolithes engourdis se réveillaient de la nuit éternelle.

La jeune femme remarqua que le col de Peuterey avait pâli, ainsi que la crête sommitale de l'Aiguille Blanche, dont l'aquarelle prématurément séchée avait perdu son éclat. Elle accepta que le soleil opacifiât déjà le relief de sa lumière noire. Il lui faudrait patienter jusqu'à la soirée pour retrouver dans l'air impalpable la tendresse des tons chatoyants et, avec eux, la sensation de plénitude, gonflée d'amour et d'unité, qui emplit les cœurs encore aptes à s'émouvoir. Parmi ses sentiments épars, se dissimulait une impression insaisissable qui défiait sa raison et lui insufflait que cette journée marquerait son cheminement. De la solennité de sa posture au-dessus d'un continent, naissaient en elle des sentiments contradictoires, mariage d'orgueil et d'humilité face à la démesure des choses. Quel orgueil ? Celui d'avoir hérité d'un sixième sens ? Elle se retourna et vit l'hémicycle du haut bassin du Brouillard en proie à un incendie ravageur. La masse incandescente lui dévoila le visage caché des êtres longtemps coudoyés, sans jamais avoir été regardés. Il lui semblait que le plus austère des versants du Mont-Blanc abritait une présence invisible, forte et farouche. « Il doit en être de même des hommes et des femmes… », songea-t-elle, guidée par ses croyances. C'était sans doute ce qu'elle cherchait à travers sa fuite en Asie : débusquer l'étincelle enfouie sous la misère pour la révéler au grand jour… Le caractère quasi-prophétique de la mission la fascinait depuis de longues années mais, soudainement, une interrogation la traversa : cherchait-elle la dimension spirituelle de l'altruisme ou l'abnégation que celui-ci requiert ? Comment appréhender la finalité d'une vocation ?

Une brise se leva qui effleura de ses dents de givre le visage de Gladys. Elle sut qu'il est, dans toute démarche impliquant l'individu jusqu'à sa raison d'être, un tissu complexe de motivations, de craintes, de refoulements, de fantasmes, de générosité, de sentiments nobles ou plus discutables. Et que la paix de l'âme exige parfois certaines compromissions, comme la capacité de laisser à la nuit les choses de la nuit et à la caresse du soleil la faculté de gérer en aparté nos luttes intestines. À mesure que ces vérités décantaient en elle, elle sentait un soulagement profond l'envahir, appuyé par la vision lénifiante de la mer de nuages. Elle se demanda combien de secrets impénétrables somnolaient sous ces moutonnements débonnaires, privés de lumière originelle. Elle fut émue par les apparences si différentes que cette nappe nuageuse pouvait revêtir, selon qu'elle fut observée d'en haut ou d'en bas. L'injustice du monde lui sembla plus intolérable encore. Plus pressante aussi, par conséquent, la nécessité d'agir. C'était loin vers l'est, là où l'espoir renaît chaque jour, que sa destinée devait s'accomplir au service de l'essentiel.

Le cœur léger, le buste droit, elle ferma les yeux et étendit les bras horizontalement, de part et d'autre de son corps, et se mit à tourner. Lentement d'abord, puis en accélérant le rythme. Après plusieurs révolutions, elle s'immobilisa brusquement et ouvrit les paupières. Aussitôt, le ciel se mit en marche. Il entama un mouvement circulaire qui, rapidement, se transforma en tourbillon et entraîna dans sa valse folle les pics les plus solidement enracinés. Ce fut alors le tour du soleil, suivi des glaciers, des vallées, du bivouac. À intervalles réguliers, la tache aveuglante de l'astre diurne rythmait ce ballet surréaliste. Puis la tornade s'inclina et entraîna son cortège d'éléments en déroute. Le bruit étouffé de son corps s'enfonçant dans la neige fit réaliser à Gladys qu'elle venait de perdre l'équilibre ! Elle serra les poings pour retenir le sol et mettre un terme à la rotation infernale. Mais le sol se souleva sous elle. Stupéfaite de la tournure des événements, elle imagina un homme à l'extrémité d'une vie bien remplie qui verrait ce qu'il a aimé et construit basculer, sans avoir le temps de réagir. Et puis, n'est-ce point souhaitable ainsi ? Elle songea que s'il lui fallait connaître une fin similaire, n'ayant pas la possibilité de se retourner sur son passé, elle voudrait au moins éprouver l'apaisement de l'absence de regrets. Elle savait qu'une telle absence est fleur rare qui, comme les edelweiss, ne pousse que sur les versants ensoleillés, en haute altitude intérieure, jamais à l'abri des vents, de la grêle, ni de la perfidie des longs hivers. Elle ne doutait pas que le jugement véritable ne serait pas prononcé sur l'unique base des richesses ou des honneurs accumulés, mais sur la qualité du point de vue avec lequel le monde et les hommes auraient été considérés. Gladys rebondit sur cette évidence à ses yeux, établissant un lien direct entre le degré d'amour, d'efforts et de renoncements consentis et la densité de la contemplation. Malgré sa jeunesse, elle savait que ce qui donne valeur au but convoité n'est ni l'objectif, ni l'éphémère satisfaction que son atteinte peut dispenser, mais l'exigence soutenue au long de son approche. Elle se fit alors le serment que sa vie qui commençait serait entièrement tournée vers un but unique : la volonté de celui qui, selon elle, est à l'origine de toutes choses. Gladys ne pensait pas qu'on puisse donner un visage à Dieu, c'est pourquoi le parcours qu'elle emprunterait passerait forcément par la sincérité, la droiture et la ferveur. Ainsi, pensait-elle, s'il devait arriver au terme de son temps qu'elle soit encore loin de l'objectif suprême, il lui resterait la consolation – suffisante à fermer les paupières sans les crisper – d'avoir accompli un beau pèlerinage sous le regard céleste…

Elle se frotta le visage rempli de neige et se releva. Étourdie, elle se dirigea en titubant vers le bivouac où elle trouva ses compagnons en train de petit-déjeuner. Elle leur sourit et se sustenta à son tour. Comme le silence lui devenait gênant, elle leur décrivit la beauté du spectacle auquel elle venait d'assister. À l'entendre, les trois hommes pouvaient aisément imaginer l'ascension du soleil dans ses grands yeux clairs ; la passion de sa description les émerveillait.

Ce fut alors l'heure du départ. À compter de ce moment, les stagiaires prirent conscience qu'ils entamaient l'étape la plus technique du périple. C'était aussi la journée à partir de laquelle ils allaient continuellement perdre de l'altitude. En montagne, cet instant marque une étape poignante dans une course ou une randonnée ; il rappelle que chaque période de la vie a une fin et que l'instant vient toujours où il faut redescendre une à une les marches qu'on a mis une vie à gravir.

2

En deux heures, la cordée avait gravi la Pointe Eccles, coiffant le bivouac et l'arête de l'Innominata, et rejoint le glacier supérieur de Frêney, après un court rappel. En dépit de son appréhension naturelle, cette épreuve que Jean-Charles redoutait s'était étonnamment bien passée. Ainsi, un regain de confiance lui permit de progresser sereinement sur l'écume givrée du glacier. Le groupe avançait silencieusement, à altitude quasi-constante, sous les bastions les plus puissants du massif. La proximité immédiate de la face sud du Mont-Blanc et de ses tours innombrables, de ses couloirs et cascades de glace, leur faisait sous-estimer l'ampleur de la muraille où étaient concentrées les difficultés techniques majeures du massif. Jean-Charles porta son attention loin devant, sur le glacier qui, débonnaire à leur niveau, disparaissait brutalement de leur vue pour ne réapparaître, métamorphosé, que mille mètres en contrebas, dans la sombre conque du bassin, flanquée de sentinelles titanesques. De son côté, Moulins méditait sur l'existence recluse que menait le plus secret des glaciers du massif.

Vers dix heures, ils parvinrent au Col de Peuterey où Gladys eut le souffle coupé d'admiration : dans aucun de ses rêves, elle n'avait imaginé que pareille harmonie de formes, de couleurs et de nuances pût exister. Dans un dégradé saisissant, des régiments de crêtes déchiquetées se succédaient jusqu'aux confins de la terre et du ciel, au bleu noyé de vapeurs et de promesses.

Sous eux, un toboggan de glace, presque vertical, s'abîmait vers le plateau inférieur de la Brenva. Levant les yeux au nord, elle fut éblouie par un miroir étincelant, aux teintes chaleureuses, qui courait de bas en haut, jusqu'au point de convergence de toutes les perspectives : le Mont-Blanc, seigneur des lieux. À maintes reprises, l'élan de ce dernier était contrarié par des ressauts surplombants et des crêtes acérées. Botti n'eut pas le temps de leur expliquer le risque de chutes de séracs ou de pierres qu'encourent les alpinistes en s'attardant dans de telles faces, qu'un bruit assourdissant retentit de partout et fit trembler l'assise du col. Le professionnel rassura ses clients et leur montra du doigt une avalanche provoquée par la chute d'un bloc de glace de la taille d'une automobile. Le sang glacé par l'ampleur du phénomène, les stagiaires restaient pétrifiés. « Et si cela nous était tombé dessus ! », s'inquiéta Lefort. Michel les tranquillisa à nouveau en leur expliquant que son métier consistait à limiter les risques aux seuls qui ne pouvaient être évités, les « dangers objectifs », comme disent les montagnards. Ils cassèrent la croûte à cheval entre deux bassins légendaires, voisins et pourtant si différents. Une fois remis de leurs émotions, l'estomac rassasié et les incontournables prises de vues réalisées, Botti donna le signal du départ. Un ultime regard vers le levant et ils revinrent côté Frêney. L'émotion scellait les langues lorsqu'ils entamèrent la descente.

Les premières pentes neigeuses étaient d'une inclinaison modeste, propices à une marche légère. Rapidement, le ton de la ballade s'effaça, tandis que le glacier rétrécissait et prenait l'apparence d'une arête de plus en plus aérienne. Instinctivement, leur attention croissait avec la difficulté du terrain. Jean-Charles savait que le moindre faux pas de l'un d'entre eux les précipiterait dans le gouffre. S'arrêter ? Continuer ? Crier ? Récriminer ? Revendiquer ? Exiger ? Faire demi-tour ? Que fallait-il faire, comment agir ? « Dans quel enfer suis-je entraîné ? », se demandait-il, une fois sur le fil de l'arête. Mais les choses avançaient vite, trop vite : il était dans l'incapacité de réagir et de réfléchir. Un peu plus bas, l'arête vint mourir dans une pente verglacée, dangereusement inclinée au-dessus de barres rocheuses vertigineuses. Le guide, qui se trouvait en queue de cordée, reprit la tête. En doublant ses clients, il leur sourit : « Nous allons bientôt rejoindre le premier rappel. » Ils le suivirent dans un terrain mixte, mi-pierraille mi-neige, en évitant soigneusement de prendre la corde dans les crampons.

La cordée buta contre un dièdre rocheux totalement lisse, infranchissable. Les néophytes furent effrayés en imaginant qu'ils allaient devoir affronter cette paroi rébarbative. Botti se retourna, l'air légèrement contrarié et les informa qu'ils devaient rebrousser chemin, ce qui ne manqua pas d'angoisser les stagiaires. En revenant sur leurs traces, Gladys osa rompre le silence. « Que se passe-t-il, Michel ? » Il ne répondit pas, mais scrutait le relief. Finalement, il se décida et, désignant en contrebas une immense dalle convexe, déclara : « Nous installerons là le premier rappel. » Rassurés par son ton décidé, ils le suivirent sans broncher. La cordée s'engagea dans un petit couloir enneigé, parsemé d'éclats de roche sur lesquels ils prirent appui. En guise d'assurance, Botti positionnait la corde derrière chaque becquet rocheux qu'ils croisaient, pour enrayer une chute éventuelle. Plus loin, une nouvelle traversée descendante les mena à la verticale d'une dalle lisse qui plongeait vers le glacier. Leur progression stoppa net : la randonnée glacière prit tout à coup des allures inquiétantes de véritable alpinisme, ce qui contraria Lefort. Il ne tarda pas à sentir une gêne grandir en lui qui rapidement se mua en panique. Naturellement, il tâcha de refréner la montée de ces forces adverses, mais ses tentatives restèrent vaines. Il s'efforça de respirer régulièrement, profondément comme il l'avait appris et de ne plus regarder vers le bas. À nouveau ses efforts étaient sans effet : un étranger s'était emparé de son corps. Gladys aussi était impressionnée par les perspectives fuyardes du terrain. Quant à Moulins, il cherchait dans la précision des manœuvres que le guide exécutait des raisons de garder confiance.

« Je vais passer une sangle autour de cet éperon rocheux : il est franc, nous pouvons nous fier à lui », expliqua Botti. « En bas du rappel, il y a une vire horizontale d'une cinquantaine de centimètres de large. Nous la suivrons jusqu'au départ du deuxième rappel. Ensuite, nous enchaînerons d'autres rappels jusqu'à atteindre la rimaye. Vu la sécheresse, il est possible que celle-ci soit très ouverte. Dans ce cas, nous la franchirons également en rappel. Pierre, tu passeras en premier. »

Étonné, Moulins avança d'un pas en observant ses compagnons d'un regard interrogateur. « Tant mieux, ainsi ce sera plus vite fini ! », se dit-il. Sans qu'il le sache, le guide l'avait choisi afin qu'il assure Lefort par le bas. Il avait aussi prévu de faire passer Gladys en dernière, car elle était selon lui la plus à l'aise dans ce type d'exercice. Botti installa le rappel et vérifia le serrage du baudrier de Moulins. Aussitôt fait, il passa la corde dans le descendeur de Pierre et lui fit un nœud autobloquant en guise d'assurage : « C'est bon Pierre, quand tu veux ! Dès que tu arriveras sur la vire, tu donneras du mou à la corde puis tu te mousquetonneras sur un piton que tu trouveras non loin de toi. N'oublie pas de vérifier s'il est fiable en le tapotant. Sinon, il devrait y en avoir un ou deux autres dans les parages. Une fois assuré, libère le rappel et avertis-nous en criant : rappel libre. »

— D'accord, je vais essayer, dit Pierre avec une conviction toute relative.

— Ensuite ce sera ton tour, Jean-Charles.

Après ces paroles, le guide se pencha vers Pierre et lui murmura : « Quand Jean-Charles approchera de toi, parle-lui pour détourner son attention. Tu l'assureras, exactement comme je viens de te dire. Je te demande cela car je ne peux pas prévoir comment il se comportera avec le vertige. » À haute voix, il poursuivit en expliquant que ce serait alors le tour de Gladys. « Pierre tu t'occuperas de Gladys à son arrivée. » Pierre acquiesça d'un mouvement de tête. « Vous m'attendrez sagement, sans faire de cabriole ni de shopping, je ne serai pas long ! »

Malgré la tentative du guide pour détendre l'atmosphère, Pierre était très crispé quand il se présenta au départ du rappel. « C'est l'instant le plus impressionnant du stage », songeait-il en tournant le dos au vide et en reculant, centimètre par centimètre. Avec d'infinies précautions, il se mit en tension sur la corde, en exerçant une pression aussi démesurée qu'inutile sur l'autobloquant. Sous les incitations et les encouragements de Michel et de Gladys, il inspira profondément et fixa son regard sur la paroi. Son cœur se serra. Il recula, sentit son corps verser en arrière puis ferma les yeux et laissa filer délicatement la corde. « Le plus dur est fait ! », se dit-il, alors qu'il n'avait pas descendu plus d'un mètre. Maintenant, en effet, il était en pleine paroi, suspendu au bout de la corde, fermement maintenu par le baudrier qui appuyait douloureusement sur ses reins et accaparait ses pensées. Araignée suspendue au bout de son fil, il fut envahi par une sensation inattendue de sécurité : étant déjà dans le vide, il n'avait plus rien à craindre ! À mesure qu'il perdait de l'altitude, il gagnait en confiance. Il s'appliqua à placer ses pieds à l'équerre contre la paroi, comme le guide le leur avait appris. Seul le mal dans le bas du dos ternissait le plaisir croissant qu'il éprouvait chaque fois qu'il se repoussait de la face, d'un mouvement sec des jambes, en laissant glisser la corde. Michel, qui suivait attentivement sa progression, était satisfait de son client. Tout à coup, Pierre s'immobilisa dans le vide et perdit le sens de l'orientation. Il se mit à tourner, déstabilisé par le poids de son sac, sans avoir le temps de réaliser ni de réagir. La vision subite du paysage qui tournoie lui procura une bouffée de chaleur. Mais rapidement, il comprit que sa pirouette inopinée était sans gravité : plus de peur que de mal ! Soulagé, il se retourna d'un geste prompt et plaça ses pieds contre la paroi, en ayant soin d'écarter davantage les jambes pour une meilleure stabilité. Sa descente reprit. Son plaisir aussi. À nouveau grisé par le jeu, il réitéra avec de plus en plus d'assurance son balancé arrière, miraculeusement débarrassé des douleurs lombaires par sa culbute. En portant le regard vers l'abîme, il aperçut la vire dont Botti leur avait parlé : l'arrivée du premier rappel. Il s'en approcha à vitesse réduite et posa le pied en douceur, avec la même jubilation que s'il venait de fouler le sol lunaire. Fier de sa maestria, il exécuta scrupuleusement les consignes du guide. Aussitôt assuré sur un piton à expansion qu'il n'eut pas de mal à repérer, il se libéra des autres liens et lança vers le haut un : « Rappel libre ! »

Ne voyant que le bleu sombre du ciel au-dessus de la dalle qu'il venait de franchir, il se sentit soudainement isolé. Les secondes passaient, longues d'abord, interminables ensuite, sans que le moindre indice de vie ne se manifeste. Enfin, un sac rouge vif apparut dans l'azur ; Lefort, immobile, était recroquevillé sous sa masse écarlate. Soulagé, Pierre observa attentivement la progression hésitante de son compagnon. À tout instant, il se tenait prêt à tirer un coup sec sur la corde, au cas où Lefort dévisserait… Lorsque celui-ci fut suffisamment près, il voulut s'adresser à lui pour l'apaiser mais ne trouva pas les bonnes paroles. Par dépit, il répéta plusieurs fois : « C'est bien, Jean-Charles, tu y es presque », puis il l'accueillit à ses côtés et l'amarra solidement sur la roche, en insistant sur la fiabilité du point d'ancrage, afin de lui rendre un surcroît de confiance. Alors seulement, Lefort retrouva l'usage de la parole : « Pas fâché d'arriver ! », lâcha-t-il. À l'expression encore livide de sa face, Pierre mesura l'épreuve qu'il avait traversée. Par décence et respect, il évita les commentaires superflus et poussa à nouveau le même cri vers le haut, pour avertir que le rappel était disponible.

Peu de temps après, ils virent Gladys descendre – ou plutôt voler – en enchaînant de gracieux petits sauts. Elle effleurait furtivement la paroi, comme un insecte qui, de loin en loin, touche la surface molle de l'eau et aussitôt reprend son envol.

Sans vibration, elle parvint à leurs côtés, rayonnante de joie : « C'est vraiment génial ! »

Le guide ne tarda pas à les rejoindre. Il rappela la corde qu'il avait sanglée à deux pitons. Pierre interrogea : « Et la sangle, comment vas-tu la récupérer ? » Botti sourit. « Elle est perdue ! » Il poursuivit sur un ton léger : « En montagne, il faut parfois choisir : le matériel ou soi ! » Il les encorda à intervalles réguliers et les fit franchir la trentaine de mètres de longueur de la vire, abritée dans sa dernière section par de puissants surplombs. Parvenus au terme de la traversée, Michel les arrima à la roche et les détacha de la corde. Il contempla le paysage, avec sérénité. Ses yeux brillaient. Il lova la corde puis la passa autour de son cou et sous son bras. « Attendez-moi là : j'installe le second rappel et je reviens vous chercher. »

À l'extrémité du balcon, le guide franchit quelques mètres horizontalement en posant la pointe des pieds sur de maigres grattons, la poitrine plaquée contre la paroi. Il disparut ensuite de leur vue. Au-delà, la face s'incurvait et venait mourir dans un couloir verglacé, incliné à soixante-dix degrés. Là, il s'immobilisa et sortit délicatement de son sac plusieurs sangles qu'il plaça également autour de son cou. Pendant ce temps, Jean-Charles cherchait dans la chaleur du soleil de nouvelles raisons de se rassurer. Il savait qu'il n'avait plus que deux rappels à tenir – moins impressionnants que le premier, selon les dires du guide – et que ce serait la libération. Ah les pentes douces ! Il ne demandait pas de miracle auquel il ne croyait pas, juste une déclivité raisonnable où la chute d'un corps s'arrêterait naturellement, sans conséquences dramatiques. À ses côtés, Gladys écoutait attentivement le cliquetis du matériel de Michel, par-delà le bombement rocheux qui le soustrayait à leur vue. Elle le percevait comme un chant guilleret d'oiseau à l'époque de la nidification.

Avec son piolet, Michel vissa délicatement deux broches à glace dans le couloir, suffisamment distantes l'une de l'autre pour qu'elles ne puissent pas se désolidariser simultanément. Il y passa deux sangles, réunies par un mousqueton pour supporter le rappel. Grâce au double ancrage, le drame serait évité si l'une des vis venait à lâcher. Il tailla ensuite une petite plateforme dans la glace, pour faciliter l'accès au relais et sécuriser le départ puis glissa son piolet entre le sac et son omoplate. Aussitôt fait, il prit place sur la terrasse improvisée et, de la main droite, empoigna la corde, lourde de ses quatre-vingts mètres de longueur, la dégagea de sa nuque et la fit rouler sur son épaule en la serrant fermement. De l'autre main, il s'apprêtait à la passer dans le mousqueton lorsque, tout à coup, une détonation d'une violence extrême fit éclater le silence. Par réflexe, il se recroqueville et protège son visage et ses membres sous la carapace arrondie du casque et du sac. Un vrombissement d'hélicoptère déferle en sa direction, le dépasse et fuit vers le glacier. Il reconnaît le son caractéristique des blocs de glace dévalant les couloirs et dont la chute, chaque fois qu'elle rencontre la paroi, accentue la vitesse de rotation. Botti connaît parfaitement le danger de ces projectiles plus tranchants que le verre, plus vifs que l'esprit. C'est pourquoi il patiente un long moment avant de se redresser. Durant cette attente, une pluie de météorites récidive ; l'une d'elles percute son casque qu'il croit exploser, tant l'impact est bruyant. Finalement, pas de mal, juste une frayeur ! « On ne s'y fait jamais ! », se dit-il. Méfiant, il décide de compter jusqu'à cinquante avant de se redresser. « ...Quarante-huit, quarante-neuf... cinquante ! » Il relève délicatement la tête quand un choc l'ébranle complètement.

À peine reprend-il connaissance, choqué, déboussolé, qu'il se met à hurler ! « J'ai le pied écrasé ! » Machinalement, il cherche à redresser le buste, les yeux cloués de douleur. Conscient du danger toujours présent, une poussée d'adrénaline l'aide à reprendre le contrôle sur ses émotions, malgré une souffrance atroce. Il ouvre les paupières avec lenteur comme pour conjurer le sort et limiter les dégâts ! À son grand étonnement, la réalité semble moins catastrophique qu'il ne l'imaginait : il est juste en train de pendre dans le vide, retenu par la sangle qu'il avait pris soin d'accrocher entre le relais et son baudrier. Encore tout étonné, son attention se porte vers le pied meurtri dont il a perdu la sensibilité. Étonnamment, la coque plastique de sa chaussure paraît intacte. Il se risque à remuer l'orteil puis les autres les doigts et, nouvelle surprise, ceux-ci répondent à ses injonctions ! De l'horizon masqué par les brumes piémontaises, des appels parviennent jusqu'à lui, à travers un espace qui lui reste étranger. Il recouvre ses facultés et réalise ce qu'il fait là, sa responsabilité envers ses clients. Il se surprend à leur répondre que ça va et qu'il n'est pas blessé. Bien plus tard, il leur confiera qu'il n'aurait jamais imaginé sortir indemne d'un impact d'une telle violence.

Brusquement, un coup de sang afflue dans ses tempes : « la corde ? » Les battements de son cœur redoublent au point de transpercer sa poitrine. Il cherche dans ses mains, sur la vire, aux abords du relais, sur lui enfin : rien ! D'énormes gouttes de sueur perlent sur son front ébouillanté. Hébété, il ne sait s'il fait un affreux cauchemar ou si cette catastrophe est bien réelle. Il poursuit ses investigations pour retrouver le filin vital, envisage toutes les possibilités, jusqu'aux plus improbables, n'osant admettre l'évidence : elle a bel et bien disparu dans le vide ! Pourtant, aussi loin que son regard porte vers le bas, il n'aperçoit rien qui lui ressemble. « Elle a dû tomber dans la rimaye », conclut-il, décontenancé. Honteux et vexé par l'absurdité et le sérieux de la situation, il se hisse en tremblant le long de la sangle qui le relie encore au reste du monde. Il pose un pied sur l'extrémité de la vire et se décroche du relais. Avec le regard de quelqu'un venant d'apprendre la disparition d'un être cher, il avance à pas de pénitents vers ses compagnons. À sa vue, Gladys crie de joie : « Bravo Michel, tu es sain et sauf ! Tu es le meilleur ! Nous avons bien cru un moment que tu étais blessé ! Il s'en est fallu de… » Elle s'interrompt net, découvrant son air blême. « Michel, que se passe-il ? Parle, je t'en prie ! »

Elle s'élance en tremblant vers lui et est sèchement retenue par sa sangle, comme un chien par sa laisse. « Parle, Michel ! Parle-nous !… »

Moulins perçoit d'imperceptibles vibrations sur les lèvres de Botti, mais aucun son n'en filtre. Lefort perd patience : « Bon, cela suffit maintenant ! Vas-tu nous dire ce qui se passe ? » Face à tant d'autorité, une voix mécanique se fait entendre qui, bien qu'émanant du spectre du guide, n'est pas la sienne : « J'ai perdu la corde ! » Consternation générale. Ces mots jettent parmi les stagiaires la confusion la plus totale. En une fraction de seconde, les pires scénarios traversent leurs esprits. Lefort réagit le premier, avec violence et grossièreté. Il déverse un flot d'injures, d'accusations corrosives, de jugements assassins. Puis, après un semblant de retenue, il renchérit de plus belle : « Réalises-tu ce que cela signifie ? Es-tu complètement inconscient ? » Botti, terrassé, accuse les coups, sans chercher à y répondre. Il essuie encore plusieurs attaques acerbes de son client, jusqu'à ce qu'il sursaute sur le qualificatif « incompétent. » Trop, c'est trop ! Des forces obscures se réveillent en lui et embrasent sa dernière once d'amour-propre. Il n'a pas commis de faute professionnelle et, sans s'être lui-même assuré, il aurait certainement disparu avec la corde. Alors, il rehausse la tête et déclare d'un ton qui parvient à faire taire la colère de Lefort : « Méfie-toi de ce que tu dis ! » Puis il se retourne et replonge dans un mutisme effrayant. « Il aurait peut-être mieux valu que cela se passe de cette façon… », pense-t-il mais un regain de lucidité lui fait réaliser qu'il est plus utile à ses clients vivant que mort. Gladys intervient : « Je vous en prie, soyons constructifs ! » Sur ces paroles, les autres stagiaires déversent en vrac les possibilités qui leur traversent l'esprit pour quitter le piège dans lequel ils sont tombés. Personne n'écoute. Un peu plus tard, sous la critique de la raison, ils concluent qu'aucune des pistes envisagées n'est réaliste. Las de leur impuissance, ils optent tacitement pour le silence. Finalement, les yeux baissés, Michel déclare : « Je vous dois la vérité : il n'y a pas de solution ! »

3

Le guide et le philosophe en venaient à envier les condamnés qui, perdus dans le désert ou dans l'immensité himalayenne, restent libres de leurs mouvements. Eux n'avaient pas ce luxe. Otages du plus stupide des destins, ils découvraient l'horreur de l'accidenté qui se réveille paralysé. Pour l'heure, c'était davantage l'injustice dont ils étaient victimes que la gravité de la situation qu'ils ne pouvaient supporter. Passé le temps de la rage et de la révolte, l'innocent, condamné à mort, ne réagit plus aux stimulations du monde sauf, peut-être, à celles qui trahissent trop violemment l'injustice. Car en lui, reste profondément enfouie une droiture exacerbée jour après jour dans l'attente de sa « justification. » Et cette avancée dans l'antichambre de la rédemption civile se révèle pire que la sentence elle-même. Alors, poli comme les galets par l'océan judiciaire et ayant vu disparaître les aspérités qui faisaient de son calvaire une existence particulière, il ne peut tolérer que l'on usurpe davantage la belle notion de justice qu'il a expérimentée à ses dépens et dont il connaît l'immense fragilité.

Moulins éprouvait ces sentiments confus et implacables avec une double intensité. Il avait une dette envers la vie dont il s'était détourné après une brève étreinte et envers son épouse et ses enfants qu'il laissa s'éloigner avec une apathie proche de la complaisance. À un certain point qui le démarquait de l'ingénieur, il reconnaissait que son sort n'était pas totalement immérité : il plaidait coupable d'avoir péché contre la vie mais ne pouvait accepter avec une même résignation l'iniquité qui frappait Gladys. Aussi, dénonçait-il dans l'air raréfié cette abomination ; l'espace vengeur ne lui renvoyait que son écho en signe de compassion. « Moi aussi, je suis révoltée par ce qui nous arrive. Toutefois, refuser de l'accepter est le premier ennemi qu'il nous faut combattre… » Par cette déclaration, Gladys troubla ses compagnons. Elle manifestait un calme et un détachement qu'ils ne comprenaient pas, insultants presque eu égard à la situation. Vers treize heures, la jeune femme suggéra de manger pour réfléchir ensuite plus sereinement. Michel acquiesça en imposant le rationnement : « Nul ne sait combien de temps il nous faudra tenir », dit-il simplement.

Ils passèrent l'après-midi à épier les lieux, à guetter la moindre faiblesse du terrain par où une échappatoire pût être tentée. Remonter la dalle qu'ils avaient franchie en rappel nécessiterait un matériel et un niveau en escalade qu'aucun d'eux n'avait. Quant à descendre la pente en taillant des marches dans la glace vive, cela relèverait de la roulette russe. Pas la peine non plus d'envisager une sortie par les surplombs ou directement par le bas, sous les terrasses. Un moment, Michel eut une lueur d'espoir en suivant le cheminement de l'eau de fonte qui ruisselait contre les surplombs le long d'infimes fêlures. Le nez collé à la paroi comme un détective à sa loupe, il voyait grandir en lui le souhait qu'elle ouvre une porte, mais bientôt sa trace disparut. Il dut alors accepter que le piège fût sans faille !

Gladys restait à l'écart du groupe, repliée sur elle-même. Elle priait. Le faisait-elle avec une ferveur sincère ou masquait-elle derrière ses genoux la détresse de voir son dieu l'abandonner ? Le temps passait et rien ne pouvait l'extraire de sa prostration, pas même les horreurs que Lefort, excédé par son attitude dévote, proférait contre son Dieu. Selon lui et au cas où celui-ci aurait existé, il partagerait avec Botti l'entière responsabilité de leur malheur. Moulins chercha maintes fois à calmer le jeu, bien qu'il sût que c'était peine perdue. Son attitude en apparence posée l'étonna. Curieusement, elle sembla fonctionner. Tiraillé entre l'effet imprévu de son intervention et le vide omniprésent, il sentit un visage nouveau prendre possession de sa face, bien supérieur à celui qu'il avait cherché à dissimuler durant tant d'années. Il comprit que l'attitude outrageuse de Lefort l'avait forcé à franchir pour la seconde fois les barreaux psychiques de son ancienne cellule. Tel un picador visant un taureau meurtri, le doigt accusateur que l'ingénieur pointait vers le guide accablé de culpabilité ne servait aucun intérêt. À quoi bon lui asséner encore qu'il était responsable et qu'il devait les sortir de là au plus vite ?

Il est vrai que Botti était le seul techniquement capable de tenter une sortie. Néanmoins la fatigue physique s'ajoutait à son accablement. Moulins perdit la volonté de contrer la virulence de l'accusation. Pour la énième fois appelé à la barre, Botti ne daigna défendre ses intérêts qu'avec une piètre conviction, arguant vaguement l'impossibilité de remonter la dalle, de franchir les surplombs, de traverser latéralement ou dénonçant le côté suicidaire d'une tentative par le couloir de glace. Le plus raisonnable, conclut-il, était d'attendre qu'une cordée les aperçoive… À peine prononcée, cette perspective que tous redoutaient fit un tollé sur la vire. Ainsi commença l'effroyable compte à rebours. Leurs vivres étaient prévus pour deux jours, pas davantage. Quant à leurs réserves physiques, ils les croyaient déjà épuisées…

Pendant le funeste instant où leur sort était rendu public, le glacier du Frêney somnolait, loin vers le bas. Insidieusement, il leur susurrait qu'il était « La solution. » Sa vaste étendue qui semblait à portée de main, étincelait sous la lumière opaque de l'été. Elle formait un édredon moelleux sur lequel il était tentant de fermer les yeux. Mais leur heure n'était pas encore venue. Ils gardaient présentes à l'esprit ses griffes acérées, cachées derrière des coussinets de velours : ponts de neiges, crevasses, cavités, torrents, galeries…

Botti savait que le glacier n'est généralement utilisé qu'à la descente ou en cas de « gros mauvais temps », lorsqu'il devient la retraite la moins risquée depuis les grandes voies du Pilier Central et de l'Aiguille Blanche. Quant à l'arête de Peuterey, toute proche, ils ne pouvaient guère compter sur elle, vu la rareté des cordées qui s'y aventuraient. Quel hasard invraisemblable aurait poussé des hommes à s'écarter de son tracé au mépris du danger, pour porter leur attention à l'agglomérat informe de roc et de neige dans lequel ils étaient englués ? Et s'ils avaient regardé dans leur direction, les auraient-ils seulement aperçus ? Il savait aussi que les répétitions des grandes courses d'arêtes, éprouvantes, sans gloire et réclamant un engagement important, n'étaient plus à la mode en cette fin de siècle. Les projecteurs s'étaient braqués de l'autre côté de la scène, sur des exploits plus médiatiques. Les jeunes loups l'avaient compris. Ils flairaient des proies à la chair plus tendre et à la robe plus brillante : des escalades extrêmes sur des parois réputées inviolables, des enchaînements de courses mythiques accomplies en des temps records, sous le regard vibrant de millions de téléspectateurs. Des combinaisons osées alternant ski extrême, alpinisme et parapente… Non, pour Michel Botti dont la conception de l'alpinisme restait fidèle à celle de ses pères, il était impensable de fonder le moindre espoir dans cette direction. C'est pourquoi il mesurait plus encore que ses clients l'inégalité du bras de fer dont ils étaient victimes, entre la montagne et quatre pantins dépossédés de tout. Faute d'idée, il attendrait la nuit noire et tenterait d'être repéré depuis la vallée, à l'aide des frontales et des deux fusées de détresse qui ne quittaient jamais son sac. Mais il savait que ce serait un coup d'épée dans l'eau ; la portion de vallée susceptible d'apercevoir leurs signaux de détresse n'était fréquentée que d'une poignée de montagnards qu'aucune raison valable ne ferait sortir dans la nuit froide pour porter les yeux vers la parcelle de firmament où ils étaient retenus. Malgré cela, il essayerait.

Après avoir émergé de ses cogitations, le guide invita ses compagnons à faire l'inventaire de leur matériel et du reliquat de nourriture, pour optimiser leurs réserves et se préparer à une nuit difficile. Il redoutait les conséquences du froid nocturne en haute altitude, sans tente ni duvet. Surtout pour ses clients car, personnellement, il était rompu à ce genre d'épreuve.

Vers seize heures, le soleil les abandonna. Aussitôt, leur statut de naufragés fut déchu en celui de condamné dont la demande de grâce vient d'être rejetée. Avec la disparition des rayons, c'était celle de leur dernière chance qu'ils pleuraient. Ils se souvenaient de la chaleur de ses caresses et revoyaient sa chute finale sur le rideau minéral qu'une main fourbe avait tendu des hauts alpages du Val Veny au point de convergence, à la cote mythique de 4 807 mètres, de milliers de convoitises dispersées de par le monde. Lui parti, ce fut comme si l'été tout entier avait été suspendu dans le plus assourdissant des silences. Le corps de Gladys fut parcouru de frissons qui gagnèrent sans tarder ses compagnons. Ils enfilèrent tous leurs vêtements ; ainsi commença l'interminable attente, la perspective imminente d'une nuit dramatique passée à espérer ce qui n'était plus raisonnable d'espérer et à voir leurs forces et leur volonté s'amenuiser au fil des heures. Lefort, anéanti, sentait son sang durcir : le froid commençait son œuvre. Sous les grands surplombs, la chute de plus en plus espacée des gouttes d'eau de fonte annonçait le déclin du jour. Moulins songeait aux derniers battements de cœur d'une vie qui prend le large. Bientôt, la source invisible tarit entièrement. Les appels incessants de la pesanteur étaient désormais sans prise sur les vivants. Il sentit une larme s'échapper de ses yeux asséchés. À ses côtés, Gladys était soustraite à la réalité qui niait ses croyances. Plus aucun humain ne pouvait l'atteindre. Excédé et jaloux, Jean-Charles sentait des forces nouvelles tressaillir en lui. Semblable à un volcan, sa colère menaçait d'exploser. Mais les éruptions qui suivirent firent long feu, face à l'absence de réaction des autres. À bout de nerfs, il tenta une sortie par le dièdre qu'il avait repéré à la limite entre la grande dalle et le système de surplombs.

Sans un mot, il se leva, détacha ses liens et s'éleva rapidement de trois mètres environ. Là, il fit un écart vers la droite pour coincer son buste dans la partie inférieure du dièdre puis commit l'erreur fatale de porter le regard vers l'abîme. Aussitôt ses poignets se crispèrent sur les proéminences rocheuses les plus proches. De formidables tremblements gagnèrent ses avant-bras qui, tendus à se rompre, allaient lâcher prise. La tentation de tout abandonner lui devenait insoutenable, que ne contenait que sa peur viscérale du vide. Il fixait ses mains : déjà elles ne lui appartenaient plus. Jamais il n'avait autant senti son souffle à la merci d'une volonté externe, inflexible à ses injonctions et à ses supplications. Jamais il n'avait affiché une telle faiblesse. Soudain, il songea que s'il s'en sortait… mais sa pensée s'interrompit. Plus rien ne répondait à ses appels désespérés, si pareils à ceux auxquels il restait insensible lorsque des subalternes qu'il venait de remercier le suppliaient. Son angoisse, au paroxysme en apparence, grandissait encore, entravant sa respiration elle-même. Tout à coup, des crampes paralysèrent ses avant-bras. Au comble de la frayeur, il se mit à hurler, puis lâcha prise. Son esprit anticipa de quelques dixièmes de seconde l'inexorable fatalité. Il se sentit précipité en arrière, gobé par le vide. Certain de l'imminence de la mort, ses ultimes pensées se focalisèrent sur le choc qui allait lui être fatal. Puisqu'il n'était plus possible de l'éviter, il se prit à espérer qu'il ne rebondisse pas sur la paroi avant l'impact final, sur la sinistre plate-forme en grès qu'il avait aperçue lors de ses reconnaissances. Que lui soit au moins accordée la grâce de ne pas souffrir ! Une pensée furtive le traversa : s'il est exact que dans une chute mortelle le temps ralentit, laissant place à une marée de souvenirs, il se pourrait qu'il en soit de même de la souffrance ! Et si celle-ci se prolongeait dans l'espace éthéré ? Si l'enfer, dont il s'était toujours défendu n'était autre que cet intervalle de temps insignifiant de l'extérieur, infini de l'intérieur, où l'agonie se perpétue sans fin ? Une folie étouffante dont l'ubiquité laisse pressentir que le pire reste à venir. Un espace où le temps lui-même n'a plus de place et où l'attente s'éternise en élevant la mort au statut de solution inaccessible. Un lieu enfin où le condamné amputé d'avenir voit disparaître les bras tendus vers lesquels il rampe en suppliant…

À ce point précis de son délire, Lefort caressa la douceur de détenir un semblant de certitude : si l'enfer existe, il commence avant la mort et rend futile le mystère de l'après ! « Quel est ce bruit sec, métallique, qui a retenti ? se dit-il, interloqué. Suis-je en train de tomber ou ai-je déjà percuté la paroi sans en ressentir la douleur, tant elle est intense ? Me suis-je écrasé sur la dalle qui m'attend depuis ma naissance ? Serait-ce le bruit de mon piolet sur la roche ? »

« C'est fini, c'est fini… », lui murmure une voix venue d'ailleurs, probablement un funeste présent de la mort en guise de bienvenue ! La voix insiste. Soudain, une main chaude saisit la sienne, pétrifiée. Sa poigne s'affermit, comme pour arracher sa pauvre dépouille encore animée du soubresaut des prises imaginaires prolongeant ses moignons. Jean-Charles sent qu'on lui arrache les épaules. Dans un grand cri semblant surgir de lui, il voit la paroi reculer, le ciel basculer, quand soudain un ultime choc lui brise les reins. Il ouvre les yeux et découvre une cordelette carmin le reliant au rocher. Il dirige machinalement sa face blême vers le côté et reconnaît un visage humain, un regard qui lui sourit. Il examine ses mains : elles sont indemnes : Botti ! Ce visage est celui de Botti. Il se tourne à nouveau vers l'endroit où le fantôme lui est apparu et là, plus de doute : le guide est bien réel, qui lui parle et le rassure. Quelques instants sont nécessaires pour qu'il retrouve ses esprits. Sa respiration reprend lentement. « Tu ne crains plus rien, Jean-Charles », poursuit son sauveur. Il s'explique : « J'ai juste eu le temps de t'assurer sur un coinceur, avant que tu ne lâches prise. Il s'en est fallu de peu… » Lefort, les yeux exorbités, observe le lien minuscule qui vient de le soustraire aux griffes de l'irréductible ennemi : un cordon couleur de feu dont l'extrémité est scellée dans un petit bloc métallique, enchâssé dans une anfractuosité de la roche. « Décidément, la vie ne tient pas à grand-chose ! », songe-t-il.

Botti, qui n'a pas pu s'assurer lui-même, manipule avec précaution la cordelette, les mousquetons et les coinceurs. Quelle logique régit les allées et venues de sa main, entre la roche et son cuissard ? L'autre main, agrippée sur une vague proéminence de la dalle, capte l'attention de Lefort. Une main fripée, rugueuse, noueuse comme les racines enchevêtrées d'un arbre, barrée de veines gonflées, prêtes à éclater. Une main dont la laideur atteste des années de labeur. Et pourtant c'est sur elle, stable comme un roc, que leurs existences reposent désormais. Centimètre par centimètre, le guide redescend son client médusé. Arrivés à la hauteur de leurs compagnons, Botti aide Lefort à s'asseoir, après l'avoir assuré. Pierre et Gladys viennent d'assister, stupéfaits et muets, au sauvetage de leur camarade.

Durant l'heure suivante, un seul mot fut prononcé et c'est de la bouche de Lefort qu'il émana : « Merci ! » Botti y répondit par l'esquisse d'un plissement de paupière. Une mélodie, seule, aurait pu décrire la confusion de leurs sentiments mais aucune note ne pouvait atteindre leur cellule à ciel ouvert.

4

Face au vide grandissant à mesure que les ombres s'étiraient, ils regardaient, prostrés, le déclin d'une journée commencée sous les meilleurs auspices. La majesté du décor, la pureté des contours, la chaleur des couleurs sur un ciel limpide leur rendaient la fatalité plus intolérable encore. Moulins suivit du regard la course d'un avion de ligne dont la carlingue scintillait au couchant. Derrière sa coque cuivrée, il ressentait avec émotion la présence des hommes. Il lui semblait qu'en étendant le bras, il pourrait toucher l'oiseau d'or lorsque celui-ci survolerait leur lieu de naufrage, à la simple condition d'avoir la volonté d'effectuer ce geste. Mais la volonté devenait denrée rare ; privée d'espoir, elle fond comme neige au soleil. Ses pensées s'envolèrent à la poursuite de cet esprit de feu dont le vol imperturbable scindait le ciel en deux parties dissemblables.

Éphémère séparation entre le bien et le mal, entre la gloire et l'opprobre, l'existence et le trépas, songeait-il avec mélancolie. À quoi bon les lents progrès de la philosophie, si le chemin doit se terminer sur une vérité qui balaye une vie d'efforts ?

Quand il était enfant, Pierre assistait le 14 juillet au feu d'artifice du village. Aussitôt commencé, il assimilait son crescendo à un spectacle merveilleux qui le conduirait vers l'extase du bouquet final. Indicible instant où tout est acquis, puis consommé. Plus rien ne subsistait, en dehors d'un présent intemporel, réconciliant le passé et l'avenir dans le souffle suspendu des choses qui défilent. « Plénitude, ô plénitude, combien de fois, adulte, vous ai-je suppliée ! Pourquoi êtes-vous devenue sourde à mes appels, étrangère à ma détresse, vous qui jamais ne m'aviez délaissé ? » Comment oublier l'émotion des quelques secondes pendant lesquelles la magie des fusées embrasait la nuit ? Et pourquoi nier que ces minutes dérisoires suffisaient à justifier une année d'espérance ? Maintenant adulte (pour autant qu'on puisse vraiment le devenir), il lui semblait recouvrer son cœur de huit ans. Mais il ne pouvait accepter que sa vie – et par extension toutes les vies – finisse sans bouquet final. Armé d'un visage rajeuni, il sonda les ténèbres qui étendaient déjà leur royaume sur l'Italie et sur sa légendaire douceur de vivre. Pourquoi le long courrier dont la course l'avait momentanément rapproché de sa race, s'était-il évanoui dans les mirages du lointain ? Aux confins de la terre et du ciel, il fixa le point où le sillage blanchâtre de ce messager céleste s'était abîmé, sous d'invisibles pressions. Chaque poussière dans l'univers doit s'effacer au profit de la continuité, avait-il maintes fois répété à ses étudiants. Mais de quelle continuité s'agissait-il à présent ? Quelle sagesse pouvait l'aider à admettre ce qui, par essence, ne peut s'admettre ? Pourquoi l'homme passe-t-il les trois quarts de son existence à tout mettre en œuvre pour s'opposer à la fatalité qui, tôt ou tard, aura raison de lui ? Pourquoi est-il celui qui, après avoir dompté la conscience, n'a pas su en mesurer les limites ? De ses tentatives stériles à perpétuer un souvenir tracé dans le sable, ignore-t-il qu'il ne résistera pas à la marée montante ? À quoi bon les multiples formes de gloires auxquelles les générations disparues se sont attachées ? Qu'enseignent l'Histoire et les livres ? Ne serait-il pas plus judicieux d'apprendre à nos têtes blondes l'art de l'oubli ou de l'inconséquence ?

Ensuite les pensées scabreuses de Pierre commencèrent à s'étioler dans la brise glaciale. Il en avait conscience mais ne pouvait oublier les remous laiteux laissés par l'avion dans l'infini de leur détresse. Symbole de la suprématie de l'humain sur sa condition, la machine hérite du même destin que son géniteur : la trace vaniteuse de son passage ne dure que quelques minutes, selon les conditions météorologiques, le contexte historique, politique ou sociologique. Pierre réalisa que ses pensées devenaient délétères, aussi se tourna-t-il vers Gladys, pour lui demander à quoi elle songeait.

Prise sur le vif, la jeune femme ne sut que répondre. Elle chercha ses mots et lâcha des bribes de phases incompréhensibles, évoquant un mystérieux oiseau. Elle savait que cela ne suffirait pas. Pierre la questionna pour l'aider à s'exprimer ; il pressentait l'importance pour elle de s'extérioriser. Jean-Charles le comprit également et il vint en aide à Pierre dont la persuasion laissait à désirer. Se sentant écoutée, elle expliqua que l'oiseau cherchait à faire son nid. À mesure qu'elle développait sa pensée, de l'huile semblait couler dans les rouages de son élocution, fluidifiant son récit au point de rapidement faire oublier ses premières hésitations. Elle leur révéla qu'enfant elle faisait un rêve récurrent : un grand oiseau au poitrail bleu et or se tenait droit devant elle, immobile, sur la branche basse d'un sapin. Lorsqu'elle s'approchait de lui, il n'esquissait aucun mouvement de recul. En confiance, elle étendait son bras en avançant vers le volatile, le souffle retenu, avec une lenteur forcée, comme pour ne pas réveiller un nouveau-né. Du revers de l'index, elle caressait son pennage et n'éprouvait pas de sensation : elle avait perdu le sens du toucher ! Inquiète, elle insistait si bien qu'il finissait par prendre son envol et se mettait à tournoyer au ralenti au-dessus de sa tête. Elle admirait l'élégance avec laquelle il se jouait des ascendances, en imprimant d'imperceptibles corrections à la courbure de ses ailes ; sous elles, l'air devenait solide. Elle fermait les yeux et sentait le frémissement d'une brise soyeuse effleurer son visage. Elle était heureuse et n'attendait plus rien de l'avenir. Gonflée d'inspiration et le cœur débordant d'amour, elle s'élevait ensuite dans son sillage et décrivait les figures hardies d'un ballet irréel. Avec grâce et délicatesse, leur vol partagé se prolongeait en direction du soleil complice.

Le masque serein de Gladys fondit sous le regard interrogateur des autres stagiaires. De retour à l'accablante réalité, elle leur confia, non sans nostalgie, qu'elle ne sut jamais comment le rêve se terminait. Et qu'un de ses regrets, si elle devait mourir de froid et d'épuisement, serait justement de ne pas en connaître la fin, ni la signification. Pierre intervint :

— Cela est clair, Gladys : l'oiseau t'emmène dans l'au-delà…

— C'est bien possible, Michel. Ou cela n'a rien à voir, je ne sais pas, je ne sais plus. Ce qui, en revanche, est évident dans ce rêve, c'est que je souhaite qu'il ne se termine pas. À vrai dire, ton interprétation me perturbe.

Croyant en la résurrection, Gladys ne devait pas s'étonner de l'interprétation de Pierre. Pourtant elle avait toujours eu du mal à se convaincre de sa réalité concrète, matérielle, au-delà de tout langage réducteur. Peut-être sa foi était-elle de piètre qualité, sa ferveur auto-persuasion, ses convictions de pacotille ? Pour la première fois que sa précieuse petite vie était réellement menacée et que des amis étaient emportés dans le même naufrage, elle était en proie à de funestes délires. Elle se mit à douter des certitudes qu'elle croyait ancrées en son âme, celles au nom desquelles elle ne pliait pas l'autre soir, sous le sarcasme de ses compagnons. Et voilà qu'en quelques heures à peine, le « Pourquoi m'as-tu abandonné ? » du Christ, face à son destin, avait contaminé son esprit. Jusqu'alors, cette parole avait su la rassurer les jours de faiblesse, en lui révélant que même le plus parfait des hommes avait aussi connu le doute. Mais pour l'heure, c'était ce doute qui était vainqueur. Elle n'était pas le Christ et ne possédait aucune de ses vertus. Sa foi, songeait-elle, n'était qu'un château de cartes dispersé par le premier vent contraire. « Si je devais m'en sortir, par le fruit d'un miracle en lequel je n'ai plus la force d'espérer, je ne suis plus certaine que je voudrais m'engager en Inde… » Le courage l'abandonnait, ainsi que la volonté d'imaginer qu'il pouvait y avoir un « après. » Elle avait peur du froid et de la nuit qui s'annonçait, comme, petite, elle craignait le noir en s'endormant. À l'époque, il lui suffisait d'appeler ses parents et de serrer très fort son ourson, et l'un d'eux ne tardait pas à venir l'embrasser. Elle savait alors que rien de néfaste ne pourrait se produire : dans l'amour, elle devenait invincible sous sa couverture de laine. Mais cette nuit était différente. Elle était loin, l'ère des peluches, des câlins et des rêves qui finissent bien. Peut-être était-ce à cette époque, pour échapper à la peur et se rassurer, qu'elle avait choisi d'adhérer à l'enseignement du catéchisme et aux récits fabuleux que le curé racontait chaque dimanche matin, avec force persuasion. Ensuite, le temps avait passé. Elle s'était répété qu'il fallait aimer son prochain, ne pas dire du mal d'autrui, ni même laisser grandir en soi l'intention d'en penser, respecter son voisin jusqu'en ses différences les plus irritables, tendre la joue à toute forme d'agression, faire le bien sans esprit de retour, croire à la Bonne Nouvelle des Évangiles, baser sa foi sur celle des apôtres et toujours garder un cœur d'enfant, ouvert à l'impossible…

Toutefois ce soir, devant le vide sans limite, l'enfant qu'elle était censée garder en elle avait fugué ! Et ses compagnons, comment faisaient-ils pour supporter ce silence obsédant ?

Heureusement, au cours de l'après-midi écoulée, des chutes de glace et de pierre avaient ponctué la monotonie du silence. Sans elles, elle serait devenue folle ! « J'ai besoin de bruit, mon être aspire à la musique, à de futiles paroles. Que donnerais-je pour penser à n'importe quoi et oublier cette réalité qui nous enferme ! Je laisse le palpable à ceux qui en veulent. Défendeurs du réalisme, où êtes-vous ? Qu'ai-je à faire de la face livide du monde, quand il est au pays des rêves des îles paradisiaques dont l'éclat ne peut ternir ? Ici, la réalité a le goût de la mort et j'ai trop de jeunesse en moi pour m'y intéresser. Je voudrais tourner un bouton, mettre ma conscience en veille, pour quelques minutes ou pour l'éternité, pourvu qu'il s'agisse de ne plus penser ! Comment se réveiller de ce cauchemar, faire marche arrière, remonter ce satané rappel, changer d'itinéraire, rebrousser chemin, revoir le bivouac, le refuge, la terrasse du restaurant à Courmayeur où nous viendrions d'opter pour une randonnée bucolique dans les alpages, parmi les vaches et l'odeur des prés, du miel et des fleurs et puis là, contempler la création sans l'ombre d'un nuage ? Ou plus humblement, accepter l'évidence, sans révolte ni regrets. Échapper à la coupe du doute. Continuer à croire à ce qui me fait du bien, en découvrant dans les strato-cumulus le visage d'êtres aimés. Pouvoir fermer les mains sur des fleurs sauvages et les rouvrir en sentant le printemps en ruisseler. Reconnaître l'appel de cascades auprès desquelles il serait bon de s'étendre, sous le frisson de la grâce. Je voudrais aussi, j'aurais tellement voulu… »

La voix de Gladys fondit en sanglots. Pierre prit la jeune femme entre ses bras. Timidement rassurée, elle appuya la tête sur l'épaule de son compagnon. Ses larmes redoublèrent. Plus personne ne bougea. Depuis peu, le vent s'était levé. Pierre la serra plus fortement encore, comme pour la garder à l'abri de la nuit. La pression qu'il exerçait sur ses membres transis l'extirpa peu à peu de son hébétude. Elle se sentit vidée de ses larmes, de toute émotion, desséchée jusqu'à l'âme. Perdue, nue et abandonnée, elle valait moins que l'ombre de ses regrets d'antan. Autour d'eux, dans l'agonie du crépuscule, il semblait acquis que le vide désormais plus intérieur qu'extérieur, aurait raison d'elle en premier : elle était le maillon faible du groupe. Au fond, il y a si peu d'injustice sur terre ! Les vies sont là, qui s'évertuent à démontrer le contraire, à se dissimuler cette évidence intolérable, mais vain est leur tourment. Seul, le repos des flots vient à bout des tempêtes ! En gommant les rides de l'océan, c'est la laideur du monde qu'il éradique de sa fragile surface. Ainsi du malheur des hommes…

Moulins rompit à nouveau le silence, en chuchotant à Gladys qu'il trouvait, eu égard à la situation, que ce qu'elle leur avait livré était d'une grande importance.

— Pourquoi est-ce important ? répliqua-t-elle. Qu'est-ce qui peut encore avoir de l'importance ? Parle ! Et vous deux, qui ne dites rien ? Vous arrive-t-il de ressentir des choses ou n'êtes-vous que des écorces creuses ? Est-ce votre stupide fierté d'homme qui vous empêche d'exprimer ? Êtes-vous vivants ? En êtes-vous certains ? Savez-vous que nous n'aurons probablement pas le droit à une sépulture ? Que nous resterons pendus à cette hideuse paroi, comme les criminels d'autrefois livrés pour infamie à la voracité des rapaces ! Voilà seulement que je puis concevoir ce qu'était le supplice de la croix ! Qui sait, au fond, si nous ne méritons pas ce qui nous arrive ? Je n'y vois aucune autre raison ! Ou alors rien n'a de sens en ce monde que je tenais pour admirable. Les choucas se chargeront de nos obsèques, dispersant aux quatre vents des lambeaux de nos chairs. Si un François Villon était là pour nous conter, les générations futures pourraient même voir à notre supplice une forme désuète de poésie ! J'en viens à envier ceux qui périssent dans des accidents de la route dont ils sont responsables : ils ne peuvent s'en prendre qu'à eux-mêmes ! Nous, qu'avons-nous fait qui justifie pareille sanction ?

— Arrête, Gladys, tu te fais trop de mal, intervient fermement Moulins. Ce que tu dis est partiellement vrai, mais aucunement constructif. Or, nous avons besoin de propos positifs, pas de lamentations sans secours.

Le philosophe poursuivit d'un ton plus chaleureux, presque paternaliste :

— Je voudrais te dire combien je comprends et respecte tes doutes en matière de foi. Moi aussi j'ai reçu une éducation chrétienne : la messe, les sacrements, la catéchèse, j'ai tout fait, tout suivi, tout subi ! J'y croyais intensément, jusqu'à essuyer les brimades incessantes de mes copains qui se faisaient une gloire de ne croire en rien. L'époque voulait cela : la télé, les journaux, la littérature y concouraient avec une troublante complicité. On aurait cru que la spiritualité ultime résidait dans les aventures à la sauvette, le cinéma, les jeux, les voitures de sport, l'alcool et le tabac, à l'insu des parents absents. Le doute a frappé à ma porte, que je n'ai pas pu garder longtemps fermée. Il m'a miné de l'intérieur, car avec le vacillement de ma foi c'était mes quelques certitudes qui s'égaraient dans le désert de l'adolescence. Avec tant d'autres de ma génération, je me suis tourné vers les copains et les plaisirs de mon âge, cherchant la voie royale à travers une forêt opaque. Sous moi, le sol devenait mouvant ; chaque pas nouveau m'enfonçait davantage. Ressentant l'urgence de vivre à une altitude supérieure à celle de mon quartier, je cherchai une cause en laquelle m'abandonner et me perdre s'il le fallait. Mes premiers pas au théâtre m'aidèrent en ce sens, néanmoins je restai sur ma faim. De loin en loin, je percevais l'odeur de la sève suintant des planches des salles de spectacle, les soirs de grandes premières. Parfois je me prenais au jeu, au point de confondre ma vie avec les destinées exceptionnelles que nous incarnions. C'est à cette période que je décidai d'étudier la philosophie, persuadé qu'elle seule pourrait assouvir durablement ma soif de connaissances. J'y entrai donc comme on entre dans les ordres : sans concession. J'étais plutôt brillant ; la chance me souriait. J'obtins aisément mon diplôme, puis un poste d'enseignant dans un lycée renommé. Ensuite, je me suis laissé vivre et n'ai pas réalisé que je me noyais à petit feu dans l'inconsistance de l'existence. Imperceptiblement, j'ai senti un malaise croître en moi. Au fil des années qui s'enchaînaient comme les jours de pluie, ma respiration semblait ralentir. J'ouvrais la bouche de plus en plus largement pour capter l'oxygène toujours plus rare ; le monde restait sourd à ma détresse. Rapidement, plus rien ne pouvait m'atteindre : je vivais en vase clos. Même Sophie m'était devenue étrangère. Je n'avais aucun grief à son égard mais nos relations avaient changé. Elle était là, moi aussi, sans fluide entre nous. Je fis de mon isolement la tanière dont les événements externes ne pouvaient me déloger ; naïvement, je croyais ainsi devenir invulnérable. Aux mots de déprime et de dépression que j'entendais régulièrement prononcés par d'éminents experts, je ne voulais plus rien objecter. De papillon, j'avais mué en larve, au grand dam des convenances. Et que pouvait offrir la vie à une larve qui ne serait jamais papillon ? Pourquoi lutter encore et chercher à inverser le cours de mon histoire ? Puis, il y eut le stage, ce fameux stage ! Il devint rapidement l'objectif vers lequel il me fallut ramper, déshydraté, comme vers une oasis enfouie dans les sables. Certes notre situation actuelle est horrible, invraisemblable, innommable, mais sans les événements qui nous sont arrivés, je sais que je serais définitivement resté dans ma bulle et qu'aussitôt le stage terminé, j'aurais replongé dans la quiétude de ma léthargie. L'électrochoc que j'ai subi l'autre jour sur le glacier et la présence du vide, maintenant autour de nous et en nous, m'ont aidé à mesurer à quel point mon système de références étriquées était bancal. Je suis surpris de m'entendre dire cela ! Depuis longtemps, mon existence était plus vide que l'abîme qui nous guette la gueule ouverte.

— Et où en est ta foi aujourd'hui ? demanda Gladys.

— Ma foi ? S'il est vrai que ma raison ne peut tenir pour vrai tout ce que les jésuites m'ont enseigné au collège, je dois reconnaître que les quelques moments où il m'a été donné d'être vraiment heureux étaient liés à la conviction d'avoir fait le bien. Ou du moins, d'avoir suivi un chemin parallèle à la voie que mon esprit rebelle se faisait un devoir d'éviter. Maintenant que tout est achevé et qu'il faut rendre les copies, les seules choses dont je suis certain sont que j'ai trop longuement erré et que la sacro-sainte liberté de pensée au nom de laquelle je revendiquais mon aversion pour les fondements dogmatiques ne m'a jamais laissé entrevoir la moindre parcelle de bonheur. Je me sens enfin le droit d'affirmer que j'ai retrouvé la foi. Foi d'une très modeste facture, mais foi quand même ! Je ne la refoule plus au bénéfice des mirages d'antan. Et s'il est trop tard, je préfère cette fragile avancée aux fausses promesses parmi lesquelles j'ai cherché ma route. Finalement, ce n'est pas compliqué : il suffit d'admettre que l'impossible puisse ne pas l'être totalement, en dehors du champ restreint de nos propres limites. Sans me vanter, Gladys, je pense être passé expert en termes de doute ; il a remplacé mon ombre pendant des années sans soleil. S'il arrive qu'il soit de bon conseil, crois-en mon expérience, ne lui accorde pas raison : accepte d'être toi, en toute simplicité, avec tes qualités et tes faiblesses. Tu n'es pas parfaite, tu n'es pas une sainte ! Et alors ? Chasse de tes pensées l'impression nuisible que tes défaillances sont définitives et stigmates d'un cœur mauvais. Accepte de n'être qu'une femme, comme je ne suis qu'un homme, et que tous deux, bien qu'adultes (et peut-être surtout pour cette raison) nous avons droit à l'erreur. Il n'y a pas de honte à se tromper. Jamais. Qui se rappellera que l'alpiniste venant d'ouvrir une première a dû un moment rebrousser chemin ? Ou qu'il lui est arrivé de douter ? Je me souviens d'un prêtre de mon enfance qui avait parlé du doute dans son homélie avec une telle justesse que, plus de trente ans après, je me remémore chacun de ses mots. Il disait qu'il n'y a pas de foi sans doute et que le doute fait grandir la foi. Au cas où nous nous en sortirions, Gladys, je te demande de méditer cette parole. Et puis, mes amis, n'oublions pas que même si notre situation est sans issue, même si nous devons mourir à l'aube, nous sommes pour l'instant toujours vivants !

Agacé par les bondieuseries qui venaient de lui être imposées, Jean-Charles décida de mettre Gladys et Pierre à l'épreuve. Il leur demanda ce qu'ils pensaient de l'Eucharistie. Après une courte réflexion, Moulins se lança, expliquant que la vie est comparable à la traversée d'un océan à la nage : certains partent de plages de sable fin bordées de cocotiers, d'autres de rivages déchiquetés. Certains doivent affronter des vents contraires tout au long du voyage, d'autres, en apparence plus chanceux, bénéficient d'une accalmie qui les accompagne de la maternité au cimetière ! Mais tous, pour atteindre la rive opposée, doivent garder le cap. L'Eucharistie, selon lui, est une aide à la traversée, un chenal balisé. Chaque dimanche, expliquait-il, le pratiquant se repose l'espace d'une heure sur une balise puis repart, avec pour objectif la bouée suivante qu'il mettra une semaine à atteindre. Et ainsi, de proche en proche, il franchit sa vie, sans trop avoir dévié. Il poursuivit encore : « Pour preuve de son amour, ne dit-on pas que Dieu a donné aux hommes un immense cadeau : la liberté ? Il a effectivement pris le risque insensé – que seul un amour inconditionnel peut justifier – d'accorder sa confiance aux générations humaines, en leur laissant le soin de faire fructifier sa création ou de mettre brutalement un terme à une aventure démarrée plusieurs milliards d'années auparavant. Il a parié sur l'homme ! »

La justification

1

Lorsque la nuit fut noire, Botti mit son plan à exécution. Il commença par lancer des SOS en morse avec sa frontale. Pour ne perdre aucune chance d'être repérés, il demanda à chacun de se relayer de la sorte, jusqu'à épuisement des piles. Puis il tira une fusée de détresse qui fendit l'encre du ciel et retomba en panache, dans une effusion de sang imitant le geste du semeur. Mais déjà les milliers d'étoiles faiblissantes disparurent dans la masse grisâtre du glacier. Il devait être vingt-trois heures. Michel informa ses clients qu'il préférait garder la dernière fusée pour plus tard. Moulins vit en cette stratégie un signe positif : tant qu'il reste une cartouche à tirer, tout n'est pas perdu ! Cette raison en valait bien une autre, et comme il n'y en avait pas d'autre… D'un mouvement de la tête, il cautionna la sagesse du guide.

Pour lutter contre le froid, les naufragés assis sur la vire se resserrèrent, les pieds pendant dans le vide. Dès la tombée du jour, Botti avait ordonné qu'ils desserrent leurs lacets pour faciliter la circulation. À intervalles réguliers, ils se forçaient à frapper sur leurs joues, à se frotter les mains, à remuer les doigts de pieds ou à s'étirer et aussitôt replongeaient dans une immobilité minérale.

Le froid transperçait de ses aiguilles acérées leurs vêtements inadaptés à un bivouac en haute altitude. Au crépuscule, certains caressaient encore vaguement l'espoir d'être sauvés. Il avait ensuite suffi que les astres transis entament une lente migration, pour qu'une solitude écrasante s'abatte sur l'équipage ébranlé et gomme toute lueur d'avenir. Être là pour assister à l'aurore suivante devint rapidement leur unique espérance. Au-delà de la courbe rosée de l'horizon, leurs forces anéanties paralysaient leur imagination. Immobiles, c'était vers le soleil qu'ils avançaient dans la nuit noire où leur raison avait sombré. La promesse de ses rayons dorés fut le radeau qui parvint à les mener d'une berge à l'autre de l'obscurité. Sans elle, le chant de quelques sirènes de glace aurait immanquablement scellé des regards. Mais l'espèce humaine recèle des réserves insoupçonnées qui ne germent qu'aux confins de l'impossible…

Lefort fut le premier à distinguer l'échine préhistorique d'une arête se dégageant timidement du rideau ébène. La vision inespérée de sa silhouette remit son cœur en marche. Il réveilla sur-le-champ ses compagnons assoupis, avec la joie d'un marin criant « terre », après plusieurs mois de navigation. Une larme ruissela sur les joues pétrifiées de Gladys. Une excitation aussi puérile que pathétique gagna la vire. Sans parole inutile, ils observaient avec fébrilité la montée en puissance du projecteur sur la dernière scène de leur vie. Quand éclatèrent les premiers rayons, l'émotion fut à son paroxysme. Gladys, déconcertée, crut assister à l'aube de la création. De son côté, Botti était épris d'un sentiment singulier, fait de la satisfaction de retrouver ses clients vivants après l'épreuve de la nuit et d'une profonde lassitude. Lassitude d'avoir tourné et retourné le problème durant des heures, sans résultat. Il profita de leur allégresse passagère pour leur dévoiler la suite :

— Voilà comment nous allons nous organiser : nous attendrons jusqu'à midi, en scrutant les voies dans lesquelles des cordées sont susceptibles de progresser. Passé ce délai, si rien de neuf ne s'est produit, je tenterai une sortie.

— Quelle sortie ? s'inquiéta Lefort que l'aventure de la veille avait définitivement refroidi. Nous avons épié chaque faiblesse du terrain, sans le moindre succès. Pourquoi ne pas continuer d'attendre les secours ?

— Je tenterai une sortie… seul. C'est ce que tu voulais, n'est-ce pas ! Le guide se ressaisit et, plus posément, s'expliqua : je reconnais que mes idées ne sont pas meilleures aujourd'hui qu'hier – c'est probablement d'ailleurs l'inverse – mais si nous devons encore passer une nuit dans les mêmes conditions, la fatigue et la faim réduiront nos chances de survie.

— C'est possible, néanmoins je pense que ton plan est trop risqué, s'obstina Lefort.

— Tu as raison, toutefois il n'y a pas d'autre solution !

— En es-tu vraiment certain ? supplia Gladys.

— Oui, désolé, j'ai tout envisagé. La seule liberté qu'il nous reste est celle de la direction de ma tentative : par le haut, en remontant les dalles ou par le bas, en taillant des marches dans le couloir de glace.

Il s'interrompit. Personne n'intervint. Puis les sourcils touffus et grisonnants du guide froncèrent, quand il déclara :

— Techniquement, la descente serait la solution la moins délicate. Pourtant j'éprouve un terrible pressentiment… Et puis, en début d'après midi, le risque de chute de glace est important : sans assurage, le moindre incident comme celui d'hier serait fatal.

L'ingénieur se raviva : « Tu n'es pas sans assurage : il te reste les broches à glace du rappel ! Tu pourrais t'assurer sur l'une avec ta sangle, pendant que tu visserais la seconde un peu plus bas, et ainsi de suite… C'est laborieux mais jouable, j'en suis convaincu ! »

Son enthousiasme gagna aussitôt Gladys et Pierre qui ne remarquèrent pas que le guide restait impassible. D'une voix contrite et monocorde, celui-ci leur donna le coup de grâce :

— Hier, je ne vous ai pas tout dit ! Quand j'étais revenu vers vous et que je vous apprenais que j'avais perdu la corde, sous l'émotion je n'avais pas pensé à retirer les broches. Leur ancrage avait été fragilisé par ma chute et le temps d'avoir la même idée que toi, Jean-Charles, la chaleur les avait descellées : elles aussi ont disparu !

— Ce n'est pas possible ! hurla Lefort, déchaîné. Tu es vraiment le roi des idiots et des incompétents ! Réalises-tu la faute que tu as commise ?

2

Ils déjeunèrent extrêmement frugalement, en voyant disparaître avec angoisse leurs provisions. Botti donna ses instructions : « Il va d'abord falloir trouver de l'eau : nos réserves sont quasi épuisées. Dès que le soleil fera fondre la neige au-dessus des surplombs, chacun récoltera le plus d'eau possible. Ne vous désassurez sous aucun prétexte, vous m'entendez ? Il faudra beaucoup de temps et de patience pour remplir les bidons. N'abandonnez pas avant qu'ils soient pleins : si la météo venait à se dégrader, les robinets se fermeraient pour une durée indéterminée… Ce que le ciel donne, il faut le prendre sans hésiter ! Ensuite, vous placerez vos gourdes dans vos vestes, pour éviter qu'elles gèlent et vous les attacherez à vos baudriers. »

Après avoir cherché son inspiration en se frottant la barbe, il ajouta :

— Si j'échoue, n'essayez surtout pas de suivre mon exemple : vous n'auriez aucune chance de réussite, avec la fatigue et le manque d'expérience.

— Tais-toi, Michel, ne parle pas ainsi : tu me donnes des frissons ! Cela ne t'arrivera pas. Pas à toi : nous avons confiance, tu es notre dernière chance !

Botti l'interrompit : « Gladys, il faut être réaliste et envisager toutes les possibilités. » Il poursuivit ses recommandations : « Vous devrez attendre les secours et continuer de vous ravitailler en eau chaque fois que possible. Il faudra boire régulièrement, même si vous n'avez pas soif. La nuit prochaine, tirez la fusée éclairante que je vous laisserai avant de partir. De jour, restez aussi vigilants que de nuit : au cas où une cordée viendrait à passer dans les environs, sur l'arête de Peuterey, sur l'Innominata, sur la pointe Eccles ou en contrebas, il faudrait vous faire entendre. Enfin, et c'est probablement le plus difficile, tâchez de ne pas vous endormir la nuit pendant plus de quelques minutes ; faites des tournantes, pour vous surveiller mutuellement… »

Les heures défilaient leur chapelet monotone. D'un accord tacite les stagiaires se mirent à épier les voies que le guide avait indiquées, celles où auraient pu échouer quelques émissaires du genre humain. Bientôt, la montagne se mit à vaciller devant leurs yeux épuisés, soufflant tantôt le chaud, tantôt le froid. Des cordées fantômes leur apparaissaient, qui aussitôt se diluaient dans les vapeurs matinales. Parfois, l'envol d'un chocard suspendait leurs cœurs. À force de dévisager le relief, les parcelles d'ombre ou les proéminences rocheuses revêtaient un visage connu. Leur déception était immédiate. Ils sentaient leurs gorges tranchées et leur sang se vider de l'espoir dont il s'était imprégné. De leurs flacons brisés, ne restait que le souvenir troublant de parfums évaporés.

C'est ainsi que commença le temps des délires. Ces invités perfides abordaient leur île maudite avec l'acharnement des Alizés. Un interminable ballet s'improvisa, entre divagation et clairvoyance, orchestré par le crescendo de la faim. Plusieurs fois, Lefort faillit à son devoir d'observation. Il en était constamment de même des autres rescapés mais lui seul était affecté par sa perte de vigilance. Comment garder fidèle et intacte la flamme d'une bougie presque consumée ? Comment et pourquoi ? À quoi bon poursuivre la lutte, quand le monde, alentour, n'est déjà plus que silence et désertion ?

Les heures avaient tourné, le soleil ralentissait son ascension. Maintes fois, Gladys avait cru reconnaître à travers les multiples visages qui s'offraient à leurs tentations des sourires, des reflets chaleureux, des chants d'oiseaux, une plaine verdoyante… Au-delà du hérissement des crêtes alpines et sous le harassement de la désillusion, elle devinait l'existence d'un eldorado où le bonheur de vivre se respirait au jour le jour et où l'espérance ne se conjuguait pas à l'imparfait. Plus que jamais, elle ressentait l'indicible beauté du monde mais ne pouvait accepter l'inacceptable. Elle aimait trop cette terre pour la quitter avant d'avoir goûté aux fruits juteux qui lui avaient été promis. Un regain d'énergie s'engouffra en elle qui la rallia à la création. Ainsi, portée sur un nuage, elle put savourer le réconfort de cette union avec le cosmos et affirmer, sans jouer sur les mots, que tant que sa vie perdurait, il lui incombait de ne pas abandonner.

Juste à côté, Michel demeurait taciturne. Jean-Charles s'était plusieurs fois étonné de ne pas le voir se préparer à la périlleuse mission qui se profilait. Il s'attendait à le voir nerveux, arpentant la vire à la recherche de la faille qui aurait échappé à leurs repérages, l'infime défaillance de la citadelle où concentrer sa volonté et leurs derniers espoirs. Au contraire, le guide restait figé, le regard perdu dans l'espace comme si l'ennemi qu'il devait affronter était d'une nature inconnue, étrangère aux règles d'en bas ; vaines étaient donc les stratégies conventionnelles. D'abord surpris par l'attitude du guide, Lefort se sentait de plus en plus désarçonné par celle-ci. En d'autres temps et d'autres lieux, il aurait réagi fermement, avec autorité. Il aurait combattu cette passivité défaitiste en dictant à Botti la conduite à adopter. Mais à force d'examiner ce montagnard aguerri, de cinq ans son aîné, de le voir contempler avec sérénité le pays qui lui donna le jour et dont il ne s'était jamais vraiment éloigné, il restait lui-même paralysé. Le guide avait largué les amarres et avançait désormais vers le grand large. La quiétude qui l'habitait faisait écho à celle du décor minéral et s'opposait aux références de Lefort. Loin de l'acquiescement fourbe de ses collaborateurs, il apprenait une leçon capitale de l'existence, aussi contemplait-il pour la première fois un être humain avec un regard humain. Prodigieusement humain, même ! C'était l'être dans toute sa détresse, sous l'apparence inerte d'une glaise pétrissable et périssable.

3

L'échéance fatidique approchait. Une ombre courut derrière les paupières closes de Michel. Il les ouvrit et vit un aigle royal s'éloigner. Son vol solitaire s'infléchit au-delà de l'Aiguille Noire. Il s'identifia à ce monarque, se jouant avec désinvolture de leur prison de vide. Pour lui, le vide devenait matière sur laquelle appuyer son vol gracieux. Dès qu'il eut franchi la limite ultime du monde visible, le guide consulta sa montre : une heure trente !

Le gong avait retenti sans que personne n'ait osé le rappeler à l'ordre. Il prit cela pour une marque de respect. Un sentiment de culpabilité l'envahit ensuite qui fit rapidement place à un manque immense. Il se souvint d'un conte féerique de son enfance dont la poésie des nuits dans le désert transcendait son imaginaire. Mais il n'avait jamais connu le désert et c'était là un de ses principaux regrets. Si le cours des choses avait été différent, il s'y serait rendu à pied, si nécessaire, et y aurait connu la joie de vivre un songe… Dès la première lecture de ce récit fabuleux, il sut que sa densité émotionnelle n'était pas de celles que le temps efface. Bien plus tard, lorsque la force lui manquait, il replongeait dans l'ambiance solennelle et dépouillée des nuits chargées de pierres et de dunes. Aussitôt, il sentait refluer en lui une paix inconnue jusqu'alors. Et à présent, cette même pensée réopéra le miracle. Il renversa la tête en arrière et l'appuya contre la roche. Fixant la course des cirrus, il déclara : « J'aime l'instant où la neige fond, au printemps, découvrant une herbe meurtrie en apparence, mais incroyablement forte en réalité… Chaque hiver, j'attends avec impatience cette période, toujours trop courte, comme la promesse d'un nouvel été. »

Michel revint parmi ses compagnons, le visage paisible. Il révéla à Gladys les secrets de son rêve : qu'il est des nuits dont la fraîcheur descend sur le désert et y répand un silence chargé d'amour… Et que la grâce de cette vision venait une nouvelle fois de lui être accordée. Il se leva et embrassa du regard le paysage dont la beauté lui redevenait accessible. Il se tourna dignement vers ses clients, leur dit encore quelques mots, des paroles banales, presque rassurantes. Il ôta sa polaire qu'il confia à Gladys et distribua le contenu de son sac : vêtements, carte IGN et surtout la dernière fusée de détresse. Il s'affairait sans hâte. Sous le souffle retenu de ses compagnons, Michel finit par se rapprocher de l'attaque de la dalle. Il fit un signe de croix, se frotta les mains sur son pantalon pour en éponger la sueur et les posa sur la roche.

— Bonne chance, Michel, s'écria Gladys. On compte sur toi. Sois prudent.

— Bonne chance, fit une autre voix que l'émotion rendait méconnaissable.

Plus personne n'osa troubler le silence. Botti les dévisagea puis leur sourit. Alors, il se retourna et commença à s'élever au-dessus de la vire, libéré de son propre poids et de celui de la culpabilité.

Les premiers mètres se révélèrent faciles ; il les avait franchis la veille, en portant secours à Lefort. Ses membres se rappelaient les mouvements à accomplir. Il lui fallut ensuite cheminer le long de la fissure dans laquelle son client s'était engagé. Ténue, elle sillonnait le roc compact à la manière d'une rivière, tantôt grossissant sans prévenir, tantôt s'amenuisant au point de n'être plus qu'un trait effacé. À la vue des contorsions de Michel autour de cette fêlure rebelle, Pierre ne put s'empêcher de méditer. Pour lui, ce fil d'Ariane était celui de leur destinée, de toutes les destinées. Aussi vulnérable que la rosée, incertain que le lendemain, il restait imperturbablement tendu vers le ciel : tel était le secret de sa force. Les pensées décousues du guide le ramenaient sans cesse au ciel omniprésent : un avant-goût de l'éternité à laquelle il appartenait déjà. Sous le jeu des apparences, la lucidité devenait futile. Il savourait l'abandon de n'être plus de nulle part. Pourtant, il savait qu'il avançait sur une matière inconsistante dont l'ombre d'une pensée pourrait précipiter la chute. Mais la chute avait désormais si peu d'importance…

Légèrement au-dessus de l'emplacement atteint la veille par Lefort, Botti enfonça un coinceur dans la faille et le sangla sur son baudrier. Il s'éleva d'un mètre environ en prenant appui sur cette béquille artificielle et, le bras tendu, en installa un second. Aussitôt en appui dessus, il décrocha le premier et monta délicatement le long de la fissure. Il franchit un léger bombement ; sa progression s'arrêta net. Il se retourna vers le bas et cria à ses compagnons qu'au-delà, il n'y avait plus de fissure… En contrebas, les stagiaires ne pouvaient distinguer la texture du rocher. Bientôt, ils aperçurent leur ami tentant une traversée descendante vers la droite, sans assurage, les pieds posés sur de minuscules grattons, les mains juste appuyées contre la paroi, faute de prise. Il poussa des cris angoissants, semblables aux douleurs de l'enfantement. Ils le virent ensuite faire demi-tour, après avoir buté contre un dièdre lisse. Revenu au point culminant de sa progression, il tenta une échappée par l'autre côté. Centimètre par centimètre, il se hissa le long de cannelures invisibles d'en bas. Plus le temps passait, plus les efforts qu'il lui fallait déployer grandissaient. Une lutte à mort avec la mort elle-même, songea le philosophe. Mais l'heure n'était plus à la méditation mais à l'action. Les néophytes désarmés ne pouvaient que suivre les gestes de leur dernier espoir. Au prix de nouveaux efforts, celui-ci parvint à s'élever de quelques mètres encore et disparut de leur vue, masqué par la convexité de la paroi.

Comme ils ne pouvaient plus le suivre, ils furent en proie à un sentiment de solitude qui prit progressivement des allures d'abandon. Dorénavant leurs vies tenaient entre les mains d'un être avec lequel tout contact était rompu. Peu à peu, l'absence de bruit et d'information en provenance du front devenait synonyme de continuité : l'instant qui se prolonge, aussi critique soit-il, est porteur d'espérance.

Pour tuer le temps et les soustraire aux affres de l'ignorance, ils se rabattirent sur l'observation assidue de leurs montres. Jean-Charles multipliait les estimations : « Il lui a fallu vingt minutes pour grimper d'environ dix mètres. Donc, en supposant que la difficulté reste constante et qu'il ne faiblira pas, il lui faudra grosso modo une heure pour atteindre le haut de la dalle. Au-delà, les grandes difficultés sont terminées. »

4

Tout était calme. Recroquevillée sur elle-même, Gladys enchaînait les prières. Lefort rompit le silence :

— Cela fait plus d'une heure qu'il est parti. D'après mes calculs, il devrait être sorti d'affaire et progresser en direction du col.

Le ton ambigu de ses paroles laissa ses compagnons sans réaction. Gladys et Pierre ne prêtaient qu'une oreille distraite aux spéculations de l'ingénieur. Pierre venait de constater l'arrivée d'un voile pâle, au sud-ouest. Bientôt, le soleil s'effaça. Sans transition, l'air vidé de lumière perdit sa transparence. Une lueur blême s'empara de l'atmosphère. Dans l'héroïsme de sa solitude, Botti ne pouvait plus compter sur le maigre réconfort de l'étoile, songea Moulins avec commisération.

La grande aiguille décrivait lentement son tour de garde. Sur le balcon, l'espoir renaissait timidement, accompagné d'une nouvelle forme d'inquiétude. Pour ne pas succomber à cet adversaire inattendu, ils s'organisèrent en vue de la nuit encore lointaine mais dont l'ambiance alentour annonçait la venue. Une nuit, savaient-ils, où la tentation revêtirait les traits du sommeil.

La veille, une brise avait léché la paroi tout au long de la journée puis s'était assoupie à l'approche du crépuscule. À présent, elle se réveillait, plus traître et motivée que depuis leur naufrage. De la calotte sommitale du Mont-Blanc masquée par la perspective, elle déversait de lourdes formations nuageuses qui, avec lenteur et majesté, roulaient vers l'Italie. Gladys écoutait leur complainte avec une anxieuse fascination. Elle y pressentait l'union sournoise de la mélancolie et de la passion. Jean-Charles et Pierre ne reconnaissaient en elles qu'une menace pressante. À l'exception du vent, les éléments étaient redoutablement calmes. Leurs esprits vaquaient à des divagations rendues légitimes par la situation. Soudain un éclat de ferraille déchira le silence. Lefort et Moulins se retournent. Comme un flash, ils voient un corps filer devant eux et aussitôt disparaître. Moulins hurle, Lefort est pétrifié. Gladys, arrachée à sa torpeur, se dresse d'un bond. « Quoi ? Quoi ? Que se passe-t-il ? »

— C'est Michel ! dit Pierre.

— Quoi Michel ? Pierre tente de contrôler son souffle :

— Il a dévissé ! Il est tombé là, sous nos yeux, vers le glacier !

Gladys s'effondre sur ses genoux, anéantie et disparaît sous un dos rond pris de violentes convulsions. Pierre ne sait que dire, que penser. Il oscille frénétiquement d'un pied à l'autre, en se mordant les doigts. Jean-Charles est tétanisé. Rapidement, il devient la cible de Pierre dont les nerfs lâchent : il l'accuse d'avoir poussé Michel où il est à présent, à force d'insistance et de culpabilisation. L'agressivité inédite du philosophe redonne à l'ingénieur un semblant de vie. L'étincelle ne tarde pas à l'embraser. Blessé à vif et bouillant d'être à l'inaccoutumée victime d'une telle pugnacité, il passe verbalement à l'offensive. Vu l'inefficacité de sa riposte, une rage animale s'empare de lui. Il empoigne Moulins qui ne se laisse pas faire. Un coup de poing fuse et rate sa cible ; un autre y répond qui fait mouche. Sans réaliser ce qui lui arrive, Lefort tombe sur les fesses, le visage ensanglanté. Gladys, affolée, les supplie de cesser de se battre mais ses paroles leur échappent sous la surdité de la colère. Lefort se relève, cherche à se venger quand Gladys s'interpose. Forte de ses cinquante-cinq kilos et avec pour seules armes sa fragilité et ses supplications, elle parvient à les raisonner. Alors, ils se regardent tous les trois, l'air idiot ! Jusqu'à présent, ils se croyaient perdus : les voilà orphelins. La dernière chance qui les reliait aux hommes s'est rompue et dans cette déchirure, un ami les a quittés. Son sacrifice était inutile, les amarres désormais larguées…

5

Peu de choses se produisirent, les premières heures après le drame. La révolte et l'agitation s'étaient rapidement essoufflées sous l'effet de l'épuisement. Une immobilité délétère errait parmi les condamnés. Qu'importaient leurs tourments passés puisque le verdict, en tombant, avait mis fin au procès : la mort ! Pourtant, au seuil du purgatoire, Gladys continuait d'entretenir une lueur d'espoir. S'accrochant à sa foi de façon pathétique, elle suppliait ses compagnons d'unir leurs prières. Moulins accepta de suite et Lefort, de guerre lasse, peu de temps après. Le scientifique restait persuadé que cela ne servait à rien mais qu'avait-il de mieux à proposer ? Et que pouvait-il encore perdre ? La face ? La futilité de son orgueil déplacé l'irrita lui-même ; il se sentit prêt à tous les arrangements…

Pierre s'interrogea sur ce qui était finalement le plus pénible, entre la disparition de Michel et celle du salut qu'il incarnait. Rapidement il dut s'interdire ce type de pensées, plus glissantes que le couloir de glace qui s'abîmait à deux pas de leur perchoir.

Ensuite ils reprirent les préparatifs du second bivouac, sous la conduite inattendue de Gladys. Ils contemplèrent leur reliquat de vivres : cinq sachets de thé et deux rondelles de saucisson pour affronter à trois l'éternité ! La météo avait cessé sa trêve. Des enclumes blafardes dégringolaient du ciel, dans un silence effrayant. La vallée, noyée d'obscurité, avait succombé. Le monde parut étréci. Ils redevenaient solidaires, engloutis dans une matière unique, faite de néant qui se substituait à l'infini. Pierre nota qu'avec le changement météorologique, la température était plus douce que la veille : avantage décisif pour le bivouac. « Comme quoi toute carte a son revers, quand bien même c'est la dernière du jeu ! », songea-t-il.

Bientôt, quelques flocons indécis apparurent dans l'espace. Ils hésitaient, rebroussaient chemin, se ravivaient. Tels des bancs de poissons, ils coordonnaient leurs trajectoires vers une destination commune sur laquelle ils fondaient précipitamment. Pour Pierre, vaine était la consolation de savoir que d'autres, avant eux, avaient pareillement souffert dans leur chair et dans leur sang. Ou que certains, qui dans quelques heures leur survivraient, connaîtraient l'épreuve à leur tour. Abandonnés par l'univers entier, les montagnards néophytes n'avaient plus le choix qu'entre le ballet monotone de la neige, les voyages intérieurs ou celui de parler pour tuer le temps. Par dépit, ils optèrent pour la troisième solution, afin de détourner leur attention des cataractes de la pensée. Moulins proposa que chacun, tour à tour, raconte une histoire ayant compté dans sa vie. Pas la plus spectaculaire ni la plus heureuse, simplement la première qui lui venait à l'esprit. Ils acquiescèrent et le prièrent de commencer, ce qu'il accepta volontiers.

La vue était bouchée. Pierre inspira profondément avant d'entamer son improvisation. Il se voyait, droit, sur la scène d'une salle de théâtre sans acoustique, intimiste, où les flocons languissants remplaçaient le public.

« Cela se passait en été, il y a une dizaine d'années. J'étais en vacances, avec ma femme et mes enfants, aux environs de Venise. Nous logions sur une presqu'île, en dehors de la ville ; notre budget ne nous permettait pas de séjourner au centre. Comme tous les touristes, nous visitâmes d'abord la cité des doges qui nous séduisit immédiatement. Puis, vers la fin du séjour, nous embarquâmes à bord du vaporetto pour les îles les plus célèbres de la lagune : Murano, Burano et Torcello. Des deux premières, j'ai presque tout oublié, à l'exception de maisons de pêcheurs aux murs colorés et d'un flot de vacanciers défilant dans l'atelier d'un souffleur de verre. Mais de Torcello, je me souviens d'un homme. Un homme âgé, entraperçu dans la pénombre, assis sur une chaise au fond d'une pièce où il vivait reclus du monde. Je ne vis pas son visage, toutefois je distinguai clairement sa posture voûtée. Je marchais seul, une centaine de mètres derrière ma femme et mes enfants. C'était sur le chemin pavé qui longe le canal depuis le débarcadère et pénètre au cœur de l'île, jusqu'au sanctuaire local : la cathédrale Sainte-Marie. Je m'étais attardé pour photographier le tableau merveilleux que formaient la berge aménagée et les eaux dormantes du canal. Au loin, ces éléments se confondaient sous un pont effilé, défiant les lois de l'équilibre. À l'arrière-plan, la tour carrée de l'édifice religieux contrastait de son éclat doré avec l'anthracite des Dolomites grondant sous l'orage. J'avais pris beaucoup de temps pour immortaliser ce décor estampillé d'absolu puis j'avançai d'un pas pressé pour rejoindre les miens. Soudain, venant de nulle part, une musique parvint jusqu'à moi. Je reconnus un opéra célèbre dont le nom m'échappait, une romance délicieusement surannée. Au fil de ma progression sur la voie dallée, l'air lyrique montait en puissance. Je fus interpellé par la qualité médiocre du son extirpé d'un soixante dix-huit tours agonisant. Puis la mélodie des accords et le timbre puissant d'une voix défiant les siècles prirent le dessus. J'ai oublié le détail de ce qui se passa ensuite, mais une chose est certaine : je sus contre toute logique que cet instant me marquerait durablement. L'homme habitait une maison de briques, isolée, dressée parmi les joncs. Une maison minière, échouée aux portes de la cité des amours. Au rez-de-chaussée, la fenêtre d'où s'échappait la triste mélodie était grande ouverte. Lorsque j'arrivai à sa hauteur, j'aperçus l'ombre d'un vieillard. Il était seul, accoudé sur une table, au milieu d'une pièce lugubre. Devant lui et pour unique spectacle, le canal. Ou plutôt, le confluent entre le canal et un autre, perpendiculaire, tiré d'un trait rectiligne dans la végétation basse. Point d'obstacle pour accrocher le regard et retenir la fuite des pensées vouées à se perdre dans la lagune. Emporté par mon mouvement, je m'éloignai rapidement de l'octogénaire immobile, face au monde. Ou face au néant. Bouleversé par cette rencontre insolite, je fus rejoint par l'air d'opéra qui, depuis, ne m'a plus quitté ! Combien de fois l'avait-il écouté ? Déplorait-il la piètre qualité du son qu'il écoutait inlassablement ou avait-il fini par assimiler les parasites du disque rayé comme composantes intégrantes de la mélodie ? Restait-il sensible aux accords et à l'interprétation du ténor ou avait-il dépassé le seuil des apparences, au seul profit du transport ?

Ma femme et mes enfants m'attendaient à l'extrémité des eaux. Nous fîmes quelque pas ensemble et gagnâmes l'esplanade de la cathédrale. Surpris par sa silhouette trapue, nous restâmes un moment à observer son architecture singulière, cherchant quel détail pouvait être responsable de l'étrange sentiment qu'elle dégageait. Mais aucune évidence ne s'imposa : le secret resterait préservé pour une journée encore ! Nous commençâmes la visite. Derrière les colonnes de la façade principale, la fraîcheur prenait des saveurs d'oasis. Passée la lourde porte, une mosaïque immense : le Jugement Dernier. L'effroyable destin des êtres bannis, décliné dans son horreur sous le regard détaché des heureux élus…

De retour dans la chaleur et la lumière, nous flânâmes sur le parvis de l'édifice millénaire. Le trône d'Attila siégeait parmi des ruines éparses. Que m'importait si le rôle que la légende lui avait attribué fût véridique ou non, puisqu'à l'ombre d'un feuillage épais, il inspirait davantage l'apitoiement que les rêves de grandeur. Mes fils s'y assirent du haut de leurs dix ans et, aussitôt investis de la puissance des rois, ordonnèrent mille travaux à des sujets imaginaires. Oui, c'était bien cela qu'il fallait faire : imaginer. Imaginer les heures de gloire de ce lieu que le temps avait privilégié d'abord puis abandonné à la tyrannie de despotes vaniteux et aux ravages d'épidémies dévastatrices. Et aujourd'hui, qu'en reste-t-il ? Une église où la mort se médite sur les murs et un trône vide de sens ! Tout trône perdra son rayonnement, me chuchota une voix intérieure ; aucun rêve de puissance ne survit à l'épreuve de la pierre, comme aucune pierre ne résiste à l'obstination du vent… Cette leçon commença en moi son chemin subversif. Ses deux visages, celui tourné vers l'Histoire et l'autre, vers nos vies éphémères, sont désormais indissociables : les ruines les ont scellés que rien, pas même la force de la passion, ne pourra délivrer.

Nous fîmes demi-tour, le cœur chargé et néanmoins apaisé. À l'approche de l'extrémité du canal, trois notes isolées portées par une brise d'été, parvinrent jusqu'à nous. Je reconnus l'opéra mystérieux. Accaparé par des velléités photographiques, je laissai Sophie et les enfants avancer en direction de l'embarcadère. Cette fois, aux abords de la maison, je ralentis volontairement : le même air lyrique, les mêmes défauts dans le même disque, la même obscurité me prirent à la gorge. Deux heures au moins s'étaient écoulées et rien ne semblait avoir changé : ni la musique, ni la fenêtre, ni les eaux du canal que fixait toujours le regard perdu du vieil exilé. Je dépassai sa demeure et me retournai pour la voir s'éloigner. »

Pierre s'interrompit et promena le regard, comme à la recherche d'un objet perdu. Ses paupières étaient lourdes d'émotion. Pendant son récit, la neige avait redoublé. Elle formait un rideau pâle, propice à l'imagination. Une issue : le souvenir ! Il poursuivit :

« Depuis, il m'arrive souvent de songer à l'homme de Torcello. Surtout à ce qu'il pensait. Je l'imagine apercevant deux corps en habits de noces, glissant sur les eaux lisses du canal. Ils avancent avec une lenteur irréelle au centre d'une haie d'honneur formée de joncs révérencieusement inclinés. Je les vois tournoyer encore et encore, enlacés puis discrètement se retirer, juste avant la fin du bal. Le vétéran reste là, seul, à attendre. La prochaine apparition ? Le retour de ses plus belles heures désormais immortelles, celles où Félicita, une nouvelle fois, lui accordera sa main ? Le temps a dû passer, lentement d'abord, comme dans toute vie en phase de découverte, puis accélérer de jour en jour, espaçant les visites des êtres chers. Comme ces fils prodigues que les vieillards espèrent pathétiquement de derrière les barreaux invisibles de leur dernier asile : « Il faut les comprendre, ils ont tant de choses à faire ! », se répètent-ils naïvement. Ou pas si naïvement ! Le grand regret du gardien du canal, était que sa tendre Félicita n'avait pas pu lui offrir de descendance, avant que la maladie ne lui fasse rejoindre prématurément sa lagune originelle. Depuis, une soixantaine d'hivers avait glissé sur Torcello, emportant beaucoup d'eau sous sa fenêtre, sans jamais laver sa blessure. Année après année, il s'était vidé de ses larmes et de ses forces. Peut-être étaient-ce ces mêmes larmes qui, une à une, avaient rempli le canal et accueillaient dans leur trêve journalière les étoiles de la nuit. J'admire profondément cet homme dont je ne sais finalement rien. Et si son histoire n'était pas celle-là, si je me trompais totalement ? Qu'importe ! À sa posture figée, je tiens pour acquis que son regard était celui de la mélancolie et que les battements lents de son cœur se prolongeaient bien au-delà de son temps, par une mélodie l'unissant à un amour perdu. Et cela me suffit ! Sa misère m'a plus appris sur le monde et le vide qui le constitue que les musées de Venise réunis ou que les bibliothèques poussiéreuses dans lesquelles j'ai erré à la recherche d'une ombre qui portait mon nom. Sans un mot, il m'a enseigné ce que les lumières du jour et de la connaissance conspiraient à me cacher, ce qui ne se pressent, de loin en loin, qu'en fermant les yeux d'une façon particulière, devant les tableaux de grands maîtres italiens ou en les ouvrant sur les dernières lueurs d'une journée radieuse, lorsque l'astre diurne abdique sous la voracité des eaux… Voilà, mes amis, ce que j'avais sur le cœur, ce qu'il me tardait de vous confier ! »

— Quel merveilleux récit ! s'exclama Gladys, tendrement émue.

— Sais-tu, demanda Jean-Charles, pourquoi tu as choisi cet épisode plutôt qu'un autre ?

— Je ne sais pas… À la réflexion, peut-être est-ce à cause du parallèle entre cet homme et nous, en ce moment précis : nous faisons face à la mort imminente et n'avons, pour seul écho, que l'immensité du vide. Vide du passé, impalpable pour mon héros insulaire et horriblement concret pour nous. Et puis ce n'est certainement pas tout : de nos bannissements respectifs, nous contemplons avec une impuissance similaire, à bout de forces et armés d'une révolte de moins en moins virulente, la sonnante vacuité de ce que nous avons fait de nos vies. Il se peut que ce soit cet échec commun qui me fasse ressentir cette intime parenté : un goût démesuré pour la vie que révèle le visage hideux de la mort. À notre manière, nous partageons une même destinée, semblable à celle exhibée dans la cathédrale de Torcello.

Ensuite, ce fut le tour de Gladys :

— Moi aussi, j'ai choisi de vous raconter une histoire sentimentale, mais moins poétique que celle de Pierre et, au demeurant, d'une triste banalité... Bref, tout commença au lycée, sur les bancs du cours de géographie où je rêvais en regardant les cartes décolorées, étalées sur les murs. Je connaissais par cœur les noms des pays qui y figuraient, ainsi que la couleur par laquelle chacun était représenté. En élève appliquée, j'étais au premier rang. Mais dès que le professeur détournait les yeux, je me retournais discrètement. À l'opposé de la classe, un garçon m'observait. Lorsque nos regards se croisaient, ils fuyaient aussitôt ; nous ne voulions laisser imaginer à l'autre que nous nous intéressions à lui ! Par fierté ? Par timidité ? Ou par le fruit déplacé de nos éducations ? Quoi qu'il en soit, je me captivais de moins en moins pour la géographie. Le bleu de ses yeux remplaçait progressivement celui des océans qui tapissaient les cloisons souillées. Un matin de décembre, j'oubliai la grisaille : à l'intercours, il glissa dans le creux de ma main un papier roulé, puis disparut sans explication. Je n'osai le lire de suite, préférant imaginer son contenu. Je patientai encore toute la journée et, au moment de me coucher, j'eus enfin le courage de le dérouler : « Moi aussi, je rêve en regardant les cartes... », avait-il écrit ! Ce fut mon premier choc. Déception immédiate, pour moi qui avais tant espéré une déclaration dans les règles, comme dans les romans à l'eau de rose ou les séries télévisées que je ne ratais sous aucun prétexte ! Mais non, rien, le vide ! Je devais me contenter d'apprendre qu'il aimait les cartes ! Humiliée, je déchirai le message et décidai d'éviter à l'avenir son misérable auteur. Ce manège dura jusqu'au jour où mon petit frère me demanda droit dans les yeux pourquoi j'étais constamment fâchée depuis la lettre d'amour que Sébastien m'avait donnée. Désarmée par l'interrogation candide d'un enfant, je réalisai que j'avais peut-être mal interprété le message. Au terme d'efforts démesurés pour me mettre à la place de ce garçon incarnant la maladresse, je compris qu'il s'agissait effectivement d'une déclaration ! Et qu'elle valait bien celle que j'espérais, voire davantage. À compter de cette découverte, nos relations prirent un tournant radical. Mes sentiments se mirent à galoper. Le matin, je me réveillais, heureuse d'aller en classe. J'en vins rapidement à haïr les week-ends, responsables d'un éloignement dont la douleur se prolongeait jusqu'aux lundis. Pour la première fois, il me semblait vivre un conte de fées ; tout était parfait, la vie me souriait et, à mon tour, j'apprenais à sourire au monde. Dans les bras de Sébastien, il n'y avait plus de lendemain. Ou plutôt, seulement des lendemains avec lui. Je voyais une allée bordée d'arbres et une maison en pierres chaudes devant laquelle un moustachu, le teint rougeaud, orné d'une banderole tricolore, nous accueillait courtoisement. Derrière la façade, une voix solennelle nous posait une question à laquelle nous répondions « oui », tour à tour. Puis une odeur de soupe atteignait mes narines : je ressentais la chaleur d'un feu ouvert, la protection de murs épais, la présence d'une main puissante et calme sur mon ventre arrondi. Des rires faisaient ensuite irruption : une ribambelle d'enfants jouait dans la cour…

Gladys marqua une pause, comme si elle voulait savourer une dernière fois ces instants féeriques. Elle poursuivit :

— En ces journées indescriptibles, les heures, légères, coulaient dans l'euphorie d'aimer. Puis les années passèrent. Vint le bac, le temps des études supérieures, l'épreuve de la distance : j'étudiais à Lyon, lui à Nancy. Nos rencontres, fréquentes en début d'année scolaire, se raréfiaient au fil des mois. À tour de rôle, nous faisions le trajet en train. Nos retrouvailles restaient de purs moments de bonheur et de tendresse. De loin en loin, enivrée par ces bulles d'oxygènes dans la monotonie de ma vie estudiantine, je me hasardais sur le terrain de l'avenir. Mais chaque fois, son regard s'assombrissait. Je comprenais que ce n'était pas le moment. Voyant ma face déconfite, il me demandait si nous n'étions pas bien ensemble. J'acquiesçais d'un signe de tête et aussitôt la page était tournée. Pour lui, du moins. Au fil de ses refus, je sentis un nuage s'immiscer dans notre relation, ternissant peu à peu l'éclat de notre premier soleil. Malgré ma patience et ma compréhension, j'avais besoin de certitudes, d'être rassurée, tandis qu'il demeurait immobile sous des projecteurs dont la lumière ne m'était plus supportable. Il me fallait reculer, rejoindre la pénombre d'où il m'avait extraite. Ensuite, nos études s'en mêlèrent. Nous avions de moins en moins de temps pour nous revoir. Arrivés à une visite par mois, à bout de souffle, je tentai le tout pour le tout en lui déclarant que je voulais l'épouser et avoir des enfants avec lui, dès la fin de nos études. À ces mots, il ne répondit pas ; son regard m'évita comme aux premiers jours. Toutefois le contexte n'était plus comparable. Je réalisai que la corde que j'avais tendue venait de se rompre. Ce soir-là, nous nous quittâmes en nous efforçant d'agir sans tenir compte de ce qui avait été dit. Comme si le passé pouvait s'oublier. Le mois suivant, la veille de nos retrouvailles et par une pluie battante, je reçus un courrier qui ressemblait étrangement au premier. Il m'émut plus encore qu'au lycée. Mon cœur s'emballa, car les écrits de Sébastien se faisaient rares. Pour conjurer le sort et ne pas commettre la même erreur qu'auparavant, je me précipitai sur le texte et connus mon deuxième choc. Il m'expliquait que la géographie avait cessé de l'inspirer… Que beaucoup de choses avaient changé et, au cas où je ne l'aurais pas deviné, qu'il avait fait une rencontre ! Je cherchai vainement un peu d'oxygène parmi un jaillissement de larmes sans précédent. Je tâchai de poursuivre la lecture, mais mes yeux endoloris y renoncèrent. Par la suite, je n'ai jamais eu le courage de reprendre la lettre et d'en lire la fin. Je n'ai retenu que ses derniers mots, aperçus contre mon gré, où il me souhaitait beaucoup de bonheur dans la vie !

— Voilà, mes amis, vous connaissez à présent mon désastre sentimental, dit-elle en se frottant les yeux, le visage tourné vers l'invisible horizon.

— Est-ce pour cela, par déception, que l'idée t'est venue de consacrer ta vie aux autres ? demanda Jean-Charles.

— C'est possible, mais beaucoup de temps s'est écoulé depuis notre rupture. J'ai terminé mes études, commencé à travailler dans la librairie de mes parents, à Lyon. Je me réfugiais dans la lecture et dans la foi. La foi, c'est à cette époque qu'elle a le plus œuvré en moi. Elle seule avait les mots qui apaisaient mon cœur anéanti. Sans elle, j'ignore si je serais encore parmi vous pour en parler.

Gladys se frotta les mains et poursuivit en claquant des dents : « Depuis la chute de Michel, je ressasse les dernières paroles qu'il m'a dites, en aparté. Il m'a d'abord rassurée, quant à mes doutes sur ma foi. Il a aussi énormément insisté pour que je prenne le temps de la réflexion, avant de m'exiler. L'Inde, disait-il, est un objectif noble mais nullement un passage obligé. Et d'ajouter qu'au-delà de l'instant dramatique que nous vivons, d'autres printemps fleuriront sur le monde, qui auront besoin d'âmes sensibles pour en révéler les secrets à qui acceptera de s'en émouvoir. Rétrospectivement, je m'interroge : savait-il qu'il ne vaincrait pas la maudite dalle ? Me livrait-il son testament spirituel, sans pouvoir l'avouer ? Pour une raison que j'ignore, plus je pense à cette conjecture, plus elle m'apparaît vraisemblable. Tout me semble plus clair à présent : sa posture recueillie avant de se lever pour attaquer la face, sa préparation physique minimaliste et son ultime regard vers l'horizon… À sa manière, il a poussé le don de soi et le professionnalisme jusqu'à l'extrême : Michel était un être d'exception que nous n'avons pas suffisamment connu. Sans le savoir, vous et moi, ses derniers clients, sommes venus, imbibés de nos mesquines solitudes, à la rencontre d'une autre solitude, infiniment plus vaste… Et lui qui connaissait le bagne depuis sept longues années, venait juste de renouer avec la vie, l'espérance et la paix. Cette situation est aussi révoltante que magnifique ! Disparaître à l'instant de sa délivrance, s'en aller le cœur affranchi et entrer librement dans le Grand Pardon dont il venait de soulever le voile… »

Pendant que Gladys s'exprimait, la neige poursuivait son morne ballet. D'un trait pâle, elle avait souligné le rebord de la vire, lui donnant des faux airs de garde-corps. Les rescapés éprouvèrent une impression inattendue de sécurité : quelques cristaux de glace les séparaient désormais du vide et de sa perfide tentation. Pierre méditait sur cette frêle ligne de démarcation, en ignorant que le cours de ses pensées dévoyait peu à peu sa notion du réel. Il réalisa qu'il était à nouveau capable de philosopher, au sens le plus valorisant du terme. Qu'il restait mille découvertes sur le chemin tortueux de l'existence. Et pour la seconde fois, il lui sembla appréhender la nature authentique de la philosophie et pourquoi il lui avait consacré sa carrière. Il réalisa que son erreur avait été de chercher les grands principes qui gouvernent les êtres, comme ceux qui régissent les astres, les vérités transcendant les conditions isolées, alors que l'essentiel réside plus modestement dans l'attention portée au cours des choses. En d'autres circonstances, cette nouvelle évidence l'aurait déçu, car manquant de carrure et d'ambition. Mais en cette nuit remplie de signes et de paillettes, il lui découvrait une résonance inédite et n'hésitait pas à la classer parmi les certitudes qui n'intéresseront jamais personne, bien que possédant en elles les ressources nécessaires à combler une vie d'homme. Il savait qu'à force de regarder loin devant, le guetteur ne remarquera pas le miracle, quand celui-ci se produira : sa mission le condamne à se perdre dans les brumes équivoques du lointain, tandis qu'à ses pieds des mondes s'ouvriraient à lui, s'il daignait seulement les considérer dans leur proximité.

6

Vingt-trois heures. Plus aucune lueur de la terre ni du ciel n'atteignait leur cellule. Tel l'éther au voisinage des trous noirs, l'espace et le temps étaient reployés autour d'eux. Lorsque vint son tour, Jean-Charles sentit les mâchoires du piège pénétrer sa peau. Un géant tenait leurs destins dans la paume de sa main qu'il commençait à serrer. Broyé par la tournure des événements, l'ingénieur n'éprouva que distraitement l'impression autrefois castratrice de devoir se livrer. Au son de ses premiers mots, Gladys lui reconnut une voix humaine, puis le doute s'empara d'elle : où commencent les mirages d'un corps au bord de l'épuisement ? Un flottement indescriptible régnait parmi les stagiaires. Le noir amplifiait leur angoisse qu'ils croyaient à son paroxysme. Une crainte nouvelle les envahit : celle de périr les yeux bandés ! Un sursaut d'injustice jaillit en eux ; ils ne pouvaient tolérer de surcroît un jugement d'infamie. Comme il lui fallait poursuivre son récit pour honorer son engagement, Jean-Charles puisa la force nécessaire dans sa maigre victoire : avec la disparition des derniers signaux extérieurs, le vertige s'était également retiré. Cela faisait un ennemi de moins, et pas des moindres !

— Je ne sais pas ce que je vais vous raconter ! Cela ne m'est jamais arrivé. Si j'improvise maladroitement, pardonnez-moi. Vous, à l'évidence, avez des choses à dire. Des choses qui méritent d'être entendues. Vos paroles vont droit au cœur et aux tripes. Vos propos font réaliser cruellement aux plus irréductibles dont je fais partie combien ils sont dépourvus de vos facultés ! Vous qui exprimez facilement vos émotions, vous ne pouvez imaginer les ravages de telles révélations ! Je suis tellement plus habile à discourir sur les mathématiques, sur le management ou sur des critères de rentabilité que sur mes sentiments : ce milieu est le mien. En des circonstances plus familières, je vous aurais volontiers entretenus avec véhémence de sujets qui me passionnaient, jusqu'à obtenir votre adhésion.

Peut-être aussi vous aurais-je impressionnés dans cet exercice scabreux. Mais pour arriver à mes fins, je vous aurais prodigieusement saoulés ! À présent, tout est différent, si vain en vérité. Je ne me reconnais plus, ni mes anciens repères. Je ne ressens plus cette nécessité de persuader. Je doute de moi, de ce que j'ai fait de ma vie. Un peu comme toi, Gladys, hier, à propos de tes croyances. Moi, je n'ai pas eu la chance d'avoir la foi. La simple idée de pouvoir éprouver un sentiment religieux m'a toujours hérissé ! Alors, en société je partais en croisade à la moindre opportunité contre ce que la raison ne pouvait expliquer. J'avais une aversion naturelle pour le surnaturel. Pour moi, le monde était carré, prévisible, malléable. Rien n'existait de ce que l'expérience ne pouvait démontrer. Nous n'étions que le fruit de l'assemblage de milliards de cellules, selon un ordre particulier, procédant du hasard et de l'évolution. Je n'ai jamais considéré déraisonnable de croire au hasard et je nommais « néant », la quantité illimitée de combinaisons n'ayant pas eu de suite. Gladys intervint :

— Je t'écoute, Jean-Charles, et suis consciente de n'avoir ni tes connaissances, ni ton expérience. Toutefois, je reste persuadée que tu te trompes ! Non pas de douter, car cela est humain et parfois bénéfique, Michel me l'a fait comprendre. Cependant l'intime conviction de ne croire en rien est déjà une forme de croyance en soi ! Je reconnais que je joue sur les mots mais c'est la seule faille que j'entrevoie dans ton raisonnement. Lefort fut pris au dépourvu. Il hésita puis répliqua :

— Imaginons que ton dieu existe ! Dis-moi pourquoi il te laisse périr, crucifiée sur cette paroi, exactement comme il abandonna son fils ? Pourquoi ne te sauve-t-il pas ?

— D'abord, je te signale que nous sommes toujours vivants ! C'est peut-être lui qui nous a permis de ne pas avoir déjà franchi le pas ! Ensuite et bien que je n'aie aucune idée de ce qui pourrait encore nous sauver, comment être certains qu'un miracle ne se produira pas ? Et puis même si nous mourons ici, qui te dit que nous ne serons pas infiniment mieux après ?

— Le paradis ? Ce n'est qu'une invention vieille comme le monde pour apaiser les esprits naïfs qui ne peuvent accepter l'idée de pourrir tout entier. Une invention sciemment entretenue par les dirigeants de tous temps, pour contenir les révoltes et faire accepter à la masse humaine la misère de sa condition.

— Admettons ! Mais Pascal était-il un des simples d'esprit dont tu parles ? Sa raison n'a-t-elle pas conseillé de parier sur l'existence de Dieu ? Personnellement, je rejette ce raisonnement mercantile qu'il utilisait à dessein. En revanche, il ne devrait pas être dédaigné par les gens de ta race !

— Autre question, Mademoiselle « qui-a-réponse-à-tout » : comment expliques-tu les guerres de religion, les famines, les enfants mourant de faim, les maladies orphelines et toutes les innombrables formes d'injustice que j'oublie ?

— Je l'ignore, comme tu t'en doutes ! Je suis consciente que cela me dépasse et qu'il ne me sera jamais possible de prétendre y répondre. Je reste néanmoins persuadée que dans la réponse à ces questions si faciles à poser, la notion de liberté joue un rôle primordial. Je crois que Dieu a voulu l'homme libre. Souvent, ses créatures font le mal et provoquent leur malheur ainsi que celui des autres. Leurs décisions sont égoïstes et inconséquentes. Dieu n'a pas voulu leur imposer un mode de pensée unique, une attitude à adopter une fois pour toutes. Il aime trop les hommes, également dans leurs faiblesses, pour les asservir d'une quelconque façon, quand bien même il s'agirait de les rallier à sa volonté. Quant aux injustices que tu condamnes, moi aussi je les dénonce et ne leur trouve pas de sens.

— Facile à dire ! Et la mort, selon toi, à quoi sert-elle ?

— Là encore, je l'ignore ! Pierre intervint :

— Selon la genèse, il s'agirait de la punition infligée aux hommes pour avoir goûté le fruit défendu, c'est-à-dire pour avoir transgressé la volonté du créateur et, ainsi, avoir voulu l'égaler ou le surpasser. La mort serait donc un châtiment d'orgueil.

— Rien d'étonnant, embraya Jean-Charles : dans les religions, la recherche de la connaissance a très souvent été prohibée. C'est aussi le fondement des sectes : inculquer à leurs adeptes des certitudes, des postulats, des rituels, bref tout un arsenal de moyens destinés à anesthésier leur esprit critique, leur raison, leur libre-arbitre. Quelle différence faites-vous d'ailleurs entre les sectes et les religions ?

— Les sectes, comme tu l'as dit, privent leurs membres de la liberté de penser et d'agir, ce qui n'est pas le cas des religions qui, elles, cherchent à les libérer des contraintes matérielles.

— Tu appelles cela libérer l'homme que de lui asséner dès le plus jeune âge un mode de pensée unique ? Lui apprendre à classer sans nuance les êtres en deux catégories : le bien et le mal ? Plus tard, en grandissant, il agira sans le savoir selon ce conditionnement, s'appliquant à colmater les fissures susceptibles de menacer les murs clos de son jardin d'Éden. Pardonnez-moi : je n'appelle pas cela liberté, mais esclavage !

— Pourquoi pas, et puis qu'importe ? répondit Gladys, las de leur discussion stérile. Son intervention jeta un silence qu'elle seule osa rompre : s'il s'agit d'un esclavage qui libère l'homme de ses frayeurs et le rend heureux, qui lui ouvre les portes sur un monde plus vaste, sans limite ni servitude, où la mort devient passage et plus cul-de-sac, eh bien oui, je bénis la condition d'esclave !

Lefort fut désarçonné par la réplique de la jeune femme. Il se frotta nerveusement le menton pour finalement se raviser :

— D'accord ! Imaginons encore un instant que votre Dieu existe. Dans ce cas, dites-moi comment vous expliquez les autres religions ? Comment peut-il y en avoir une multitude, qui toutes prétendent naturellement détenir La Vérité. Sans même évoquer leurs émanations tentaculaires…

Gladys se sentait épuisée, aussi s'abandonna-t-elle au rôle de simple auditrice. Moulins se fit son porte-parole :

— Ces derniers jours, je vous ai raconté combien mon parcours n'a pas été calme, que ce soit en termes de foi ou dans le reste. Je ne reviendrai pas dessus, nous n'avons plus le temps. Je soulignerai juste que j'ai longuement ruminé cette question. Faute de révélation et las d'osciller perpétuellement entre arrangements de bonne conscience et attaques acerbes de la raison, je suis arrivé à la conclusion suivante : le vrai problème n'est pas de savoir quelle religion détient La Vérité, ni même de savoir si l'une d'entre elles s'en approche, mais de réfléchir à ce que l'on entend par Vérité. Je ne suis pas certain que La Vérité existe, qu'il y a Une Vérité. Je pressens l'existence d'une myriade de vérités, se positionnant comme autant de versants distincts d'une montagne. Et chaque homme, à force d'évoluer toujours sur un même versant, le croit unique. De loin en loin, il arrive que des âmes rebelles ou éprises d'une curiosité chronique s'engagent sur de minuscules chemins de traverse. Alors, elles avancent maladroitement, tâtonnent, font demi-tour, se trompent souvent, abandonnent parfois. Pour celles qui ne renoncent pas, la récompense peut apparaître à tout moment, au détour d'un virage ou face à un obstacle infranchissable. Elles découvrent alors un versant inconnu, peuplé d'hommes et de femmes semblables à ceux de leur pays mais aux réactions étranges et aux pratiques impénétrables. Les plus espiègles cherchent à comprendre les forces, les faiblesses et les motivations des autochtones. Elles peuvent se hasarder à établir un parallèle avec les comportements de leur clan. À cet instant seulement, s'entrouvre la porte, non pas de La Vérité, mais d'une autre vérité : celle de la tolérance.

— C'est beau ce que tu nous dis là, Pierre. J'aimerais cependant que tu répondes à ma question ! Le ton autoritaire de Lefort trahissait un agacement manifeste.

— Patience, j'y viens ! répondit posément Moulins. Si tu prêtes attention aux motivations fondamentales des grandes religions et aux voies qu'elles empruntent, tu y trouves de nombreuses similitudes. Un exemple : aucune des religions ayant survécu à l'érosion des siècles ne prône, dans son essence, la haine ni la discorde. N'ont résisté contre vents et marées, que celles ayant élevé au plus haut rang la vertu d'abnégation. Au-delà de leur foisonnement obscur, tu reconnaîtras une constante : l'Amour. L'Amour guide tout, transcende tout. Si l'on me demandait en quoi il est le plus important de croire, je répondrais depuis peu, et enfin sans hésitation, à l'Amour. Il surpasse les êtres et les choses, se conjugue à tous les temps, revêt des facettes sans cesse inconnues. Pour moi, les religions, les vraies, ne sont que différents projecteurs braqués sur le même Amour. Et peu m'importe le nom que nos contemporains leur donnent ! Naturellement, nombre de préceptes et de règles, de superstitions et de craintes sans fondement se sont greffés sur le chemin de cette clé de voûte, génération après génération. Il serait trop simple d'affirmer que toutes les voies ont une valeur égale ; certaines s'éloignent davantage du point de ralliement. Nombreuses, en effet, sont celles dont le cours a essuyé des malversations habilement orchestrées au profit d'intérêts particuliers. La valeur authentique d'une démarche mystique ne se mesure qu'au désintéressement de ses adeptes. Les religions sont des guides, des modes d'emploi, des chemins, des passerelles vers un « extra-ego. »

Moulins dut s'interrompre. Le souffle haletant, il sentait ses forces baisser à chaque réplique. Finalement, au prix d'efforts déraisonnables, il fronça les sourcils et précisa sa pensée :

— Peut-être me suis-je mal fait comprendre : je ne dis pas qu'il ne faut pas accorder de crédit aux affirmations des confessions les plus respectables, ni que chacun peut faire sa propre religion comme il ferait son marché ! Je me contente de recommander à ceux qui ont l'impression de marcher sur une arête étroite, d'interpréter sous l'éclairage de l'Amour les textes et les préceptes sur lesquels leurs pentes naturelles les inclinent à glisser. À l'instar de toute métamorphose, cette discipline requiert patience et obstination, mais la récompense ne déçoit pas. Sans béquille, l'esprit critique le plus alerte finit toujours par trébucher. Et à compter de ce jour, déstabilisé, il se heurte sur les détails sans importance de l'existence ; la spirale n'a plus de fin. L'Histoire est remplie de personnalités ayant marqué leur époque, par des actes admirables ou par d'horribles forfaits. Elle reste néanmoins étonnamment discrète sur l'altitude intérieure de ces êtres d'exception, sur leurs convictions intimes ou sur le doute qu'ils laissèrent en coulisse avant de franchir le seuil de la postérité. À ce titre au moins, l'Histoire rejoint la vie : la plus grande part de chaque individu reste cachée aux yeux du monde. Au fil de mes errances, j'ai appris à ne plus m'attarder sur les invraisemblances qui scandalisaient ma raison et à éviter les pièges de styles littéraires cent fois révolus. Je ne cherche plus dans les récits sacrés et dans le rituel des célébrations que l'esprit sous-jacent. De mes investigations passées, me reste une propension affirmée pour les démarches œcuméniques qui constituent, selon moi, la grande avancée de cette fin de siècle. Bien entendu, il est encore loin le temps de la compréhension et du respect inconditionnel de l'autre, mais je me veux indulgent (en connaissance de cause) à qui sait reconnaître ses torts et son étroitesse de vue. Celui qui, enfant, a reçu la foi de ses parents, une foi pure et sincère, et qui, adulte, ne l'a pas trahie et la pratique régulièrement, touchera l'amour qui transcende son culte. D'autres voies existent aussi, plus tumultueuses, plus éclatantes parfois, plus obscures souvent, qui, bien qu'hérétiques pour les bien-pensants, cultivent finalement la même fidélité. Seul un fossé les sépare, pas un ravin, qu'un écart de jambes pourrait combler…

Lefort haussa le ton : « Comment expliquez-vous les miracles ? Et la résurrection ? Et la virginité de la vierge ? » Depuis un moment, Gladys se sentait agressée en une part d'elle qu'elle n'était pas prête à abandonner ; elle trouva la force de réagir :

— Je ne partage pas la conception de Pierre : il ne nous appartient pas d'interpréter les Écritures à notre bonne convenance : cela ouvrirait la porte à toutes les dérives. Les Évangiles nous apportent quatre éclairages différents d'un même enseignement, d'une Vérité unique. Quatre visions distinctes et complémentaires, pour s'adresser aux diverses sensibilités. Chacun a le droit d'avoir ses préférences, pas d'en altérer l'essence ! Désolée Pierre mais ton discours est démagogique et ton raisonnement laisserait dire aux textes tout ce qui peut arranger les hommes ! L'histoire n'a eu de cesse de démontrer les conséquences catastrophiques d'interprétations arbitraires, de raccourcis simplificateurs et d'amalgames faciles.

Moulins accusait la fatigue de son dernier plaidoyer. Mi-concerné, il répondit à Gladys qu'il respectait sa position. Qu'elle avait l'avantage de favoriser une ferveur propice à la paix de l'âme. Mais aussi que ce bénéfice s'opérait au détriment d'un recul qu'il ne pouvait reléguer au second plan. Il ajouta qu'il n'existait pas d'attitude fondamentalement meilleure et que tout dépend du référentiel et de la sensibilité de chacun, l'essentiel étant ailleurs. Pour atteindre une même destination, certains prennent l'autoroute, d'autres des chemins muletiers : seul compte l'esprit du pèlerin.

Pierre se tourna vers Lefort et, en professeur consciencieux, se fit un devoir de répondre à ses questions. Il commença par le délicat sujet des miracles : « Prenons l'exemple de la multiplication des pains, dit-il. Si nous considérons ce récit au pied de la lettre et selon notre tempérament, nous pouvons être farouchement opposés, convaincus ou rester dubitatifs : de ce qui échappe à l'expérience personnelle ou collective, nous ne savons rien et ne voulons rien savoir. Pourquoi considérer stupide ou targuer d'impossible ce qui n'a jamais été expérimenté ? Que pouvons-nous d'ailleurs vraiment éprouver ? Qu'auraient répondu les Égyptiens ou les Grecs s'ils avaient été interrogés sur l'électromagnétisme, sur la base d'une description théorique de ses effets sur les corps électrisés ? Et plus récemment, si nous avions demandé l'avis de nos aïeux sur la théorie de la relativité ? Ou celui des romains sur le vol d'oiseaux métalliques, emportant cinq cents passagers d'un continent à l'autre en quelques heures et sans escale ? Est-ce parce que les ondes radio sont invisibles qu'il faut conclure qu'elles n'existent pas ? La science nous a appris à découvrir les phénomènes dont les effets se mesurent et, aussitôt leur démonstration achevée, ils perdent leur mystère. Sous prétexte que nous ne pouvons expliquer tel ou tel événement, au nom de quelle vérité pouvons-nous le priver d'existence extrasensorielle ou cognitive ? Combien de choses existent réellement, dont nous ignorons pourtant le sens ? Où en sommes-nous de l'exploration de l'inconnu ? Y avons-nous renoncé ou lui laissons-nous encore une chance ? Se peut-il qu'il y ait un quota de découvertes à effectuer ou cette notion même est-elle vide de sens ? Tu l'as compris, Jean-Charles, par ces exemples et la maladresse de mon élocution, je veux te montrer que de l'essentiel, nous ne savons rien ! Et cette vérité, quoique consternante, s'applique indifféremment au sage, au savant et à l'idiot. Ce n'est qu'imprégnés de cette ignorance que nous pourrons accepter qu'en des lieux et des circonstances exceptionnelles, l'impossible puisse ne pas toujours le rester… En ce sens au moins, je me rallie au point de vue de Gladys. »

Pierre reprit une nouvelle fois son souffle :

— Je n'ai pas terminé ! Le miracle de la multiplication des pains peut s'entendre d'une manière moins conventionnelle mais tout aussi extraordinaire : il pourrait s'agir du miracle du partage. Partage des provisions entre les prévoyants qui avaient emporté leur nourriture et leurs frères, majoritaires, plongés dans l'indigence. Reconnaître en son voisin une part de soi est déjà un authentique miracle ! On pourrait discourir de la sorte sur les autres prodiges. Ainsi, les guérisons de l'aveugle né et du paralytique ne procèdent-elles pas du même entendement ? Ils étaient victimes du reploiement sur eux-mêmes ; le miracle a été de les ouvrir à l'Amour et au monde. C'est pourquoi, l'exégèse enseigne que furent sauvés tous ceux dont le cœur se mettait à battre à l'approche du Christ.

Après une réflexion, le professeur aborda l'incontournable question des guerres de religions que Lefort avait eu soin de mettre en avant. Selon lui, ces luttes intestines résultaient de déviances dictées par les rêves de puissance de criminels que la postérité, par aveuglement ou par ironie, allait aduler en tant que conquérants.

Lefort n'eut plus la force de renchérir. Il s'excusa de ne pas avoir respecté la règle convenue et d'avoir sciemment orienté la conversation vers le sujet sensible de la foi. Il se sentait en effet infiniment plus à l'aise dans le rôle d'accusateur que dans celui de témoin. Sa manipulation avouée, il s'interrogea à haute voix : « Qui est finalement le perdant ? Est-ce vous, qui n'avez peut-être pas remarqué ma diversion ou moi qui ne vous ai pas révélé quel épisode de ma vie m'a le plus touché ? Je pense que vous connaissez la réponse ! » Cet élan de franchise, cette soudaine délivrance verbale, frappa Gladys et Pierre qui restèrent bouche bée.

Gladys revint une dernière fois sur son sujet de prédilection. Elle leur expliqua l'importance pour elle de prier le Père, selon les termes exacts que Jésus avait appris à ses disciples. Pierre approuva, en signalant que de cette manière la ferveur a le loisir de s'exprimer dans le silence des inconscients. Au risque de choquer leur compagne, il ajouta que toutes les formes de prières sont également valables, à la condition qu'elles restent humbles et sincères. Puis il se tut et son visage s'assombrit. Craignant qu'ils puissent se méprendre, il voulut s'expliquer, mais la confusion de ses pensées associée à la lassitude de ses auditeurs, rendit ses explications alambiquées. Il insista sur le fait qu'en dépit de ce qu'il avait pu dire, il croyait en Dieu et en Jésus-Christ. Que sa croyance n'était pas éloignée de celle des Évangiles. Il déplorait que de plus en plus d'indécis versent dans l'agnosticisme, faute d'avoir pu s'élever sur une échelle d'où le regard dépasse les contradictions et les écueils littéraires de bas étages. Au seuil de la mort, seule lui semblait capitale la résonance du message divin au cœur de sa génération d'illettrés. Il qualifiait de vrai ce message opérant en l'homme une telle répercussion. Et les particularismes de chaque confession religieuse revêtaient à ses yeux hérétiques autant d'importance que la mousse sur les troncs des arbres : elle grandit et progresse, sans jamais les priver de soleil !

7

La passion de la discussion les avait soustraits à l'insoutenable réalité, en les forçant à agir comme si quelque chose de plus grand qu'eux pouvait encore être sauvé. Le vide laissé par l'essoufflement de leurs joutes fit naître en Jean-Charles une profonde amertume. Il revint à la charge, cette fois d'une voix abattue et pour des raisons bien plus personnelles. Il leur demanda de dire sincèrement ce qu'ils croyaient des Évangiles. Et là, leurs avis furent à nouveau partagés. Selon Gladys, les Écritures reflètent, à quelques détails près liés au mode d'expression de l'époque, la vie publique de Jésus et, à travers ses propos, le message divin. Il s'agit de véritables carnets de route de cette parenthèse unique de l'histoire, à partir de laquelle plus rien ne fut pareil. Pour Pierre, les quatre Évangiles glorifient la puissance de l'amour et incitent à méditer sur l'essentiel. Mais il est capital de savoir les interpréter. En répondant à Jean-Charles, Pierre savait que son esprit s'embrumait. Il cherchait ses mots, comme on cherche un appui dans le noir, puis lâcha que la durée pendant laquelle le Christ avait séjourné au désert n'avait pas importance. Qu'elle traduisait un temps conséquent, totalement voué à la contemplation. Une période durant laquelle il avait connu toutes les formes de tentations terrestres pour en sortir victorieux. En prononçant ces mots, de lourdes larmes roulaient sur ses joues raidies.

Tandis que les hommes prolongeaient les débats, Gladys sentit une masse immense broyer ses épaules. Las de paroles désormais inutiles, elle fut prise de violentes bouffées de chaleur. Elle redressa le buste puis chancela et perdit connaissance. Sa tête tomba sur les jambes de Jean-Charles qui ne réalisa pas instantanément. Pierre, inquiet, se rapprocha et voulut la ranimer. Il l'interpella à haute voix, lui administra quelques gifles molles, mais rien n'y fit. Seules ses paupières réagissaient aux stimulations extérieures par d'imperceptibles tremblements et regagnaient aussitôt la paix de l'immobilité. Son souffle et son pouls étaient stables, quoique faibles. Après avoir constaté l'inutilité de leurs soins, Lefort et Moulins prirent le parti déraisonnable de la laisser se reposer. À intervalles réguliers, ils se relayaient pour lui frictionner les bras et les jambes. Autour d'eux, tout était recouvert d'une neige sale et lourde, privée de couleur et d'espoir. Un monde sans regret ni fantaisie, un cauchemar sans fin. Aucun bruit, aucun signe ne rompait la monotonie de l'attente. Le vent aussi avait renoncé. Alors pourquoi continuer ? Jean-Charles et Pierre étaient plongés dans un mutisme irréversible, ardent écho au silence qui scellait l'espace. Pétrifiés mais encore vaguement présents, ils sentaient les heures s'enfoncer dans la nuit sans étoile et eux, naufragés de l'absurde, sombrer dans l'indifférence du trépas. Par moments, ils constataient l'effondrement de leurs dernières ressources. Leurs corps réclamaient à boire. Entre la disparition de Botti, l'arrivée du mauvais temps et la fin du jour, ils n'avaient pas pensé à récolter l'eau de fonte. La faim aussi les tenaillait atrocement. Dans son délire, Pierre rêvait de fontaines fraîches comme celles qu'il attendait, adolescent, les crépuscules de canicule et qui s'écoulaient goutte à goutte au fond du jardin, sous le grand marronnier. Il se sentit prêt à tous les arrangements, à tous les reniements, pourvu qu'il puisse humecter l'extrémité de ses lèvres ! Oubliés, oublieux, toute forme de bienveillance les avait délaissés. Les deux hommes réduits à l'état de loques continuaient pourtant de veiller sur Gladys dont le visage tourné vers le ciel affichait une sérénité angélique. Une pensée traversa l'esprit de Moulins : « Et si c'était vraiment un ange ? » Cette interrogation lui procura une allégresse inattendue. Il crut même ne plus rien désirer en dehors de l'instant. Ses pensées s'arrêtèrent et son esprit se remit en veille. Derrière ses paupières closes, persistait l'image d'un sourire séraphique posé sur de lointaines constellations. À quelques centimètres de lui, Jean-Charles ne pouvait maintenir sa conscience en éveil. Les rares influx nerveux que son cerveau distillait encore s'égaraient dans un corps étranger. Locataire en fin de bail, le temps était venu de rendre les clés…

Pierre rouvrit les yeux : son regard était capté par une mystérieuse vision. Les hallucinations le reprirent, ainsi que l'impression floue de vivre encore. Plus tard dans la nuit, lorsque le gel avait figé la montagne, Gladys eut un soubresaut. Elle aperçut un bateau de croisière s'éloignant avec grâce sur un fleuve paisible. D'un promontoire sur une rive verdoyante, elle contemplait sa glisse gracieuse parmi un réseau d'ondes stabilisées, noyée d'un calme souverain. Avec dignité, le vaisseau avançait vers l'estuaire, sa destinée. Vers toutes les destinées… Mais déjà, cette scène éthérée fit place à un tableau dont la poésie langoureuse laissa sourdre une larme au coin de ses paupières closes. Une brume impalpable dérivait sur la surface d'un lac serti dans une forêt obscure. Un cygne, surgi de nulle part, frôla l'onde d'un vol silencieux. Tout, en ce lieu, concordait à nier la force et l'ambition, au profit de l'abandon. Le soleil reposait au fond de l'eau, prodiguant à mi-mots une formidable leçon d'amour. Gladys pressentit que tout lui était désormais acquis.

Puis le rythme changea. Plusieurs fois, Pierre crut se réveiller. À d'autres moments, il lui sembla rêver debout. Lors d'un de ses retours, il distingua dans les remous de son naufrage un corps inerte, allongé sur la froideur d'une terrasse étriquée. Et ce corps, qu'il ignorait être sien, n'appelait aucune réaction en lui. Il évoluait au-delà de la souffrance. Le temps s'en était allé, privé de chair sur laquelle agir. Le cours de sa vie, après s'être longuement replié, inversait le mouvement. Soudain, Pierre bascula. Son buste racla la paroi et tomba mollement sur le côté, retenu par la sangle. Telle fut la dernière vision que Lefort eut de Moulins. « C'est ainsi que meurent les philosophes… », songea-t-il sans émotion particulière. Avec la mort du philosophe, c'était celle de la philosophie à laquelle il assistait avec une égale indifférence. Comment aurait-il pu imaginer que c'était de cette même indifférence qu'agonisaient son époque et ses passagers ?

À compter de cet instant, Jean-Charles était seul au monde. Par quelle ironie du sort voyait-il enfin la terre entière à ses genoux ? Un être de sa trempe, pouvait-il rêver plus glorieuse et insupportable fin ? Lui qui s'était nourri de postérité pendant plusieurs décennies, que resterait-il du sang qu'il avait versé ?

Abandonné par Michel d'abord, puis par Gladys et Pierre, seule lui restait la compagnie de son délire ! Il ne pouvait, ni ne voulait se lamenter. Pourquoi regretter le passé, alors qu'il voyageait pour la première fois avec confiance et abandon, là où le courant l'emportait ? Furtivement, une sensation similaire au bonheur le parcourut mais il ne sut reconnaître cet ami perdu depuis l'enfance. Son souffle ralentissait. Il était allongé sur le dos, paralysé, relié au roc par un lien désormais inutile. Ses paupières durcissaient. Libéré de tout et de lui, plus rien ne lui obéissait. Ses craintes et ses pensées de toujours s'évaporaient dans l'indifférence des âges. Affranchi des contraintes paralysant les vivants, il entrait dans l'immobilité éternelle. Durant son départ, il entendit un vrombissement sourd, mécanique et préféra rejoindre la quiétude de sa terre d'accueil. Un univers inédit, où le sens des choses était non-sens et où la vie, de loin en loin, semblait encore vibrer à l'abri des questions inutiles. Un espace sans tourment, où l'infini se mêle au néant, loin du paradoxe des vivants. Un lieu où il est doux de s'oublier, de ne plus être et où l'oubli lui-même s'évanouit dans le vide ou dans ce qui, un jour peut-être, sera sa densité…

Deuxième partie

Les derniers feux de l'été

1

Une lumière aveuglante traverse mes paupières. J'ouvre les yeux : un brouillard épais efface les contours. Je m'étire, frotte mes yeux et regarde encore. Lentement, le voile se charge de vie, en proie à de puissantes convulsions. Au centre de ma vision, une trouée se dégage d'où jaillit un éclairage éblouissant. Je détourne la tête et déjà l'éclat me rappelle à sa source. Je relâche délicatement la pression de mes paupières crispées et entrouvre les yeux : la fontaine aveuglante est chargée de bleu. Quelque chose d'indéfinissable me tourmente dans l'intensité de ses rayons, fruits de l'étreinte du ciel et de l'immensité. Soudain mon attention est attirée par un bruissement familier. Le chant d'un oiseau ou suis-je en plein rêve ? Comment pourrais-je rêver, puisque je viens de me réveiller ! Que dis-je ? Suis-je certain de m'être réveillé ? Et ce brouillard, d'où provient-il et pourquoi se dissipe-t-il si rapidement ? Mes bras sont engourdis, terriblement lourds comme si je portais le poids d'un passé qui me rattrapait tout à coup. Je secoue la tête, respire profondément, mon pouls accélère. La désertion de la brume progresse à bon train ; à présent, ne subsistent que de maigres lambeaux tremblant aux bords de mes cils. Cela est-il réel ?

Je me redresse au prix d'efforts démesurés et de douloureuses contorsions. Face à moi, toujours cette même lumière que mon regard ne peut soutenir mais dont il ne peut se passer. Je fronce à nouveau les sourcils et devine au loin une masse lourde et étincelante, enchâssée dans l'azur. J'accommode maladroitement et distingue une silhouette connue, dont le nom va me revenir. Je convoque mon attention : un violent mal de tête me force à me recoucher. Une vague suffocante déferle sur mon visage, suivie d'une autre, glaciale. Je bous et tremble à la fois. J'implore un instant sans douleur, une trêve où plus rien ne serait sensible. Tout entier, je tends vers des horizons sublimes, bercés de sourires et de fraîcheur. « Le Mont-Banc ! » Oui, cette allure familière, c'est le Mont-Blanc ! Une dynamique inattendue me soulève vers la masse scintillante où mes pensées convergent. Maintenant, je reconnais clairement sa silhouette pataude et néanmoins aérienne, juchée sur un piédestal. Comme un rêve d'enfance. Qu'y a-t-il donc ? Quelle est cette étrange impression qui recommence à m'envahir ? Un problème ? Je ne sais pas. Tout à l'heure, la couleur du ciel, maintenant la forme de la montagne... Que m'arrive-t-il ? Les pensées affluent de partout en mon esprit interloqué et s'y heurtent violemment. Un murmure sourd, accompagné de violents coups de semonce. Ma boîte crânienne va éclater ! Une pensée fuse du magma de mon tourment, immédiatement pulvérisée par une nouvelle. Y a-t-il une fin ? Un vacarme assourdissant s'élève de la cohue. Des lames acérées transpercent mon encéphale : ma panique va crier. Je me bouche les oreilles, les assauts redoublent. Je secoue la tête, une vague plus forte s'engouffre. Un moment encore...

Depuis la vire de notre malheur, le Mont-Blanc n'est pas visible : tel est l'objet de mon tourment ! Mais si je ne peux le voir et que je le contemple néanmoins, c'est donc que je rêve ! Ou que j'ai franchi la grande épreuve ! Pourtant, je respire et entends le flux et le reflux de l'air dans mes bronches. Qu'est-ce que cela prouve au juste ? Que sais-je des détails pratiques de l'état de trépassé ? Et si c'était cela la mort : l'errance dans un état où l'on ignore si l'on vit toujours... Dans ce cas, nombreux seraient ceux que je considérais bien vivants qui auraient déjà basculé ! Mais je me prends à ironiser. Est-ce possible dans l'au-delà ? Gladys ! Où est Gladys ? Je regarde à ma droite : rien. À ma gauche : personne ! Avant que je m'endorme, sa tête reposait sur les jambes de Lefort… Et lui, où est-il passé ? Ont-ils été précipités aux côtés de Michel durant mon évanouissement ? Et le vide, s'est-il évaporé ? Bien que mon cœur batte la chamade, j'entreprends l'observation méthodique de mon entourage : une chaise, une table basse sans style, un verre, un cadre de travers avec une publicité ferroviaire du début du siècle. Devant, une fenêtre grande ouverte donnant sur le Mont-Blanc. Le ciel arbore un bleu intense. En contrebas derrière l'appui de fenêtre, un bouleau au feuillage chargé d'or. Et si j'étais en train de voir défiler les images de ma vie, comme lors d'une chute mortelle ? Dans ce cas, je devrais en ce moment même tomber, or mon assise est incontestablement ferme…

Un grincement attire mon attention. Je regarde vers la droite : une porte s'entrouvre, dévoilant le visage d'une jeune femme vêtue de blanc. À ma vue, son regard se trouble. Elle cherche à parler, ouvre la bouche, hésite, puis disparaît aussi rapidement qu'elle est apparue. Un ange ? Peut-être ! Mais alors, je ne serais pas en enfer ? Serait-ce possible, après mon existence de renégat ? Le combat redouble en la confusion de mon âme. Mille impressions, bonnes et mauvaises, mille pensées, mille frayeurs et souhaits incompréhensibles s'affrontent dans une cacophonie indescriptible. Rien encore… Je me tourne et observe à nouveau le Mont-Blanc, seule présence connue et rassurante.

— Monsieur Moulins ? chuchote une voix céleste, à deux pas de moi.

— Oui, dis-je machinalement.

— Je suis Myriam Loiseaux, votre médecin. Vous allez bien ! Prenez le temps de vous réveiller… Nous nous occupons de vous…

— Que se passe-t-il ? Où suis-je ?

— Vous êtes à l'hôpital de Chamonix. Vous avez dormi longuement. Très longuement… À présent, tout est fini : vous êtes de retour. La voix s'approche de mon oreille ; elle répète : vous êtes sauvé, Monsieur Moulins !

— Sauvé !… et Gladys ? Où est-elle ? Je veux la voir ! Et Lefort ? Sont-ils vivants ?

— Oui, je vous rassure. Ils se portent à merveille, ne vous inquiétez pas. Vous aurez le loisir de les revoir bientôt.

— Je veux les voir de suite !

— Pour l'instant, c'est impossible, dit-elle avec tendresse.

— Pourquoi ?

— Parce que cela fait déjà longtemps qu'ils ont quitté l'hôpital…

— Longtemps ? Que voulez-vous dire ? Quand sont-ils partis ? Pourquoi ? Dites-moi la vérité ! Ce n'est pas la peine de prendre des gants : après ce que j'ai vécu, je ne crains plus grand-chose.

— Trois mois, environ.

— Mais alors… j'étais…

— Dans le coma… Quand vous avez été transféré chez nous, nous pensions honnêtement que nous allions vous perdre. Votre pouls était faible et votre métabolisme ne réagissait à aucun de nos traitements. Votre état empirait de jour en jour. Puis, sans qu'on comprenne pourquoi, il s'est stabilisé. Vous êtes resté ainsi pendant trois mois… C'est pourquoi, il est préférable que votre retour se fasse en douceur. Il ne faut pas brusquer la machine !

Le médecin se tourne vers la fenêtre et poursuit : « Vous voyez comme c'est joli ! Respirez ! Nous sommes en automne… »

— Ah, je comprends à présent ! Les bouleaux, la couleur du ciel… Que s'est-il donc passé ? Comment avons-nous été sauvés ?

— Votre histoire relève du miracle. D'ailleurs, vous avez fait la une des journaux ! Même le 20 heures a parlé de vous. Quand vous reverrez vos amis, ils vous décriront les détails…

— Parlez, je vous en prie : je n'ai que vous ! Je ne peux plus attendre.

— Bon, d'accord… Vous avez été sauvés grâce à deux alpinistes anglais qui s'étaient engagés dans le Pilier Central de Frêney. Ils venaient du col de Peuterey. Après quelques longueurs de corde, le mauvais temps les a surpris dans le bas du pilier, avant les grandes difficultés. Ils ont choisi de battre en retraite et de perdre de l'altitude. Peu à peu, le manque de visibilité les a piégés. Malgré plusieurs tentatives, ils n'ont pas trouvé l'arête menant aux rochers Grüber. Le stress et la fatigue aidant, ils ont décidé de bivouaquer et ont trouvé abri auprès d'un gros bloc formant un îlot, au milieu des glaces. Le lendemain, ils ont levé le camp dès que la visibilité l'a permis. Ils ont pu repérer les rochers Grüber, et les ont rejoints. Ensuite, ils ont enchaîné les rappels jusqu'à prendre pied sur le glacier, en contrebas de la chute de séracs. En contournant les crevasses près de la muraille, ils ont aperçu un sac à dos rouge, partiellement recouvert de neige. Ils se sont approchés et ont découvert le corps de votre guide… La suite, vous l'imaginez facilement : ils ont poursuivi leur descente en bordure du glacier et l'ont traversé en direction du couloir de l'Innominata qu'ils ont gravi pour rejoindre le refuge Monzino où ils ont donné l'alerte.

— Et puis ?

— La brume s'en est mêlée : les secours ne pouvaient se mettre en route. Ce n'est que le lendemain matin, sous un soleil radieux, que l'hélicoptère a pu repérer votre guide. Demain, je vous apporterai les coupures de presse que j'ai conservées.

— Et ensuite ?

— L'hélicoptère s'est posé près de lui. Les sauveteurs, en découvrant son insigne de guide, se sont douté qu'il avait des clients. Leurs recherches ont alors commencé. Ils pensaient que les autres corps étaient complètement recouverts de neige. Les gendarmes ont fouillé le glacier, aux abords immédiats de la dépouille puis dans un périmètre plus vaste. Ne trouvant aucun indice, ils sont remontés dans l'appareil et ont scruté les parois environnantes. D'après le journaliste qui a rédigé l'article, ils ont survolé plusieurs fois la vire où vous étiez bloqués, sans vous voir ; vous deviez être masqués par les surplombs. Finalement, le pilote vous a repérés. Il a fallu un long moment avant que le médecin qui était à bord de l'appareil puisse vous rejoindre. Il a été déposé au-dessus de la paroi, et est descendu en rappel. Vous avez été évacués à tour de rôle. Parmi les trois rescapés, vous étiez le plus critique. Votre pouls était quasiment imperceptible. Pour ces raisons et en tant que ressortissant français, vous êtes le seul à avoir été dirigé vers Chamonix, où les infrastructures sont plus adaptées. Vos amis, eux, ont été transférés à Aoste.

— Comment vont-ils ? Sont-ils blessés ? Où sont-ils ?

— Rassurez-vous, ils vont bien ! La jeune dame est sortie de l'hôpital, grosso modo une semaine après le sauvetage. Le monsieur, lui, avait des gelures aux pieds qu'il a fallu soigner plus attentivement. À présent, ils sont tous deux rentrés chez eux. La dame est passée vous rendre visite avant de regagner sa région. Elle était terriblement bouleversée de vous voir inconscient, sans savoir si vous alliez survivre. J'ai dû insister fortement pour qu'elle s'en aille : il n'était pas souhaitable pour elle qu'elle prolonge sa visite. Rien ne laissait présager l'heureuse issue de votre situation. Quant à votre compagnon, je ne l'ai jamais vu dans nos murs ! Depuis, vos amis ont repris leur vie, chacun de son côté. Régulièrement, votre amie téléphone pour prendre de vos nouvelles. J'imagine sa joie quand je vais lui annoncer que vous êtes sauvé !

— Et ma femme ?

— Les gendarmes du PGHM* de Chamonix l'ont prévenue dès votre arrivée à l'hôpital. Elle a sauté dans le premier train et est restée à votre chevet pendant une dizaine de jours. Ensuite, voyant que votre état n'évoluait pas et que le sien, en revanche, ne cessait de se détériorer, j'ai exigé qu'elle rentre chez elle. Pour la convaincre, j'ai été obligée de lui mentir. Je lui ai dit que votre santé ne permettait plus les visites prolongées ! À partir de ce moment, elle a fait chaque week-end le trajet : elle arrivait le samedi en fin d'après-midi et repartait le dimanche, après le déjeuner. Elle insistait pour que vous soyez transféré plus près de chez vous, en région parisienne, mais nous préférions vous garder ici, en particulier pour suivre l'évolution de vos gelures : c'est l'une de nos spécialités !

— Qu'est-ce qui a été gelé ? Mes pieds ? Je ne sens rien…

— Les deux orteils, principalement. Heureusement, il n'a pas été nécessaire d'amputer. Vous n'aurez pas de séquelle gênante.

En terminant ces mots, la jeune femme s'approche de la fenêtre. Accoudée à son rebord, elle contemple l'automne en inspirant à pleins poumons :

— Voyez comme c'est beau ! Cela fait cinq ans que je travaille ici et je ne suis toujours pas blasée du spectacle…

— Je repense à ce que vous disiez, à propos des circonstances de notre sauvetage : vous aviez l'air de bien connaître ce versant du massif, je me trompe ?

— Non, vous avez vu juste ! Mon compagnon est guide à Chamonix. Au début de notre relation, il m'a emmenée dans l'envers du massif. Nous étions partis très tôt du bivouac Ghiglione, au col du Trident. Après avoir traversé en descente le glacier de la Brenva, nous avons remonté la pente raide du col de Peuterey, le même trajet que les Anglais qui vous ont sauvés.

* Peloton de Gendarmerie de Haute Montagne

Elle se rapproche, me prend le pouls et vérifie ma tension. Ensuite, c'est le tour de ma température, qu'elle note minutieusement sur l'ardoise accrochée au bas du lit :

— Parfait, un vrai jeune homme ! À présent, si vous le permettez, je vais vous laisser seul : il faut que je prévienne votre femme et votre amie avant de poursuivre ma visite auprès des autres patients. Profitez-en pour vous reposer : c'est ce que vous avez de mieux à faire. Je vais demander qu'on vous apporte un peu de lecture. Je repasserai vers 16-17 heures.

Son tendre sourire disparaît derrière la porte.

2

Elle partie, je me sentis désespérément seul. La porte qui venait de s'ouvrir sur mon salut s'était aussitôt refermée, balayant l'espérance qui, en moi, reprenait timidement vie. « Elle a dit qu'elle reviendra », me répétais-je. Mais je ne croyais plus en l'avenir qui m'avait trop souvent échaudé. Prisonnier de l'instant, je connaissais la frayeur du gibier traqué. Mille pensées incohérentes refluaient dans ma tête harassée. Impossible de discerner le vrai du faux, le réel du fantasme, ma vie d'un au-delà que je continuais d'ignorer. « Qu'on me pince pour que je puisse crier ! Que je puisse enfin croire au bonheur insensé qu'on vient de m'annoncer ! » Je criai à l'aide, aussi fort que ma voix époumonée le permettait. J'actionnai frénétiquement le signal de détresse au-dessus de mon lit. J'interrogeai les oiseaux narquois, tapis dans les bouleaux et le Mont-Blanc qui avait forcément tout vu ! Mes appels restaient sans réponse. En écho à chacune de mes interrogations, une nouvelle apparaissait, plus tourmentée que la précédente. Rien, où mon regard eût pu trouver refuge. « Et si le choc subi sur le glacier avait laissé des séquelles ? Si j'avais définitivement perdu la notion du réel ? Ou si je l'avais finalement franchi, le miroir tentateur ? N'était-il pas en train de me renvoyer l'image inversée de moi-même, imprégnée de l'inertie de pensées humaines ? Combien de temps vais-je errer dans cet état ? » Je sentis comme un raz de marée monter en moi. Ma claustrophobie étouffait, tenaillée entre le goût du salut encore tellement présent dans ma gorge déshydratée et l'effroyable perspective de ne pas être là où je me croyais revenu ! Mon malaise grandissait à mesure que la vague dévastatrice s'approchait, jusqu'à ce que je me trouve projeté au pied d'une muraille verticale qui, aussitôt, s'effondra sur moi et m'engloutit dans les tourments de l'enfer. À ce moment, la porte que je fixais obstinément depuis un temps auquel je me croyais soustrait, s'entrouvrit. La fenêtre la suivit, entraînant dans sa dérive les sommets dont, enfant, j'avais tant rêvé. Puis ce fut le tour de la table, ainsi que du plafonnier et de mon lit ; mes jambes aussi furent aspirées dans la valse générale. La gangrène tournoyante montait inexorablement vers mon visage. À chaque coup de sang, elle gagnait du terrain : un nouveau membre était contaminé. Bientôt, ma gorge se bloqua, mes yeux partirent en vrille, mon souffle s'arrêta. La bouche grande ouverte, je cherchai désespérément une bouffée d'oxygène, lorsque j'entendis retentir une sonnerie qui annonçait sans doute l'ultime départ, celui que trop de fois j'avais manqué de justesse. Je hurlais, mais en silence. Allongé sur mon lit, je sombrais dans le délire de mon néant…

Depuis ce jour, j'ai maintes fois cherché à me remémorer ce qui se passa ensuite, vainement. Je me suis probablement évanoui. Au fond, cela importe si peu ! Une conséquence de la foudre ? Par la suite, j'ai longtemps dormi. Ou peut-être pas… Une seconde sonnerie mit un terme à mes transports ; mon cœur se remit en marche. Éveillé en plein rêve, j'aperçus à mes côtés un combiné téléphonique. Je tendis le bras et décrochai. À l'extrémité du fil, une voix familière pleurait sa joie de me savoir de retour. Ce ne fut véritablement qu'à compter de cet instant magique que j'eus la certitude d'être vivant !

Mon émotion, qui jusque-là n'avait pas pu s'exprimer, se libéra. Tel un enfant, je fondis en larmes. Je riais et pleurais à la fois. J'aimais la vie et l'implorais de me pardonner. Je sanglotais d'allégresse, en serrant des deux mains le téléphone au bout duquel, trop loin de moi, l'unique personne qui aurait dû compter jusqu'alors tremblait dans l'incapacité de s'exprimer : ma femme !

Je fus le premier à retrouver l'usage de la parole. Je lui dis des mots d'une affligeante banalité. Je lui exprimai mon amour, ma reconnaissance et surtout mes regrets, toutes ces années pendant lesquelles, à mes côtés, elle avait attendu un peu d'attention de ma part. Tous ces hivers, même au cœur des étés, où il lui avait fallu attendre seule le retour du printemps fugueur. Une éclosion qui jamais n'arrivait. Et pourtant, ce monologue entre le marin déchu que j'étais et son épouse dont les larmes, à force de fixer le grand large, avaient séché sous le vent de la fatalité, ressuscita en nous l'univers entier, en y réhabilitant le verbe « aimer. » Je me fis la promesse de ne plus chercher ailleurs les fleurs qui poussent à portée de ma main. Et aussi de porter un regard neuf et innocent aux multiples visages du monde. Car il en est de l'existence comme de la mer : l'homme se noie dans trop d'épaisseur, de même qu'il sombre dès qu'elle affiche une trop grande fluidité… Puis la liesse me fit entrevoir la possibilité d'équilibres subtils, où des îles nappées de cocotiers dérivent sur l'échine de continents liquides. La vie, alors, se doit d'en pénétrer les secrets. Pour rester moins seuls, nous décidâmes de ne plus raccrocher…

Après plusieurs heures passées au téléphone et juste quelques mots échangés, nous n'avions plus rien à nous dire ! Mais, pour la première fois en vingt-deux ans d'union conjugale, le silence qui nous reliait était habité. Une complicité sincère venait de naître. Nous sentions, nous ressentions jusque dans ses moindres détails, la densité de ce visage neuf que le vide avait façonné sur nos destinées dissolues. Ce jour-là, je découvris le bonheur. Et comme une chance n'arrive jamais seule, je connus le privilège rare d'en découvrir l'une des clés essentielles : la joie est indissociable de l'indulgence portée sur le monde. Sans pouvoir le nommer ni l'esquisser, cet enseignement ne m'a plus quitté depuis. C'est lui qui m'a ouvert la porte d'une vie nouvelle dont je ne percevais pas encore les balbutiements. Une vie où le vide, à force d'obstination, se substituait à l'affligeante désolation de mon existence. Je sus que nous avons non seulement le droit d'être heureux mais que nous en sommes également capables. Et qu'il est de notre devoir de le rester et de le partager. C'est ainsi que sous une lumière d'octobre, chargée de promesses inattendues, je vis s'évanouir mes anciennes angoisses et mes sombres hantises. Une après l'autre fondirent aussi mes théories fumeuses, prétendant au nom de la philosophie, de la science, de la morale ou du progrès social, expliquer la marche de l'humanité, de l'univers, de la divinité enfin. Cet après-midi d'automne où deux saisons s'entrechoquaient dans un silence fracassant, je fus convaincu qu'il n'y a pas une voie, mais une infinité de chemins par où l'âme peut s'élever, et que tous procèdent du même Amour. Je compris que c'était à celui-ci que s'adressait mon plaidoyer, lorsque nous livrions notre ultime combat dans la muraille. C'était lui qui m'avait élevé contre vents et raison puis soustrait à l'absurdité dévorante du siècle ; il m'a nourri de sa quintessence pour m'élancer, par-delà l'espace et le temps, à mon propre secours.

3

Un souvenir précis des premiers instants de mon retour, fut celui d'une feuille de bouleau que les caprices de l'aérologie chamoniarde avaient laissé pénétrer par ma fenêtre grande ouverte et qui s'était posée délicatement sur le sol, au pied de mon lit. Je me redressai pour l'observer de plus près et fus aussitôt capturé par la profondeur de ses teintes aux reflets ocre. Quelque chose d'indéfinissable en elle attisait ma curiosité : il me fallait d'urgence la toucher ! Je voulus me lever mais dus rapidement admettre qu'il était trop tôt. Alors, je rampai sur le lit et, arrivé à son extrémité, couché à plat ventre, j'étendis le bras. Au prix d'étirements douloureux, je parvins à la frôler du bout du doigt. Avec précaution, je l'attirai vers moi, millimètre par millimètre, priant qu'aucun courant d'air ne l'emporte au loin. Le souffle retenu, je réussis à m'en saisir avec délicatesse et fermeté. Je serrai mon butin contre ma poitrine et attendis d'être allongé sur le dos pour entrouvrir le poing. Là, je fus une nouvelle fois surpris : de son extrémité verdâtre à l'autre, vermeille, elle symbolisait la fragilité du monde et l'été auquel j'avais été soustrait. Je l'observai en l'interrogeant secrètement ; elle était dépositaire d'évidences essentielles. Son pouvoir, sa finesse, sa légèreté prenaient l'apparence d'un miracle. Je l'approchai de mon oreille et crus reconnaître le murmure imperceptible de la montagne, des alpages, des glaciers. Elle me rappelait que la saison avait déjà basculé, et qu'au-delà des sourires et du goût d'éternité que l'été avait essaimé sur l'insouciance des hommes, d'autres hivers séviront sur ma vie et sur celle de ceux que j'aime. Qu'après ma mort dont je ne craignais désormais plus la venue, il en serait d'infiniment plus cruelles : celles de mes enfants. Et contre elles, point de remède. Juste le besoin de leur transmettre les rares certitudes que mes errances m'ont apprises et qui leur permettront peut-être de déjouer certains hauts-fonds.

Ma convalescence à Chamonix fut heureuse. Quelques heures après mon réveil, je reçus la visite de mon épouse qui resta plusieurs jours à mes côtés. La veille de son départ, nous eûmes la surprise et le bonheur de voir apparaître nos deux fils dans ma chambre d'hôpital. Nous quatre rassemblés pour la première fois depuis un temps inavouable, je réalisai ce que j'avais failli perdre et combien j'avais gaspillé mes chances. J'admis que mon malheur passé n'était que la conséquence logique de mon ingratitude envers l'existence. Je voulais tout recevoir, persuadé que le monde m'était dû, alors que c'était à moi de me donner à lui. J'avais laissé mes enfants grandir entre mes doigts, sans veiller à serrer les mains pour les retenir ; chaque jour passé les éloignait davantage. Bien plus tard, je regrettai amèrement de ne pouvoir les presser contre mon cœur. J'avais oublié mes droits, négligé mes devoirs, rejeté les contraintes. Comment pouvais-je m'étonner d'avoir à en payer le prix ? Au cours de cette visite impromptue qui fit de nous le stéréotype d'une famille soudée, les yeux noyés d'émotion je réalisai qu'une nouvelle chance m'était octroyée et qu'il ne m'appartenait plus de la négliger. Le lendemain, quand le soleil se leva, nos enfants s'en étaient allés.

Durant les journées qui suivirent, la végétation crépitait sous les feux de l'automne : l'été indien. Brusquement, la sonnerie du téléphone retentit dans le silence de ma chambre. Je sursautai. Mon bras chercha le combiné. Aussitôt décroché, mon cœur s'emballa lorsqu'il reconnut la douce voix de Gladys.

Elle venait à peine de rentrer chez elle, à Lyon, après un séjour prolongé chez sa tante, dans la Creuse. En écoutant son répondeur, elle avait appris ma « résurrection. » Je perçus son émoi au ton précipité de ses paroles, comme s'il lui fallait en quelques instants combler le vide qui s'était glissé entre nous depuis la vire maudite. À bâtons rompus, elle me raconta ses derniers souvenirs, l'effrayante sensation de perdre ses ultimes ressources, de sentir la vie se répandre par une plaie béante. La conscience enfin de perdre conscience… Puis le trou noir. Le réveil ensuite, la tête sous des projecteurs éblouissants où des visages masqués se penchaient sur son corps inerte. Ses premières paroles s'enquéraient de notre état, à Jean-Charles et à moi. Avions-nous survécu ? Elle apprit que notre compagnon avait été le premier à recouvrir la santé. Dès qu'il se sentit en forme, son impatience explosa. Il lui fallut sortir et s'enfuir, ne plus perdre une seconde de plus dans l'asile malsain d'un hôpital de province où l'ennui et l'inactivité tuent aussi sûrement que la maladie ! Maintes fois il avait déclaré aux médecins, dans un italien approximatif, avoir été trop longtemps prisonnier de la montagne, du vide, du froid et de l'effroyable angoisse de la mort, pour tolérer qu'on le prive de sa liberté. Les infirmières s'évertuaient inutilement à le raisonner. Avec son autorité retrouvée, exacerbée même, il déjouait malicieusement leurs tentatives visant à lui administrer de puissants sédatifs qui auraient pu altérer ses facultés de raisonnement. De guerre lasse, le corps médical céda le surlendemain à ses coups de bélier incessants : il libéra le fauve de sa cage, après lui avoir fait signer une décharge. Aussitôt fait, Jean-Charles disparut de l'hôpital, sans avertir Gladys. Depuis, elle était sans nouvelle de lui. Pourtant, elle avait souvent téléphoné à son domicile ou à son bureau, mais à chaque essai une voix indifférente répondait qu'il était indisponible. Manifestement, la parenthèse tragique était close pour lui. Le cap droit devant, il voulait rattraper son retard.

Je parlai encore abondamment avec Gladys puis nous nous promîmes de reprendre rapidement contact.

4

En ce temps, hors du temps, j'accusais le poids de mon inconséquence. Je devais lutter constamment contre l'inertie de mon passé. Aussi, m'appliquai-je à réapprendre les gestes simples, comme s'émerveiller ou respirer. D'avoir tout perdu, de n'avoir été que l'ombre d'un fantôme pendant trop d'années, je bénéficiais de l'avantage incongru d'aborder des étendues immenses, totalement vierges : à moi la conquête de l'Ouest ! Tous les rêves redevenaient possibles : il m'incombait d'en abuser.

Le temps perdu… À cette époque, je m'attardai souvent sur cette notion qui naquit et grandit avec le progrès. Dès le début de ma convalescence, j'eus l'impression de gaspiller mon temps. Ensuite l'ennui s'essouffla, laissant place à une réflexion plus élaborée. Je mesurai combien il était luxueux et salutaire de disposer de moments perdus. D'instants totalement voués à l'absence, au néant : une école de l'abêtissement, en quelque sorte ! Et comme la vie affectionne les paradoxes, je compris que je devais mes plus grandes avancées intérieures à des instants inopinés, gratuits, inexistants aux yeux du monde, à de risibles conjonctions de petits riens. Camus disait : « Il y a un temps pour vivre et un temps pour témoigner de vivre. Il y a aussi un temps pour créer, ce qui est moins naturel… » Vers vingt ans, âge où l'on croit maîtriser sa destinée, cette déclaration força mon admiration, car en quelques mots bien pesés, elle condensait ce que des milliards d'hommes avaient expérimenté, sans même le savoir. Mais voilà qu'en une soirée d'automne où je contemplais la fonte des couleurs sur la calotte du Mont-Blanc, je ressentis le besoin d'aller plus loin, de compléter cette noble pensée en lui ajoutant qu'il faut surtout un temps laissé au temps. Et que de la qualité de cette absence consentie, dépend celle de la création. Car toute forme de création contient en elle quantité de renoncements, que seuls le silence et la durée peuvent révéler. Et à l'heure où les derniers rayons frôlaient les cimes les plus hardies, j'éprouvai l'étrange amertume qui accompagne les vrais moments de bonheur.

Pendant ces journées bercées de solitude, j'appris donc à respirer. De longs moments, je m'appliquais à écouter mon souffle pénétrer puis résonner dans mon corps. Le flux et le reflux d'une mer au repos. Je ressentais la plénitude de vivre simplement. Au cours de mes premières sorties de l'hôpital, les après-midi où l'air était sec, je marchais le long de l'Arve, sous des feuillages jaunissants. Le calme tombait sur la vallée comme la neige sur l'hiver et la comblait dans ses moindres interstices. Sous son emprise envoûtante, j'apprenais à regarder et non plus à voir. Et à écouter, au lieu d'entendre. Durant ces échappées dans la vie monacale qui m'était imposée au nom de ma santé, je vibrais sous la basse continue du torrent, troublée de loin en loin par de vigoureux coups de cymbales, aux abords d'énormes blocs sur lesquels sa masse froide et gluante venait se fracasser. À deux pas du cours d'eau, un autre récital m'envoûtait de sa mélancolie : celui du vent dans les sombres forêts. Au cours de mes promenades solitaires, il m'arrivait aussi de croiser des oiseaux que le printemps avait déversés par moissons entières dans des alpages frémissants et qui, à cette période avancée, se préparaient à un voyage dont beaucoup ne reviendraient pas. Le savaient-ils ? Et, comme tous les êtres aimés, ils ne tardèrent pas à s'envoler avec leur secret.

Chaque nuit passée glissait davantage de fraîcheur dans le lit des prairies, semblant leur rappeler qu'elles avaient fait leur temps. Et au terme de cette nature déclinante, en remontant le fil d'Ariane de journées dont le souvenir coulait déjà dans mes veines, je réalisai qu'une flamme timide brûlait en moi, même au cœur de mon calvaire, qui n'avait pas renoncé…

5

Montagne, grandes voies du Mont-Blanc, mon rétablissement m'apprit que la pureté de votre lumière est habitée. Et que l'essence de la vie s'apparente davantage à cette lumière qu'à celle, blafarde et souillée, de nos cités surpeuplées et pourtant tellement vides. Quoique factice, la vie en haute altitude rapproche les hommes de cette part indéfinissable d'eux-mêmes, qui pimente l'existence et, l'espace d'une escapade, la rend palpable. Porté par mes rêveries, le jour vint rapidement que j'avais tant redouté : celui de ma sortie de l'hôpital ! Celui du face-à-face avec mon histoire qui cherchait à reprendre ses droits et le confort malsain de son cours. Comme les week-ends précédents, Sophie était venue jusqu'à moi, mais cette fois c'était en voiture et pour me ramener. Un grand moment s'annonçait.

À ses côtés, je saluai les infirmières et les médecins présents qui, depuis mon arrivée, s'étaient penchés sur mon cas avec l'attention de fées sur un berceau. Nous franchîmes en couple la porte de l'établissement et traversâmes le parvis, avec l'espoir de ne plus revenir, lorsqu'une voix affectée troubla le silence et m'arracha à mes pensées. En me retournant, j'eus pour la seconde fois la même apparition : celle de l'ange de mon réveil. Et pour l'heure, il courait au ralenti vers nous, vers moi, les bras déployés, la grâce aérienne. Cette vision fugitive et irréelle me bouleversa et ranima un flot de souvenirs confus. Cheveux au vent, la créature céleste flottait dans mon rêve éveillé, lorsque tout à coup elle s'immobilisa à quelques centimètres de nous. Parée d'un sourire troublant, elle me serra la main dans un mouvement qui semblait ne plus devoir finir. Sur mes joues, je sentis rouler les larmes qui, trois semaines avant, m'avaient appris que j'étais sauvé. À mon tour, je souris, les yeux submergés, en évitant son regard. Puis, sans un mot, nous nous séparâmes.

6

Depuis notre sortie de l'hôpital, j'obéissais à Sophie qui me parlait tendrement, comme à un enfant. Elle m'invitait à prendre garde aux marches des trottoirs, à la circulation puis me pria de m'asseoir à ses côtés dans notre voiture. En descendant la vallée, les mains agrippées sur le volant, elle se tournait régulièrement vers moi et me dévisageait. Plusieurs fois, elle me demanda si tout allait bien. Je me contentais de hocher la tête, en lui souriant, et portais le regard vers les montagnes que nous quittions à vive allure. Un sentiment de dépossession s'emparait de moi, qui se prolongea sur l'autoroute, jusqu'aux abords d'Annemasse. Puis, je fus accaparé par le trafic ; des heures durant, il me fit oublier qui j'étais, où j'étais, ce que je faisais là. J'observais, sans penser, le cortège multicolore des véhicules. Les camions se succédaient à ma droite, au mépris des distances de sécurité. Enfant, je les aurais comptés. Mais je n'étais plus un enfant. Ce ne fut qu'à proximité de notre maison, en région parisienne, que je pris pleinement conscience de la réalité. En apercevant notre grand portail rouillé, j'éprouvai pour la première fois l'impression de rentrer chez moi. Comme si cet autre moi qui avait usurpé mon identité n'avait pas survécu à l'épreuve du vide. Tandis que le véhicule faisait son dernier virage dans le jardin, je réalisai combien j'avais changé et qu'il me faudrait désormais être fort, car l'homme n'a droit qu'à une seule mue. Sophie m'aida à sortir, en me soutenant le bras. Nous suivîmes l'allée bordée de rosiers fanés qui menait à la porte d'entrée. Elle la poussa. À sa suite, je franchis le seuil de la maison et, avec lui, une nouvelle étape de ma vie.

Le soir, une fois couchés, je ne trouvais pas le sommeil. Allongé sur le dos, le regard arpentant le plafond cathédrale de notre chambre, je revivais le trajet, la monotonie de la route, la platitude des campagnes, la désespérante similitude des voitures. Cette vision rétrospective fut pour moi l'occasion de redécouvrir ce que je savais déjà et que trop de brumes intérieures occultaient auparavant. Du paysage à mon épouse, je reconnus la même tendresse, la même compassion. Les vérités que je retrouvais me paraissaient simples et leur force ébranlait en moi tout esprit d'analyse. Je découvrais les vertus surprenantes de l'accord parfait entre la vie que je menais et l'absence de projection dans l'avenir. Que m'importaient les « plus tard », les « on aurait dû », « on aurait pu », puisqu'en ce moment j'étais sous le charme du bonheur. Plusieurs fois, je songeai aux révélations de Gladys, à propos de Lefort et de son investissement personnel. Je me demandai s'il était arrivé à ce dernier, depuis le drame, de vivre comme moi, des secondes douces qui, bien que banales, marquent la mémoire, car vécues par le filtre du cœur et non par celui de l'esprit. Plus tard dans la nuit, Sophie se réveilla. Nous nous regardâmes, les yeux dans les yeux, et parlâmes longuement. Cela nous fit du bien mais c'est une autre histoire…

Pèlerinage en Oisans

1

Les premiers jours à la maison, je dus réapprendre la place des choses, leurs couleurs, la sensation de les toucher. Depuis quand avais-je oublié que le canapé était plus confortable quand on s'y installait de biais et que le robinet de la cuisine fuyait s'il était trop serré ? Ou que les enfants qui avaient grandi, là-haut, avaient connu à mon insu les soucis de leur âge ? Mais la saison des enfants était passée, qui aurait dû être l'une des plus belles de notre couple. J'étais là, parmi eux, et ne voyais rien. Maintenant, de retour et miraculeusement guéri de mon mal de vivre, j'éprouvais le besoin pressant de rattraper le temps perdu. Toutefois les enfants étaient partis, laissant le nid désespérément vide. Les oisillons à qui l'art du vol est enseigné à la hâte, sont les premiers à prendre leur envol : qu'ont-ils à perdre ? J'acceptais que les apitoiements ne soient d'aucun secours et que je doive m'appliquer à ne plus regarder en arrière. Et si, d'aventure, les grincements du portail devaient à nouveau m'horripiler, je n'aurais qu'à me saisir d'une burette d'huile, pour évincer de ma seconde chance les frictions parasites de l'existence. Que n'ai-je agi de la sorte plus tôt ! C'était bien là le syndrome de mon affection. Pour toutes ces raisons, je formulai le vœu de voir un vent de jeunesse regonfler mes poumons atrophiés. Par jeunesse, je n'entendais pas les frasques tumultueuses qui marquent les balbutiements de la vie, mais celles révélant à travers un spectacle connu le clin d'œil d'un visage inédit. Comme un astronome qui, après s'être usé la vue à chercher dans les étoiles et les équations une vérité transcendant la connaissance humaine, et qui, au terme de son renoncement, lorsque ses forces déclinantes l'immobilisent au niveau du sol, découvre, émerveillé, l'univers d'un champ de fleurs… « Ô grandeur obscure qui gouvernes nos émotions, laisse-moi goûter ce nectar que la grâce m'a tendu et aussitôt repris ! » Je compris qu'il est des lieux privilégiés où le cœur, quels qu'en soient les remous antérieurs, peut encore trouver le repos.

De retour parmi mes meubles, les habitudes peu à peu reprenaient leurs droits. De jour en jour, je me sentais moins étranger dans mon propre décor. Je réalisais que j'étais davantage surpris par mon retour à la vie d'antan que par le prodige de notre sauvetage. Et c'était au sein de ce marécage en cours d'assèchement que les choses retrouvaient leur place, dans une mémoire qui les avait accueillies d'abord puis reniées ensuite.

Du monde, en une soirée écourtée de novembre, je pressentis que je ne savais toujours rien : ce que j'avais appris tenait dans le creux de ma main. Et à l'heure où vacillent les chandelles, j'éprouvai le besoin d'appartenir à une demeure, à une patrie. Pas de celles qui rejettent, haïssent et opposent, mais de celles dont la simple évocation estompe les dissensions et pardonne sans reproche. Enfants, mon fils aîné aimait la mer et le cadet la montagne. Sur ce clivage, ils forgèrent leurs premières armes et je suis aujourd'hui certain qu'ils gardent intactes au fond de leurs cœurs ces tendresses particulières. Tandis que tout m'échappait à cette époque, je décidai de ne plus chercher à convaincre, ni même à interpréter. L'unique soin qui m'importait désormais était la certitude que la vérité à laquelle j'aspirais m'attendait au fond d'un jardin ou sur un promontoire rocheux d'où la vue dépasse l'océan. Seuls, comptent les points de vue. Et pour avoir expérimenté les plus contradictoires, je savais combien sont proches ceux qu'on embrasse d'une chambre d'hôpital, lorsqu'une vie tremble à l'extrémité d'une corde ou ceux, plus glorieux, faisant oublier le doute.

Bien que d'une souveraine absurdité, ce qui nous arriva au Mont-Blanc fut révélateur de l'existence réelle : un jeu d'apparences, de silences et de patience, de promesses, de désillusions, de renoncements, d'espoirs irraisonnés, un jeu à l'issue fatale dont nul ne peut se soustraire. Des règles triviales et implacables, qu'on met six décennies à admettre et dont les conséquences sont uniques, quelles que soient les cartes reçues en début de partie : l'égalité enfin ! Un rôle de dissimulation où rien ne restera confidentiel. Un jeu dont le terme peut paraître doux, par les vertus inattendues de l'abandon. Quoi d'étonnant alors, à ce que chaque vie particulière, passée à se croire aussi conséquente que l'univers, accapare l'homme jusqu'à son dernier souffle ?

En ces moments où aucune fibre vitale n'était en péril, jamais la solitude ne m'était apparue si vide. Non pas un vide qui édifie, mais qui engloutit. S'il est souvent dangereux d'approcher des vérités trop denses, il est toujours périlleux de les éviter à tout prix. Il faut beaucoup vieillir pour consentir à devenir soi-même et s'octroyer le droit à l'erreur et à l'oubli. Et vieillir n'est pas chose aisée. Celui qui vieillit après avoir été, a la nostalgie de ses heures de gloire. Celui qui vieillit sans avoir été, sait qu'il est trop tard pour devenir… Vivre et aimer, se passionner pour une rose, pour le sourire d'un ange ou un soleil languissant, qu'importe puisque le reste viendra naturellement ? La poésie du monde contient en elle suffisamment de forces vives pour triompher du monde.

2

Quelques semaines après mon retour au lycée, par un après-midi glacial de février, un élève me demanda pourquoi je ne mettais pas en scène mes mésaventures au Mont-Blanc. Sur-le-champ, cette idée saugrenue me fit sourire, mais elle ne me quitta plus à compter de ce jour. En s'emparant de moi, elle aida mon cœur à retrouver l'élan qu'il connaissait quand, jeune professeur, je dirigeais une troupe d'amateurs. Je me décidai. Aussitôt, mon ancienne passion resurgit, intacte. Sophie y prit goût également. Qui aurait cru que nous serions si heureux à partager ces heures superflues ? Je trouvai mon épouse plutôt douée pour une débutante.

Les mois passèrent, jusqu'à une soirée lumineuse de juin où le téléphone retentit. En décrochant, une déferlante jaillit du combiné : le passé, tendre et douloureux, m'inonda, lorsque Gladys me proposa d'aller ensemble rendre hommage à Michel, pour le premier anniversaire de sa disparition ! Comment aurais-je pu refuser une occasion de revoir celle qui, au bord de l'asphyxie, me procurait mes dernières bouffées d'oxygène ? Et puis, ce serait l'occasion idéale de conjurer la culpabilité qui me rongeait depuis ma sortie de l'hôpital : je n'avais effectué aucun geste en guise de recueillement à l'égard de celui qui, par sa mort, nous avait rendu la vie. Maintes fois pourtant, j'avais songé à me rendre sur sa sépulture, en Oisans, mais je me sentais trop fragile pour affronter seul cette épreuve. Confronté à l'irréparable, je craignais de replonger dans le cercle infernal du doute et de la dévalorisation. J'étais vivant et n'y pouvais rien ; cela ne pouvait suffire. Chaque jour, malgré la présence de Sophie, j'éprouvais la frustration diffuse de ne pas mériter mon nouveau départ. Je n'assumais pas mon existence à la hauteur du don que j'avais reçu. Il me fallait constamment éviter les mécanismes obsessionnels qui avaient causé mon anéantissement. En cette soirée inoubliable et avec l'appui de Gladys et de Sophie, je me sentais enfin prêt.

— Et Jean-Charles, sera-t-il des nôtres ? lançai-je, pour dissimuler mon émotion.

— Non, malheureusement ! répondit Gladys. J'ai souvent essayé de le joindre : toujours en vain. Il était tantôt en réunion, tantôt introuvable ou en déplacement. Mes messages restaient sans réponse. J'ai fini par abandonner, forcée d'admettre qu'il voulait nous éviter.

3

Par une journée pluvieuse d'été, en 1987, je me retrouvai donc avec Sophie sur l'interminable route qui, de Bourg-d'Oisans à La Bérarde, ondule au gré d'un relief indocile. Ce n'était pas la première fois que je pénétrais le sanctuaire du massif des Écrins par la faille secrète de cette vallée qui ne ressemble à aucune autre. Pourtant, je vécus ce retour comme une révélation. J'observais les coteaux se dérober à chaque virage : ici ils plongeaient vers le torrent, là ils s'élançaient à l'assaut de fiers escarpements. Fréquemment, de puissantes coulées de boue chargée de pierrailles barraient la chaussée. Je méditais la beauté de cette nature austère, ignorée des modes et des foules. Sophie conduisait, tandis que j'étais de plus en plus accaparé par le jeu puéril de la route et du Vénéon. Par endroits, le torrent prenait de l'avance, s'engouffrant dans de hardis défilés ou bondissant sur des blocs cyclopéens jetés sur le tumulte de son lit. Aussitôt, piquée à vif par la fourberie de son rival, la voie recourait à la ruse et s'offrait le service de tunnels. « Ainsi du monde actuel », songeai-je, non sans nostalgie. S'il est coutumier que le progrès s'accomplit au détriment des étendues sauvages, pourquoi faut-il que cette avancée s'opère à n'importe quel prix ? Quelle part de mystère l'homme laissera-t-il à ses enfants ? Est-il à ce point insensible à leur soif de rêves ? Mais déjà, la conscience de déraper m'enjoignait à me ressaisir.

Nous frôlâmes un minuscule hameau, relégué sur un promontoire effilé. En contrebas, le murmure rauque du torrent s'élevait, droit, dans le ciel anthracite. Plus loin, les rares villages disséminés sur le chapelet de la route en cul-de-sac m'apparurent tristement dépourvus de charme. Tout, en ces lieux, niait les joies faciles, les éclats tapageurs. Au creux des vallons, une main ancestrale avait écrit que seul le pénitent armé de patience découvrirait que la nature prodigue ici d'autres sourires. Comme si la puissance écrasante de ce tableau puisait son caractère dans la nudité de la roche, dans la rudesse des perspectives ou que la beauté se suffisait, sans recourir à la frivolité colorée de géraniums aux balcons ou à la poésie surannée de façades couvertes de lambris. Cette vallée laisse à ses consœurs de si naïfs atours. Elle préfère cultiver une force intacte et pure : la faculté, par les vertus contestées de son aridité, de renvoyer l'humain à lui-même et au sens premier de son existence. Certaines soirées d'été, il n'est pas rare d'y surprendre, à l'heure où les premières vapeurs se rassemblent par grappes autour du torrent, un murmure disant que quelles que soient ses tentatives malhabiles pour échapper à l'inéluctable, l'homme sera toujours perdant. Je m'égarais encore et dus à nouveau me ressaisir. J'inclinai la tête pour regarder sur les côtés, puis en direction des cimes plantées dans d'inquiétantes formations nuageuses. Sous leur chape impénétrable, j'imaginais que la formidable entaille de cette vallée ciselée dans le cristal alpin, fut conçue pour ne jamais être violée. Elle n'était pas faite pour les âmes fragiles ou en quête de réconfort mais était vouée aux chercheurs de vérités, à ceux qui se mettent en route à la suite de ce qu'ils ne peuvent nommer et qui ne renoncent pas à la première averse ou aux appels subversifs de leur temps. Ceux-là, comme les rois mages, cherchent une alternative, une résonance inédite entre la violence de leur oubli et l'immensité qui les écrase. C'est à eux que la vallée s'adresse, à travers chacun de ses secrets. Elle leur offre un espace capable de les soustraire à la société, un instant du moins, un pays qui n'enchante pas mais où l'âme se forge à la lumière de l'âpreté qui l'habite.

Soudain et sans raison apparente, la route s'arrêta net. Nous étions arrivés à La Bérarde, capitale de nulle part ! La Bérarde, confluent de deux mondes : celui d'ici et l'autre… Croisée aussi de deux bassins supérieurs, entre lesquels la vallée dut un jour choisir. Pourtant le choix n'est pas le fort de cette province déshéritée où rien ne peut être imposé. Parvenu ici, le néophyte doit à son tour faire un choix : celui d'abandonner sa voiture et, avec elle, ce qui le relie à son passé ou celui de rebrousser chemin : il est encore temps !

Les quelques personnes que nous avions croisées au fil de la montée, ressemblaient davantage à des pèlerins qu'à des touristes. Toutefois leurs plaques d'immatriculation ne laissaient pas la place au doute. Quoi de surprenant, finalement ? Cette vallée retirée n'est pas de celles que l'on visite mais où l'on aboutit au terme d'un parcours intérieur, aussi long et tortueux que la route qui y mène. Une route sans issue, qu'il est indispensable de poursuivre jusqu'à son terme, là où culmine sa désolation. Au centre du village, je reconnus la sombre bâtisse où, un quart de siècle auparavant, les hasards de la jeunesse m'avaient fait séjourner deux semaines consécutives. Deux semaines d'une pluie quasi ininterrompue, qui avait fait échouer la plupart des projets d'ascensions que je partageais avec deux camarades de faculté, et qui nous avait littéralement imbibés de la morosité des lieux. Et pourtant, au cœur de notre désillusion, je sus découvrir certaines de ces vérités qui ne fleurissent que sous des ciels plombés et qui permettent, bien plus tard, dans les traversées obscures de l'existence, de ne pas renoncer. Je les avais oubliées et les voilà ressorties de l'antre de mon histoire, ressurgissant où mon insouciance les avait délaissées.

Sophie et moi sortîmes de la voiture pour nous abriter sous le porche de ce qui devait être jadis un hôtel de bonne facture. Je retrouvai cette même pluie fine, vaporeuse et obstinée, qui ruisselait des parois abruptes. Comme si, pendant plus de vingt ans, elle n'avait cessé. Ou que je renouais avec un rêve oublié. Nous courûmes en évitant les flaques d'eau, en direction de la seule maison éclairée que nous avions aperçue en arrivant et, sur le seuil, une surprise nous attendait : la porte s'entrouvrit en poussant d'horribles grincements qui me rappelèrent mes années d'ostracisme. Face à nous, en contre-jour, une apparition frêle et radieuse suspendit les battements de mon cœur. Gladys, irréelle, se tenait droite dans une auréole de lumière. Saisi et ému, je m'approchai d'elle et l'embrassai sous le regard vigilant de mon épouse. L'imperceptible mouvement qu'elle décrivit à mon approche laissa glisser sur son visage un éclairage complice. Je reconnus la finesse de ses traits, l'harmonie de son visage, mais je la trouvai néanmoins différente. Était-ce sa coiffure soyeuse qui ondulait délicatement en cascades successives et rebondissait sur ses épaules dénudées ? Ou le fait de l'apercevoir pour la première fois en robe, chaussée d'élégants escarpins ? Ou autre chose encore ?

À peine terminai-je les présentations, qu'elles entamèrent une conversation volubile, sautant sans transition apparente de notre trajet en voiture, aux caprices de la météo, en passant par ce qui, en moi, avait changé depuis le drame. Étranger aux propos dont j'étais pourtant l'objet, je me concentrai sur leurs regards, la curiosité attisée par l'impression qu'un événement important allait se produire. Je remarquai une larme vibrant au bord des cils de Sophie, tandis qu'une indicible sérénité émanait des prunelles de Gladys. Son regard n'était plus celui de la jeune femme que j'avais connue. Certes le changement était infime mais la flamme que j'y voyais durant le stage brillait à présent d'un éclat distinct. À compter de l'été 1986, les saisons avaient poli ce merveilleux visage qui, au plus sombre de nos heures, m'avait permis de supporter l'insupportable. Gladys avait probablement grandi, mûri aussi, mais aucunement vieilli : elle était de ces créatures que le temps épargne ! Plus tard, lorsque j'allais quitter mon nuage pour redescendre sur la terre qui me vit naître, ses paroles me confirmeraient que l'épreuve l'avait élevée à un niveau de sagesse auquel je ne pourrais jamais prétendre. Du plus gracieux des bourgeons, elle avait mué en femme, au sens le plus noble du terme. Non pas de ces créatures qui guettent avec angoisse la trahison de la première ride, mais de celles sachant garder intacts en elles, contre vents et marées, les chagrins et les joies de ceux qu'elles ont aimés. Sous ses pétales délicats, elle possédait le charme désarçonnant de la disconvenance. Et moi qui croyais tout connaître d'elle, je réalisais que je savais effectivement tout, mais de l'autre Gladys ! La rose qui autrefois discourait avec passion dans les refuges puis sur la vire, avait dû vivre ce que vivent les roses, après l'orage : plus fortes mais plus jamais pareilles. Je détournai mon regard qui se posa machinalement sur un sommet saupoudré de neige fraîche, qu'une trouée venait de révéler. À sa vision éphémère, j'éprouvai un soulagement : « il reste encore des choses immuables, à l'échelle d'une vie. » Quelle consolation ! Je n'ignorais pas que cette découverte ne remplacerait que modestement la perte d'une autre, bien supérieure en vérité, que j'avais imprudemment hissée hors de toute contingence matérielle, en la pérennité d'un certain regard...

Gladys nous invita à entrer et à nous installer dans notre chambre. Durant la soirée, nous parlâmes de Michel et de Jean-Charles, les grands absents. Surtout de l'attitude étrange de ce dernier qui semblait avoir tout prévu pour effacer les douleurs du passé. Au moment du dessert, je détournai le cours de la conversation :

— Gladys, puis-je te poser une question qui me brûle les lèvres ?

— Tu peux toujours essayer ! répondit-elle, l'œil fripon.

— Qu'as-tu décidé quant à ton départ pour l'Asie ?

Je n'avais pas fini de l'interroger que déjà son sourire s'en était allé. Les yeux fuyant les nôtres, elle prit sa respiration, l'air résigné, et chercha à s'expliquer. Sophie la mit à l'aise en lui disant que rien ne la forçait à nous répondre et que nous comprendrions parfaitement si elle ne souhaitait pas parler d'un sujet aussi personnel.

— Qu'y a-t-il encore de personnel, après ce que nous avons vécu ensemble ? murmura-t-elle avec amertume. Et puis, cela me fera peut-être du bien d'en parler. Si j'ai hésité, c'est parce que je ne suis guère fière de moi. Et c'est un euphémisme ! De retour dans mon appartement, après l'accident, je cherchais la force de m'expatrier, d'assumer la révélation qui me fut accordée lorsque nous franchissions tous les quatre la crête frontalière. Jamais je n'oublierai la magie de cet instant où une infinité de nappes vaporeuses, subtilement bleutées, enveloppaient l'Italie. Aussi loin que le regard puisse porter, il était absorbé, comme dans un rêve que l'on cherche à prolonger. Ensuite, je me suis remémoré les dernières paroles de Michel, celles qu'il m'a confiées à l'oreille, avant de nous quitter. Il me conseillait, d'une manière qui continue de m'interpeller. En parlant de ma vocation, il me suppliait, « quoi qu'il advienne », de prendre le temps de la réflexion, de ne pas me hâter par dépit. Il disait que le choc des événements que nous vivions affecterait ma clairvoyance. Décidément, il savait tout ! Et moi, juste à côté, qui croupissais dans l'ignorance ! Plus que ses paroles, c'était son ton paternaliste, inaccoutumé, qui m'avait émue en l'écoutant. Il m'expliquait que d'autres voies existaient, menant là où j'aspirais aller. Il lisait dans mon âme à livre ouvert et tout mon être restait paralysé, incapable de lui répondre ou même de réfléchir. D'ailleurs qu'aurais-je pu ajouter ? Il n'attendait rien de moi et savait davantage sur ma personnalité que quiconque : c'était vraisemblablement cette évidence qui scellait mes lèvres. Depuis, ses phrases ne cessent de résonner en moi. Il y avait surtout ce « quoi qu'il advienne », que je n'avais pas relevé au début. Je ne sais toujours pas s'il faisait allusion à la criticité de la situation, à ma vie future, au cas où nous aurions survécu, ou encore à son sacrifice imminent…

À cet instant précis, les yeux de Sophie se brouillèrent. Elle sentit qu'il était préférable d'en rester là pour une première soirée. Nous nous quittâmes, en nous donnant rendez-vous le lendemain matin, pour le petit déjeuner.

4

Sophie dut me secouer longuement pour me réveiller. Peut-être, cherchais-je dans la chaleur et le moelleux de la couette une occasion de retarder la confrontation que j'attendais (et redoutais tout autant) depuis ma convalescence. Heureusement, mon épouse était là et sa présence me fit réaliser à quel point il est plus commode d'affronter à deux les épreuves de la vie. Dans la salle à manger de l'auberge, mon angoisse m'empêchait presque de discerner l'extrême tension de Gladys qui, elle, devait affronter seule cette étape difficile. Ni elle, ni moi ne pouvions exprimer notre émotion. Nos regards erraient mollement sur nos tartines beurrées. Sophie me prit la main gauche ; je sentis un fluide bienfaisant pénétrer mon corps. De la droite, je serrai celle de Gladys. Nous esquissâmes un sourire crispé. C'est ainsi que quelques instants plus tard, solitaires mais solidaires, nous nous retrouvâmes, un an jour pour jour après le drame, inclinés sur une dalle de marbre sombre où était gravé en lettres encore fraîches le nom de notre sauveteur.

Gladys priait avec ferveur, les paupières closes, la tête inclinée. De temps à autre, une larme lui échappait, qui semait le trouble dans la sérénité d'une flaque d'eau bordant l'ultime demeure de Michel. À chacune de ces petites chutes, une multitude d'anneaux concentriques naissaient puis grandissaient et dérivaient vers d'infinis horizons qu'essoufflés, ils n'atteindraient jamais. J'observais avec compassion leur évanouissement programmé, si semblable à celui des hommes. Une fois disparus, leur souvenir nourrissait ma mélancolie. Nous étions silencieux depuis une quinzaine de minutes, lorsque je vis courir sous la surface redevenue lisse de la nappe d'eau, de gros nuages blancs que je pris pour des allégories. Qu'annonçaient-ils ? Que signifiait leur course éperdue ? Peut-être qu'il fallait tourner la page, admettre l'irrévocable ? Ou symbolisaient-ils la défection du temps et de l'espoir ? Ou encore, dénonçaient-ils la futilité du monde en perpétuelle accélération, où tout s'agence pour écarter l'humain de la conscience de son devenir ? Je sentis une nouvelle vague de bien-être m'envahir et sus qu'en contemplant l'itinéraire de Michel, à travers ses orages, ses nuées et ses accalmies, c'était le ciel sans limite qu'il m'était donné d'apprivoiser. Cette perspective lui aurait plu, me dis-je. Son prénom jouxtait celui d'Hélène dont il nous avait brièvement parlé mais dont l'absence hantait chacun de ses silences. Je compris ainsi qu'au-delà de vies trop chargées, lourdes à porter par un seul cœur ou prématurément écourtées, il est des retrouvailles qui justifient tous les renoncements. J'imaginai Michel heureux. À sa manière, il fut un créatif, comme moi, dans un passé lointain, mais autrement et avec authenticité, en ce qui le concerne. Ce même passé, m'avait appris que la créativité est un masque fragile posé sur une fuite en avant. Aussi, que j'appartenais à cette race commune qui puise sa force et sa raison d'être dans l'essence même de sa désertion. Apprendre à accepter ce que l'on sera, à ne point haïr ce que l'on fut et à consentir à ce que l'on est, voilà un vaste programme pour une vie d'homme ! Telle fut l'humble sagesse que me prodigua ce reflet de ciel, parcelle d'éternité au miroir des âges.

Autour de nous, des fleurs aux éclats ternes, des croix penchées sur d'autres flammes éteintes et partout, ce même silence qu'il y a un an. Je le sentais rôder en ce lieu insolite, comme il planait alors sur les rochers Grüber. Et, debout, au centre de ce champ de justifiés incliné vers le ciel en guise de seconde chance, il me semblait que la gravité de l'instant allait rejoindre celle de jadis. Ou que la densité de mon passé, de notre passé, allait à nouveau s'épaissir et, cette fois, ne plus me quitter : entre lui, Torcello et moi, œuvraient d'invisibles puissances.

Gladys recula de quelques pas : trop d'émotion et de souvenirs faisaient jaillir en elle un tumulte dont elle ignorait, dans sa fébrilité, s'il lui serait salutaire ou néfaste. Sophie, constatant sa détresse, la rejoignit. Elles parties, je restai seul face à cette terre fraîchement labourée dont notre guide participait désormais. Me vint une pensée pour Lefort. Sur-le-champ, une bouffée de colère emplit mon visage, née de son refus de venir se recueillir avec nous devant celui à qui nous devions notre survie. Je rejetais d'un bloc ses « autres priorités », quelle qu'en soit la nature. Puis, curieusement, je sentis un reflux opérer. Je retrouvai la paix comme, égaré, on retrouve sa route. J'acceptai que son inqualifiable comportement puisse dissimuler une détresse profonde. Je songeai qu'on ne peut rien comprendre véritablement des autres, ni de soi, d'ailleurs. Dans ces conditions, juger – et a fortiori condamner – était la dernière des attitudes souhaitables. Je songeai qu'on ne peut qualifier de ratée une existence qui, un instant au moins, fut traversée par cette fragile clairvoyance. Longtemps, par la suite, je me demandai si cette leçon venait de moi ou de l'âpreté du décor de nos retrouvailles.

Au-dessus d'une forêt de croix imbriquées, veillait un clocher de modeste facture, porte-flambeau d'une époque emportée. Depuis d'innombrables saisons, ses cloches s'étaient tues, plongeant la vallée dans un silence séculaire. Les hommes partirent et la grandeur originelle des lieux reprit le dessus. Ce devait être le huitième jour… Sur ma gauche, à dix heures, la cascade qui m'avait si longuement émerveillé quand j'étais jeune. Elle non plus n'avait plus vingt ans. Pourtant, je la voyais toujours bondir avec joie de la paroi et s'élancer, tel un ange, dans ce vide qui, entre-temps, m'était devenu cher. Au-delà de son vol à travers un arc-en-ciel, la nuée se dissolvait en un foisonnement volubile puis venait lécher de ses dents métalliques de verdoyantes draperies. Mais déjà la discipline reprenait le dessus : l'heure des comptes avait sonné ! Comme un troupeau dispersé, l'eau se rassemblait sous de sourds aboiements et se remettait à couler docilement vers le lit du torrent. Quelques dizaines de mètres en contrebas, plus forte que jamais, elle s'élançait à la poursuite de nouveaux espaces à défier. Malgré son âge, sa jubilation restait contagieuse. J'éprouvais un plaisir enfantin à la voir sauter de roche en roche, tantôt jaillissant sur une berge rebelle, tantôt frémissant sur des charbons ardents. En l'observant, je devinais qu'il devait en être ainsi de toute vie possédant en elle l'éternelle jeunesse, c'est-à-dire sachant se plier quand il le faut aux contraintes passagères mais ne reniant jamais ses origines, sa vraie nature, ni son goût du jeu. Et s'il est vrai qu'au terme de leur voyage, les eaux, toujours, s'apaisent et se confondent dans l'océan, il ne faut pas ignorer que derrière ce repos qu'elles croient définitif, elles connaissent d'autres voyages et d'autres aventures : l'ascension en plein ciel, la rencontre de nuages inconnus, la poursuite de rêves grisants. Un nouveau cycle naît, plus ou moins palpitant, dont l'existence ne procède que de la volonté des générations devancières de ne point interrompre le jeu. Tel ce torrent, il fallait à Gladys, à Jean-Charles et à moi-même reprendre le fil de nos histoires, là où il s'était arrêté, rejoindre pour quelques battements de cœur encore nos trajectoires individuelles.

Nous passâmes l'après-midi dans le Val des Étançons, au-dessus de La Bérarde, à marcher le long du torrent né de la Meije. Cette vallée secondaire, secrète et austère, ne semble faite que pour démoraliser le marcheur ! Ses perspectives étirées assènent au visiteur égaré l'ampleur de sa petitesse. La dimension inhumaine des parois qui la bordent sans fantaisie ne lui permet pas de mesurer son avance, tandis que les minutes s'envolent à tire-d'aile. Dans cet univers soustrait du monde, accompagné de deux notes colorées sur fond de toile grise, j'eus l'impression d'être heureux. C'est ainsi que je me pris à appeler l'absence prolongée de pensées nuisibles, de rancœurs réprimées, d'espoirs et d'ambitions déraisonnables. L'ambition, parlons-en ! C'est justement elle que cette vallée s'évertue, mieux qu'aucune autre, à annihiler en chacun de ses visiteurs. Elle leur inculque qu'il est préférable de ne pas regarder la vie de face, que le monde peut se passer d'eux et que l'ambition, son moteur apparent, ne peut, à un certain degré d'élévation, le mener durablement : l'ambition du torrent est la seule qu'elle tolère. Naturellement et comme le répétait l'un de mes professeurs de faculté, toute analogie poussée à l'extrême conduit à une erreur. Il ne reste donc au pèlerin qu'à veiller en priant de ne jamais connaître son erreur, celle qui marquera la fin de son rêve et le précipitera dans l'insoutenable platitude du quotidien. Prier pour ne point choir, n'est-ce pas l'essence même de la prière ? Je formulai le vœu qu'il me soit donné d'y rester fidèle avant de rejoindre, avec l'eau de mon baptême mêlée à celle de mes torrents bien-aimés, l'étendue liquide où tous les cris s'apaisent…

5

Gladys parla abondamment durant le dîner. Je croyais qu'elle allait se sentir soulagée du geste que nous venions d'accomplir, mais manifestement il n'en était rien. Sautant du coq à l'âne, elle nous fit soudain part de sa volonté d'écourter son séjour : trop de souvenirs convergeaient en ce lieu et s'apprêtaient à rouvrir des plaies qu'elle croyait cicatrisées. En pleine effervescence, ses pensées et ses émotions s'entrechoquaient dans un combat qu'elle sentait préférable de ne pas prolonger. Elle nous proposa de nous revoir neuf ans plus tard, jour pour jour, à l'occasion du dixième anniversaire de notre sauvetage. « J'espère que le temps aura raisonné Jean-Charles et qu'il sera des nôtres ! » murmura-t-elle, puis d'ajouter : « C'est vrai qu'il a son caractère, toutefois il fait partie de notre histoire : se passer de lui, équivaudrait à renier une part de nous-mêmes… J'espère vraiment qu'il acceptera, le temps venu. Sans lui, l'esprit des retrouvailles ne serait pas celui que j'attends. »

Je la mis en garde : « Tu sais, Gladys, moi aussi je souhaite de tout cœur que cette rencontre se déroule dans l'esprit auquel tu fais allusion. Seulement, neuf ans sans se voir, dix pour lui, c'est très long : il peut s'en passer des choses ! Peut-être seras-tu en Inde, d'où tu ne pourras revenir. Ou bien l'un d'entre nous aura changé, au point de ne plus désirer revoir les autres ! Qui sait si tu ne seras pas mariée et n'auras pas des enfants et la tête dirigée vers l'avenir et non vers le passé ! Ton mari pourrait ne pas voir d'un œil favorable de telles retrouvailles. Bref, tout est possible, en une décennie ! Il est connu et fréquent que des rendez-vous convenus longtemps à l'avance se soldent par de cuisantes déceptions. Un peu comme les rencontres des anciens copains de promotion où, après les sempiternels « Que fais-tu ? », « Où travailles-tu ? », « Es-tu marié ? », « Combien d'enfants ? », ils se retrouvent assis autour d'un verre ou d'une pizza, à se demander ce qu'ils font là et quels sont ces étrangers auxquels ils ne trouvent déjà plus rien à dire. Et ils passent le reste du repas à hocher distraitement la tête, à méditer sur les cartes qu'ils avaient jadis reçues et que l'existence a bizarrement redistribuées. Aussi sur le bouleversement des anciennes hiérarchies, sur l'effondrement des rêves et des ambitions et sur l'engouement de certains pour les valeurs qu'ils réprouvaient ouvertement… Une génération, une simple génération suffit à bouleverser l'ordre établi. Alors, seuls, assis au milieu de visages aux traits vaguement familiers, ils mesurent le voyage… Pourtant, ils cherchent encore dans les regards qu'ils croisent et les bribes de conversations portées par l'ennui, leurs complicités de jeunesse, leurs espoirs et les délires d'antan. Mais ils ne sont pas dupes et comprennent que les marées ont définitivement effacé les traces laissées sur le sable de leurs vingt ans… »

Au terme de mon avertissement, je réalisai que je m'étais laissé emporter et que le défaitisme de mes propos était inopportun. Qu'au lieu de venir en aide à Gladys, comme je le souhaitais initialement, je risquais de l'avoir contaminée à son tour… Néanmoins, elle me regarda tendrement. Je reconnus alors dans ses fossettes l'expression d'un mélange rarissime de force et de pureté, curieux mariage qui m'avait ému tout au long du stage. « Tu as certainement raison, Pierre. Cependant, dans ma candeur, il me plaît de croire qu'il en sera différent pour nous, car ce que nous avons vécu n'est pas banal. Je suis consciente qu'il y a un risque à un rendez-vous aussi lointain : celui de la déception. Pour ma part, je suis prête à l'assumer. Et toi ? » Je lui répondis naturellement que moi aussi, car il n'était ni souhaitable, ni imaginable de chercher à occulter les instants les plus intenses que nous avions vécus et que si peu de vies avaient eu la malchance (ou la chance) de connaître. Quant à savoir si Jean-Charles serait des nôtres, ni Gladys ni moi n'en avions la moindre idée.

Gladys nous quitta donc le lendemain matin, sous un soleil éclatant. L'instant fut poignant. Sophie et moi restâmes encore une journée à La Bérarde avant de repartir. Puis, lorsque nous parcourûmes en sens inverse la longue route qui compose avec les caprices de la montagne, il me sembla traverser dans un rêve des années à venir. Tel un homme qui, après avoir tout perdu, se retrouve face à son destin, je me sentis prêt à tout recommencer, jusqu'aux douleurs les plus intenses du passé. Je pressentis que plus rien ne pourrait vraiment me toucher. Que les reproches, les humiliations, les railleries, les sarcasmes, les tromperies dont je serais tôt ou tard la cible, n'auraient pas d'emprise sur moi. Je sentais d'invincibles puissances germer en moi, qui n'étaient pas de moi, mais de mon soudain détachement d'avec le monde. Et ces forces indéfinissables étaient accompagnées d'un parfum âcre. Par le magnétisme de mes pensées, j'étais soustrait aux humeurs du relief.

Le silence de la lagune

1

Depuis, j'ai longuement dormi. Les jours et les saisons ont défilé comme les pages d'un livre que l'on tourne, le regard ailleurs. Mon existence avait l'apparence de la sérénité et du bonheur. J'ai laissé le temps officier et la vie, finalement, s'est avérée douce et légère. De mes cours de philosophie face à un auditoire dissipé, à notre demeure recluse où je m'étais trouvé une passion pour le jardinage, je ne sortais guère, à part pour les répétitions théâtrales. Je me suis lancé dans l'écriture : cinq pièces différentes, que je finissais par déchirer au moment crucial de passer à l'acte, en les mettant en scène ! Une voix secrète me disait d'attendre encore… Mon inspiration ? Je la puisais au fond de notre jardin, dans un ancien abri en bois que j'avais transformé en bureau et qui était devenu mon refuge.

Un samedi matin, face à une feuille obstinément blanche, je regardais la pluie tomber, accoudé à l'appui de fenêtre. Une ondée fine, impalpable, morose à force d'inconsistance, sans âme ni caractère, fondait sur mon domaine et l'aurait englouti, si la sonnette du portail n'avait soudain retenti. Je saisis mon parapluie et traversai à grands pas le jardin.

— Belle journée, Monsieur Moulins !

Le facteur, ruisselant de toutes parts mais néanmoins jovial, me tendit un télégramme. Surpris, je signai l'accusé de réception et retournai prestement dans mon repère. Sous la lumière ambrée du plafonnier, j'ouvris le pli mystérieux :

« RDV Torcello. 8 août. 10 h. Stop. »

Mon cœur se serra sur-le-champ. Je relus plusieurs fois le message, pour n'en rien omettre.

À compter de cet instant, Sophie me vit pris d'une agitation frénétique. Tantôt, j'écrivais d'un seul trait une ébauche de pièce de théâtre que je chiffonnais aussitôt, faute de refléter fidèlement l'élan qui m'avait transporté, tantôt je décidais d'abattre un arbre pour planter une essence nouvelle dont la splendeur mettrait plusieurs décennies à s'épanouir. D'autres fois, j'élaborais des projets saugrenus. Je voulais transformer notre maison sans style dont je ne m'étais jamais soucié. Sophie me surprenait souvent à rêver devant le calendrier mural, à compter les semaines restantes. Parfois je tournais en rond autour de l'étang où trois poissons rouges se disputaient l'espace étriqué : j'étais en partance… Pourtant, l'ironie du sort voulut que les trois mois qu'il me fallut attendre me paraissent plus longs que les neuf années qui les avaient précédés. Certains soirs, comme un écolier guettant le dernier jour de classe, je contemplais le vol tumultueux des chauves-souris. Elles traçaient dans l'encre noire d'étranges hiéroglyphes qui, par moments, me devenaient intelligibles. Je sentais la douceur estivale s'élever dans le ciel étoilé. Pendant cette parenthèse, je délaissais mes tomates, mes pieds de vignes, le fil normal de mon existence. À peine si je prêtais attention au jus sucré des cerises arrachées de leurs branches quand il courait sur mon menton : je vivais dans l'empressement de revoir Gladys.

À l'approche des dernières heures, dans un excès d'impatience, je me sentis prêt à renier mes certitudes, y compris les précieux enseignements prodigués par ma renaissance. Je ne m'imaginais plus capable de créer, ni même de raisonner. Tout, en moi, se mettait à vibrer puis à bouillir. À tel point qu'il m'arriva de ne plus me reconnaître dans mes propres paroles ! Était-ce l'excitation de retrouver les autres stagiaires ou l'amour inavoué que je ressentais pour ma jeune héroïne ? Ou le simple fait de revoir Torcello et son tribut de mystère ? Peut-être aussi celui de me retrouver confronté à de nouvelles vérités. Ou, pourquoi pas, l'angoisse prévisible qui suivrait nos retrouvailles ?

Tout, en moi, n'était plus que confusion. Jouet désarticulé, j'étais livré en pâture à la fureur de dieux antiques, condamné à une fin expiatoire pour mon inconséquence passée. Certains crépuscules, lorsque le doute tenaillait trop fermement mon âme, je croyais entendre le souffle rauque du Minotaure. Dans la fièvre de mon délire, je m'offrais le secours d'ailes de cire et de plumes providentielles. Icare des temps modernes, je sentais mon corps s'alléger puis lentement s'élever dans les vapeurs de la canicule. Là, soulagé du poids de l'existence, je goûtais au repos, mais à un repos déjà menacé. Plusieurs fois, il m'arriva de me réveiller, dans les deux sens du terme. Alors, j'éprouvais une ardeur éperdue pour la terre qui m'avait tant donné et que je ne pouvais accepter, sans renier une part de moi-même. À cette époque, ma foi était émoussée par mon tourment ; je n'avais pas la force d'en parler à Sophie. Ce fut pour moi le commencement d'un nouvel exil, un bannissement peu ordinaire dans lequel je cohabitais, de l'aurore au couchant, avec mes angoisses de toujours. Le sourire fugace que j'avais prêté à Sisyphe, le croyant capable de surpasser son destin absurde, me semblait soudain dissimuler une détresse plus lourde que son rocher. Mes faiblesses et mes manquements fondaient sur moi avec une hargne de harpie. Pendant les dernières heures de l'attente inhumaine qui m'était imposée, la toison perdait ses reflets d'or. Puis, vint d'heure du départ…

2

Je me retrouvai seul à Venise, la durée d'une nuit. Mon hôtel, non loin de Saint-Marc, donnait sur le Grand Canal. J'étais au centre du monde, dans la plus exubérante de ses cités, là où l'amour suinte des palais, ruisselle des ponts, déborde des gondoles et habite le sourire des femmes. Point d'égards pour les âmes en déroute, ni de compassion aux abords du Pont des Soupirs. Appuyé sur le parapet de ma terrasse, j'observais l'embrasement des flots. Un spectacle éblouissant, simplement parfait. Trop beau, peut-être… Un instant, je crus distinguer la nostalgie de la ville tout entière se détacher de l'onde engourdie puis approcher, emportant le murmure de milliers de confidences. Quand son effluve parvint jusqu'à moi, je me demandai combien de passions avaient défilé depuis mille ans dans cette ville à l'épreuve du temps. Et combien, parmi ces idylles merveilleuses avaient survécu à l'érosion des années, au flétrissement de la rose. La cité des Doges, qu'il me semblait découvrir pour la première fois, possède d'exceptionnels pouvoirs, comme celui de rendre doux, au crépuscule d'une vie, le souvenir de déceptions, de querelles, voire de trahisons passées. Puis, en contemplant la voûte céleste gorgée d'astres ignorés, je compris que je devais me ressaisir. J'étais venu à un rendez-vous pour lequel, malgré des longs mois d'attente, j'étais mal préparé. « Ô solitude océane, combien de temps encore me ferez-vous languir ! Près de vous et néanmoins si loin, mon cœur chancelle, qui cherche son écho dans la tourmente. Vos silences glacent mon sang. En vous, tous mes projets culminent puis disparaissent. » Soutenu par la caresse d'une brise nocturne, je réappris du haut de ma terrasse que l'essentiel réside par-delà les rêves, derrière l'horizon trompeur où se perdent les destinées croyant posséder le globe.

J'ai toujours éprouvé une tendresse indescriptible pour ces nuits au cours desquelles tout semble finir, sans avoir seulement commencé. Entre elles et moi, vibre le secret qui unit et sépare le vide du néant… Certaines fois, il me fut donné de pressentir la matière dont est constitué le vide : de la même que nous, à nos heures les plus sombres ou les plus glorieuses. De ces substances que l'on reconnaît les yeux fermés, comme l'animal retrouve sa race à l'odeur. Bien plus tard, en une soirée confuse que ma mémoire ne situe plus précisément, je m'aperçus que d'avoir laissé s'échapper trop de vérités qui me brûlaient les lèvres, il est des pertes qui relèvent davantage de la dépossession que de la privation…

Jeune déjà, il m'arrivait de deviner que rien, dans la vie, ne pouvait faire l'unanimité. Que je ne la ferais pas, comme personne ne l'avait faite avant moi. Et en cette nuit charnière, toute ma clairvoyance s'arrêtait là. Pourtant cette conviction dérangeante me sembla d'une étonnante fraîcheur. Mais que possèdent donc les certitudes, pour qu'elles vous manipulent de la sorte ? Se pourrait-il que celle-ci ne procède que de la multiplicité des points de vue, au grand dam des rêves ancestraux d'unité, ou y a-t-il autre chose ?

Dans la grande nuit vénitienne, à l'heure où les dernières lumières se retirent des palais, je songeai qu'il y a mille façons de se taire (et probablement plus encore de ne rien dire), mais que la plus efficace est, sans conteste, celle qui consiste à parler ! Puis, las du voyage et de l'interminable attente qui m'avait porté jusque-là, fourbu, telle une bête de somme, saoulé de moi-même et de la soi-disant hauteur de vue afférente à ma profession, je me pris à définir la gloire comme le simple droit à l'erreur. Également la faculté de pardonner. Et le fil disparate de mes pensées me suggéra que le regard que je portais sur la lagune assoupie était celui des hommes ayant tout réussi mais qui restent conscients d'avoir raté bien davantage ! Peut-être était-ce la raison pour laquelle, enfant, je fuyais les fêtes organisées à mon égard et cherchais l'anonymat véritable, celui qui fleurit au cœur du désert ou au sein de la foule. Seul, parmi des nuées d'âmes préoccupées dans les rues de Paris ou dans le gruyère de son sous-sol, j'ai souvent ressenti ma proximité à la masse, ma parfaite transparence en elle, si pareille à celle de mon voisin de gauche, le nez dans son journal, ou à celle d'une jeune mère dont le regard éprouvé se perdait au plafond d'une rame de métro, à la recherche d'une raison d'échapper à l'abandon, à son travail, à la platitude du quotidien… Du haut de ma terrasse, ultime partie émergée d'un navire étrusque en plein naufrage, je me sentis perdu comme alors, mais je réalisai qu'il est rassurant de l'être en groupe, à la condition de ne pas s'en apercevoir. Ainsi du jeu des enfants : le premier qui avoue a perdu ! Et que peut encore perdre un adulte qui n'est que vent et apparence ? Et pourquoi vouloir devenir, pour connaître aussitôt la sensation corrosive du déclin ? Pourquoi parler et pourquoi se taire ? Et pourquoi respirer ? De quel droit nos parents nous ont-ils donné le jour ? À la réflexion, certains mériteraient un procès pour ingérence outrancière ! Et en quel nom ai-je donné naissance à mon tour ?

Durant mes divagations, j'étais conscient de sombrer dans les schémas mentaux de mes heures les plus noires. Heureusement, depuis la tragédie du Mont-Blanc, je savais qu'une force était en moi qui me permettrait d'esquiver juste à temps les récifs jetés sur ma route. Voilà toute la différence. Une différence dont le prix fut celui d'une vie…

Les yeux égarés parmi des milliers d'étoiles bercées par le Grand Canal, je songeai à la promenade que j'avais faite après avoir posé ma valise à l'hôtel. Je revis une file disputeuse attendant le vaporetto et cette vision en appela une autre, celle du souvenir. C'était lors d'un déplacement professionnel, en avion. Quelle raison obscure poussait les passagers à quitter leurs sièges dans la salle d'embarquement et à rejoindre une queue de vingt mètres de long, sachant que leurs places étaient déjà réservées ? Que craignaient-ils finalement ? Était-ce l'esprit de masse qui les soulevait ou la crainte instinctive de n'être pas acceptés ? Comment jauger les motivations d'autrui, quand on est impuissant devant les siennes ?

Plus avant dans cette nuit sans sommeil, je songeai à Sophie et connus les douleurs du remords. Avec retard, je mesurai les dégâts que j'avais causés à notre couple. Loin de chercher à comprendre et à reconstruire chaque fois que le ciel s'obscurcissait au-dessus de notre union, mon inclination me forçait à tout amalgamer. Plus rien ne trouvait grâce à mes yeux, ni moi d'ailleurs. De la déchéance de mon temps, que je tenais pour responsable de mes faux pas, montaient en moi des colères de plus en plus molles, suivies de silences dévastateurs. Ces traversées désertiques se prolongeaient plusieurs jours, jusqu'à cette extrémité où le cœur déshydraté s'apprête à rendre l'âme. Le choc, l'absurde, les regrets, les reproches, la honte, les décisions hâtives, arbitraires et irrévocables, les raccourcis abusifs, j'ai tout essayé, tout connu, tout consommé, sans parvenir à inverser la chute des choses. Et puis, sans raison apparente, la vie reprend les rênes. Alors, bêtement, on se surprend à rire. Un second bourgeon éclot, une feuille s'entrouvre dans le ciel sans limite ; le printemps largue la magie de ses alcools dans l'azur toujours plus dense. Mais je savais qu'à chacune de mes irruptions, une part de ma jeunesse et de celle de mes proches était consommée. Longtemps, je les ai crues salutaires, semblables aux pluies torrentielles qui s'abattent sur les terres arides, les noient en quelques minutes et tarissent aussi brutalement, laissant sur la terre humide une promesse de renouveau. Mais le temps avait passé et, avec lui, nombre de mes illusions. De mon âge, je restais ignorant ; je m'étais souvent senti le plus jeune de mon entourage. Pourtant, ce soir, sous les projecteurs du firmament, je découvris dans le miroir de mes défaillances la face ravagée du plus novice des vieillards. Je savais qu'il est des travers anodins dont l'expérimentation présente plus de risques que le vide en montagne. Qu'il est des « oui » qu'on ne devrait pas prononcer et des « non » d'une bien futile importance ! De l'infini, je ne connaissais que l'appellation, et de moi-même, malgré tout ce que j'avais vécu, bien moins encore ! Depuis, si de nombreuses saisons ont patiné mon visage, rien n'a finalement changé.

Quelques nuages coururent dans le ciel noir. Je devinai une présence familière, aux portes d'un jardin clos d'éternité…

3

Le matin suivant, la lagune opposait un dos hérissé à une pluie cinglante. Le vaporetto, tel un jouet chétif, se pliait à l'aigreur maritime. Tantôt, il se cabrait, flottait en apesanteur et retombait en piqué dans le creux de la houle, tantôt il gîtait à bâbord puis à tribord, se convulsait, toussait, reprenait son souffle, versait de travers, essuyait de violents coups de semonce, hésitait encore, voulait rebrousser chemin et renonçait, contraint par d'invisibles puissances. Les quelques touristes hardis que la météo n'avait pas découragés ou qu'un appel secret avait réveillés, s'étaient réfugiés dans la sécurité trompeuse de la cabine : face aux éléments démontés, l'homme redevient fraternel. En dépit des injonctions répétées de l'équipage, je demeurai à l'avant, accroché à la rambarde, telle une figure de proue, imbibé jusqu'à la moelle et le visage néanmoins brûlant. J'essuyais les vagues furieuses qui déferlaient sur l'étrave et rien ne m'atteignait. Je n'avais aucun mérite : j'étais ailleurs…

Bientôt, une masse lourde et grise se souleva de l'horizon incertain. Je la fixai ardemment, seul repère sur une mer sans repère. À mesure que nous avancions vers elle, je sentais vibrer en moi le réveil de Torcello. L'île de mes souvenirs émergeait, vague après vague, des profondeurs de ma mémoire. Détrempée, sa fragilité faisait penser à une feuille de papier collée sur les eaux. À chaque assaut de la pluie, la fine langue de terre changeait de cap, faute d'ancrage ou de volonté. Bien plus tard, lorsque les tourments de l'action allaient faire place à une sérénité suspecte, je comprendrais que c'était à cette étonnante faculté de laisser filer le temps, les amours et les certitudes qu'il me fut donné de reconnaître l'île où une part capitale de moi-même s'était échouée vingt-deux ans auparavant. Entre sa désinvolture et mon âme, Ariane avait déroulé son fil providentiel, grâce auquel, fils prodigue, j'allais retrouver ma véritable patrie. En mon for intérieur, je n'avais osé caresser l'idée d'y revenir un jour, avant de recevoir le télégramme. Peut-être était-ce mieux ainsi. Pour l'heure, j'étais bel et bien là, face à elle et face à moi, obéissant à quelques mots dictés par une main anonyme, à la rencontre de fantômes que j'aimais mais dont j'appréhendais la résurrection.

Au moment d'accoster, l'équipage multiplia les manœuvres à grands cris puis finit par dompter le taureau sauvage qui réintégra docilement le corral. Ma première impression fut que tout avait changé à Torcello ; je ne reconnaissais aucun fragment du décor mélancolique que ma mémoire avait élevé à un rang sans doute injustifié, par les vertus méconnues de la durée. Pressentant l'imminence d'une déception, je me résolus à sauter sur le rivage et, sans me retourner, allai d'un pas pressé sur la voie pavée, le long du canal principal.

Après une centaine de mètres, un mugissement fit vibrer l'espace : l'embarcation reprenait sa lutte furieuse contre les vagues. La pluie avait faibli, mais le vent restait de fer. Je me remis en marche, à plus faible allure cette fois. En marge de la plus envoûtante des cités marines, mon attention fut attirée par une forme de silence qui ne m'était pas inconnue. C'était déjà elle qui, lors de mon premier passage, avait conquis ma solitude. « Enfin de retour ! », me dis-je. Un grand soulagement. Je poursuivis sur la berge détrempée, le cœur rasséréné. À mesure que j'avançais, une ombre, à ma gauche, grossissait : la maison de l'homme de Torcello ! Lorsque je fus suffisamment près pour en discerner les détails, je n'osai la regarder comme par superstition. Je forçai mon regard à ne plus quitter les pavés ruisselants et le clapotis des flots, tout proches. Soudain, mon regard fut irrésistiblement attiré par un violent contraste : celui d'un rayon de soleil sur la toiture du bâtiment. Quelques mètres plus bas, l'unique fenêtre du rez-de-chaussée était ouverte, les carreaux éventrés. Je m'approchai. Des morceaux de verre étaient accrochés aux châssis déglingués. À l'évidence, plus personne ne vivait là depuis longtemps. Ce lieu, surgi de mon passé, avait conservé une existence au-delà du spectre évanescent de ma mémoire. Une fois ressaisi, j'observai sans crainte la pièce obscure sur laquelle j'avais tant médité. Par l'ouverture béante, je plongeai la tête et pénétrai dans un mystère opaque aux vivants qui ne possèdent en eux un goût d'éternité. Rapidement, l'obscurité devint contagieuse. La salle aux contours impalpables était d'encre, comme après un incendie. Bien que la lumière s'y engouffrât par d'invisibles saignées, aucun rayon n'en ressortait. Les pupilles dilatées, je distinguai les vestiges d'un meuble démantibulé qui semblait vouloir témoigner. Au milieu de l'espace, une table et deux chaises triomphaient de la décrépitude. Plus près de moi, un amas de bois vermoulus devait autrefois faire office de buffet. Bien sûr, il eut été stupide de m'attendre à retrouver l'octogénaire que j'avais aperçu à cette table deux décennies auparavant. Et pourtant, durant toutes ces années, je n'avais cessé de l'imaginer, veilleur éternel, encore présent. Fraîchement confronté à la mort d'un mythe, il me fallut accepter l'évidence et cesser de rêver éveillé. Je songeai qu'il restait à cet homme d'innombrables choses à m'apprendre, par son invisible présence ou par le silence désormais assourdissant de son soixante-dix-huit tours.

Je pris du recul et distinguai une porte entrouverte, sur le côté de la bâtisse. Je m'en approchai et la franchis. À l'instar de la pièce sordide que je venais d'inspecter, un couloir insalubre dégageait une prodigieuse angoisse. J'avançai à tâtons dans l'obscurité jusqu'à couper deux rayons lumineux qui giclaient d'une fissure et dévoilaient des constellations de poussières. Je butai sur un objet au son métallique et en heurtai un autre, de grande taille, qui bascula sur moi. Je l'écartai en poussant un cri et reconnus un portemanteau. Après avoir repris mon sang-froid, je continuai ma progression dans les ténèbres, les bras tendus, tel un somnambule, jusqu'à ce qu'elle s'interrompe sur une porte close. Je la poussai délicatement et découvris un espace rempli d'une noirceur compacte. Mon sang se glaça. Je refermai énergiquement l'accès, comme pour empêcher que tout le mal contenu dans cette salle puisse s'en échapper ! Je tâchai de garder le contrôle et tournai le dos à la boîte de Pandore. À l'extrémité opposée du couloir, une lueur à peine visible attira mon attention. J'avançai précautionneusement vers elle et vis une fente étroite se dessiner : une porte. Sans oser la toucher, je m'approchai pour regarder par l'interstice. Une lumière éblouit ma rétine. Rassuré d'avoir découvert une issue, je poussai l'accès et pénétrai dans une vaste pièce sillonnée de courants d'air : la salle donnant sur le canal, l'antre du vieillard… J'avançai vers la table, comme on pénètre dans un temple, et là, cerné d'un silence impénétrable, j'observai le décor de mon hôte imaginaire. Rien ne m'aidait à percer son mystère, aucun détail ne retint mon regard. La fenêtre occupait l'espace, impossible d'échapper à ses appels : l'essentiel se déroulait dehors et tout y était ramené qui voulait s'en détourner. « Telle est l'implacable vérité de cette demeure », me dis-je en pensant au vieil impotent dont la vie n'avait plus de raison d'y rester emmurée. Par dépit, j'acceptai cet état de fait et succombai à une volonté extérieure, toute puissante, de même que mon fantôme bien-aimé dut le faire en son temps. Je me mis aussi à contempler l'immobilité du jour. Du bout du pied, j'attirai à moi la chaise qui semblait la plus robuste et m'y assis délicatement. Quelques minutes plus tard, je pris conscience de ma posture : menton appuyé sur les paumes de mes mains, avant-bras posés sur la table vermoulue, j'étais seul, face au monde. Ma position était en tous points identique à celle de l'Homme de Torcello. Pris de frayeur, je me levai d'un bond pour quitter ce cauchemar ou éviter de succomber au destin funeste de mon prédécesseur. Mais rapidement, je mesurai l'infantilisme de ma réaction et me rassis. Sans le savoir, je commençais à comprendre…

Les gouttes de pluie se faisaient de plus en plus rares. De-ci, de-là, elles picoraient encore les eaux désormais apaisées. Une lumière originelle jaillissait des joncs dont les massifs formaient d'éclatants bouquets sur fond de velours gris. Déjà, les premiers lambeaux de vapeur se dégageaient de l'onde et appareillaient vers d'invisibles destinations. Devant moi, une ombre se débattait dans le décor vaporeux : un canard aux plumes hirsutes apparut dans un nuage puis sortit de mon champ de vision. Cette rencontre impromptue me réchauffa le cœur ; je pensai que la vie n'avait pas totalement déserté cette contrée. Et aussi que ma présence n'était pas qu'erreur ou blasphème.

Plus le temps avançait, plus mon regard se fondait dans les contours flous de l'île. J'avais beau en être conscient, une force obstinée m'incitait à prolonger cet instant où rien ne devait se produire. J'observais. Rapidement, le vent tourna. L'envers du décor révéla une face inattendue. Je consentis à ne plus être, en m'abandonnant aux vertus secrètes de l'oubli. Pourquoi combattre encore, quand chaque leçon de vie désavoue toutes formes de lutte ? Jusqu'à cet instant précis, j'ignorais quel sortilège avait pu donner son aspect lustré à la chaise branlante sur laquelle j'étais assis ou à la table défoncée qui me soutenait. J'eus alors la certitude qu'à l'extrémité d'une existence dont la flamme tardait à s'éteindre, le vieil homme devait entendre le chant d'amour d'un couple jeune et heureux, dansant derrière ses yeux asséchés, sur le miroir liquide de son ultime horizon. Et qu'il avait définitivement cessé de se sentir concerné par le reste du monde et le tourment de ses pensionnaires.

Perdu dans mes pensées, il me sembla à mon tour apercevoir une silhouette errant aux abords du canal. Elle n'avait pas attiré mon attention de suite, pourtant elle était bien là qui ondulait, avançait et reculait avec lenteur, comme dans un rêve, puis elle se fixa à la hauteur de la fenêtre. Que cette vision fut réelle ou non, peu m'importait : elle avait le pouvoir de m'apaiser. L'ombre se pencha par la fenêtre. Mon cœur, suspendu jusqu'alors, se remit à battre, lorsqu'il reconnut dans la violence du contre-jour les traits enchanteurs de Gladys.

4

— C'est toi, Pierre ?

— Euh, oui ! Ne bouge pas, j'arrive !

Je me levai, courus dans le couloir et me précipitai à l'extérieur, comme un plongeur en manque d'oxygène vers la surface de l'eau. Quand j'émergeai en pleine lumière, Gladys se tenait devant moi, droite, superbe, avec cet irrésistible sourire que je croyais avoir oublié. Sa chevelure d'or recouvrait ses épaules et irradiait son visage. Son visage ? Il reflétait bien plus que l'innocence d'antan : une forme de grâce inédite s'en exhalait, image d'un épanouissement évident. Muet, je la dévisageai longuement. Un maquillage subtil densifiait son regard, tandis que ses fossettes réveillaient en moi le bonheur de notre première rencontre.

— Dans mes bras, Gladys !

— Je suis si heureuse que tu sois venu !

— Et moi donc ! Il y a tellement de choses que je voudrais te dire, après une si longue absence… mais en te voyant, bien réelle et pourtant irréelle, je ne trouve rien à dire, qui ne soit banal, creux ou déplacé…

— Pareil ! dit-elle d'une voix altérée.

Nous restâmes face-à-face à nous contempler, les mains dans les mains puis, sans concertation, nous nous retrouvâmes enlacés, dissimulant chacun notre visage en larmes. Je la serrai fortement, comme si, par ce geste, le temps n'allait plus pouvoir nous séparer. Je ressentis vibrer en moi l'harmonie d'autrefois. Finalement, elle s'écarta, pour se moucher et sécher ses yeux. Je la considérai, béat d'admiration. Lorsque son regard croisa le mien, ses joues devinrent écarlates et son sourire se troubla. « Tu es vraiment superbe ! », lui dis-je. À peine avais-je prononcé ces mots éminemment sincères, que leur platitude me consterna. Devinant mon embarras, Gladys me sourit avec son expression angélique à laquelle j'espérais être devenu indifférent. « Cela ne va simplifier les choses ! », songeai-je. Pour meubler un silence sur le point de devenir gênant, je lançai une perche : « Merci pour ton télégramme ; tu ne peux imaginer la joie qu'il m'a procurée. » À mon immense étonnement, son visage parut contrarié :

— Mais, je ne t'ai pas envoyé de télégramme ! Nous nous regardâmes, les yeux ronds...

— Jean-Charles ! s'exclama-t-elle, ébahie.

— Oui, cela ne peut être que lui ! Quelle surprise ! Pas un seul instant, je n'ai imaginé que l'invitation pouvait provenir de lui.

— Lorsque j'ai reçu mon télégramme, poursuivit-elle, j'ai immédiatement cherché l'expéditeur : rien n'était mentionné. J'ai aussitôt conclu que c'était toi !

— Mais alors, comment a-t-il pu avoir la même idée que toi, au moment de quitter La Bérarde ? As-tu pu le joindre et lui parler entre-temps ? Sinon, quel hasard aurait pu nous rassembler ici pour cette date anniversaire ? En ce qui me concerne, jamais je n'ai eu de nouvelle de sa part. J'étais persuadé qu'il nous avait définitivement rayés de ses souvenirs.

— C'est probablement à cause de moi ! enchaîna Gladys à voix basse : peu après notre retour des Écrins, j'ai finalement réussi à lui parler par téléphone. Il était encore plus bref et sec qu'en montagne ! Il semblait préoccupé ou alors très embarrassé... Je croyais lui avoir juste dit que nous nous étions revus sur la tombe de Michel, mais à la réflexion il est possible que je lui aie aussi parlé du projet de nous revoir, dix ans après le drame.

— Dans ce cas, il ne devrait pas tarder à nous rejoindre ! Comme je suis heureux qu'il ait changé d'avis ! Finalement, le temps porte conseil ! Je propose que nous allions l'attendre près de la cathédrale. Gladys accepta avec joie.

En marchant à ses côtés, le long du canal, il me semblait reprendre la conversation interrompue en Oisans. Plus nous pénétrions dans le cœur de Torcello, plus la lumière s'intensifiait. De-ci de-là, elle faisait éclore des gerbes multicolores dans la végétation détrempée. Une pensée hantait mon esprit : malgré l'intensité de mes sentiments pour Gladys, je regrettais l'absence de Sophie. Je me souvins de sa réponse, lorsque je lui avais proposé de m'accompagner en Vénétie. À quelques mots près, elle m'avait répondu : « Tu sais, Pierre, ce genre de pèlerinage n'intéresse que ceux qui ont vécu une expérience commune ; les autres sont de trop ! Je n'étais pas favorable au stage auquel tu t'étais inscrit : je ne te sentais pas prêt, mais une fois de plus, tu ne m'as pas laissé le choix ! Comme d'habitude, tu ne m'as pas écoutée et puis, cette horrible histoire nous a fait suffisamment de mal, sans en rajouter ! » Sa réponse sans appel avait glacé mes transports. Qu'aurais-je pu lui objecter ? Plus tard, avec le recul, j'ai compris qu'elle n'avait pas forcément tort et que le caractère abrupt de sa réplique traduisait davantage son souhait de tourner la page qu'une réelle intransigeance, voire une simple désapprobation.

Gladys et moi parvînmes à l'extrémité du canal où nous dépassâmes l'unique restaurant de l'île. Quelques centaines de mètres plus loin, parmi un champ de pierres éparses, Gladys m'interrogea :

— Est-ce cela, le trône en pierre dont tu nous as parlé sur la vire ?

— Oui, c'est bien lui : le trône d'Attila ! Quelle mémoire, Gladys, quand je pense aux circonstances dans lesquelles je vous ai parlé de mon passage à Torcello ! Décidément, tu ne cesseras jamais de m'étonner ! Elle fit diversion :

— Allons voir si Jean-Charles n'est pas dans la cathédrale ?

Aussitôt dit, nous pénétrâmes dans l'édifice millénaire. La lourde porte une fois refermée, nous nous retrouvâmes plongés dans le recueillement. À l'intérieur, point d'âme qui vive. Le silence fondit sur nous comme une massue. Gladys voulut s'asseoir au premier rang. Face à nous, une mosaïque immense illustrait le jugement dernier. Impossible d'échapper à son emprise et à son funeste thème. Gladys, qui en épiait chaque détail, était fascinée par la puissance de ce chef-d'œuvre inégalé. À plusieurs reprises, je crus entendre un bruit à l'arrière de l'édifice et me retournai, tel un élève dissipé. Mais toujours, le silence retombait de tout son poids. Soudain, plus de doute : je perçus distinctement un grincement. Dans le fond de la nef, une ombre remua puis se dégagea de l'obscurité et s'approcha lentement de nous. Tel un spectre, elle avançait sans mouvement apparent des jambes. « Le curé ou une créature surnaturelle ! », me dis-je avec angoisse. Pourtant, j'eus l'étrange impression que sa prestance ne m'était pas inconnue. L'homme de Torcello ? Cette pensée ridicule me troubla. Ma tension devint extrême. Un instant encore, puis sa mouvance se figea sous l'un des rares rayons de soleil qui parvenaient jusqu'à nous. La pâle lueur arracha aux ténèbres le visage de Lefort qui esquissa un sourire.

— Gladys, Gladys, regarde, c'est Jean-Charles !

D'un bond, elle se retourna et courut vers lui. Ils se serrèrent longuement sans prononcer un mot. Une pointe de jalousie déplacée s'empara de moi, que ma raison ne put refréner.

— Cela nous fait extrêmement plaisir de te revoir, Jean-Charles ! lui dis-je en lui tendant une main chaleureuse, afin de mettre un terme à leur étreinte.

— Tu nous as fait une sacrée surprise, avec ton télégramme ! claironna Gladys, dont la pétulance était décuplée.

— Je n'ai pas envoyé de télégramme ! répondit-il d'une voix mécanique.

Déconcertés, nous restâmes cois. Plus tard, Gladys allait nous confier que dans la déraison de son étonnement, elle avait d'abord pensé à une intervention de Michel. Jean-Charles rompit le silence :

— Il y a forcément une explication rationnelle ! Qui d'autre était au courant ? Gladys, dont la sincérité ne pouvait être mise en doute, répondit avec assurance :

— Je n'ai parlé de ce projet à personne.

— Moi non plus, affirma Lefort. Il y a trois ans, j'ai divorcé. Depuis, je vis seul et rencontre peu de gens, en dehors du bureau. Personne ne connaît le véritable motif de mon voyage à Venise ! Et toi, Pierre ?

— Moi non plus, enfin je crois… Mais à la réflexion, il se peut qu'un jour j'en aie parlé lors d'un dîner avec ma troupe de théâtre : non, décidément, je ne peux pas le croire.

— Et Sophie ? demanda Gladys. Elle était des nôtres lorsque j'ai lancé l'idée du rendez-vous : c'est forcément elle !

— Tu dois avoir raison ! C'est effectivement l'explication la plus plausible, m'entendis-je lui répondre, sans réelle conviction.

— Sacrée preuve d'amour ! ajouta-t-elle, le visage illuminé par sa découverte.

Mes compagnons firent une pause que je ne remarquai pas ; mes pensées restaient focalisées sur Sophie. Sophie que je croyais connaître et que j'imaginais foncièrement hostile à nos retrouvailles. Quelle comédienne ! J'eus beau analyser les autres possibilités, tout me ramenait à cette incroyable évidence. Jamais je ne l'aurais crue capable d'une telle initiative et d'autant de fantaisie. Et surtout d'une si grande générosité. J'ignorais à quel point elle me connaissait. Et moi, aurais-je pu lui témoigner autant de respect, de compréhension et d'ardeur ? J'en doute encore. Plus cette perspective s'installait dans mon esprit stupéfait, plus je sentais mes forces défaillir. Je m'assis sur un banc, aussi abasourdi qu'à ma sortie du coma. Les grandes épreuves rendent souvent plus forts, mais parfois, l'inverse se produit… Malgré le millier de kilomètres qui me séparait de mon épouse, je restais désarçonné par la noblesse de son geste.

Je me tournai vers mes amis qui discutaient en aparté. Pour eux, le mystère était résolu. Ils conversaient comme s'il leur fallait rattraper dans l'heure les dix années de silence qui les avaient séparés. Soudain, une question de Jean-Charles, prononcée sur un ton différent, m'extirpa de ma torpeur :

— Es-tu allée en Inde ?

— Non !

Gladys parut embarrassée. Elle leva les yeux vers moi puis s'expliqua : « Je suis mariée et ai une petite fille de trois ans. » Elle se redressa et dégagea d'un mouvement de tête une mèche de cheveux rebelle : « Elle s'appelle Juliette. »

Jean-Charles me jeta un regard interrogateur. J'intervins à l'instinct :

— Toutes mes félicitations, Gladys ! Je suis si heureux pour toi ! Et, de poursuivre maladroitement : désolé de ne pas t'avoir demandé ce que tu es devenue quand nous marchions le long du canal ! J'aurais dû y penser : c'est la première chose à laquelle il faut penser après une si longue séparation ! Plus je parlais, plus je m'enfonçais. Sans doute le bouleversement de nos retrouvailles. Ou celui de mon retour à Torcello.

— Ne te fatigue pas, Pierre, tu es tout pardonné ! entendis-je l'ange me chuchoter. D'ailleurs, moi non plus, je ne me suis pas encore intéressée à ce que tu es devenu. Lefort nous interrompit :

— Mes amis, je vous propose de discuter de cela au restaurant, ce sera plus commode : j'ai réservé une table pour le déjeuner, ainsi que le menu gastronomique.

5

Attablés à la terrasse ombragée, autour d'un apéritif, nous écoutâmes Gladys nous conter sa « nouvelle vie », la naissance d'une idylle, presque à son insu, dans le flottement des premières années suivant le drame. Tout commença dans la librairie familiale dont elle avait pris la direction, après le départ à la retraite de ses parents. Parmi ses clients, elle avait remarqué depuis quelques mois un jeune employé de la Poste qui, pris d'une subite et irrésistible passion pour les lectures qu'elle lui conseillait, ne manquait jamais de lui rendre visite le vendredi soir, peu avant la fermeture. Gladys s'était d'abord trouvée émue par sa timidité, doublée d'une rare maladresse. Au fil des semaines, elle se surprenait à scruter sa montre, chaque vendredi après-midi. Elle savait qu'à 18 h 15 précises, le plus assidu de ses clients pousserait la porte et, encore haletant, la saluerait d'une voix inaudible. Cette ponctualité mécanique ne procédait pas du hasard, mais des dix minutes incompressibles qu'il lui fallait pour fermer son guichet, mettre sa veste, saluer ses collègues, traverser le labyrinthe de couloirs permettant au personnel de quitter l'établissement et courir jusqu'à la librairie. Puis, une fin de semaine comme les autres, tandis que Gladys se faisait une joie de lui conseiller un nouveau roman qui avait retenu son attention par sa fraîcheur et son ton quelque peu décalé, si semblable à son admirateur, la grande aiguille qu'elle fixait obstinément dépassa l'heure de la rencontre, sans que la porte ne frémisse. Depuis plusieurs jours, elle imaginait comment elle allait lui vanter la qualité littéraire et l'intrigue psychologique de ce petit bijou de pureté. Elle imaginait l'illumination de son regard, lorsqu'elle lui décrirait les émotions qu'elle avait ressenties en découvrant le chef-d'œuvre d'un illustre inconnu. Ce soir, néanmoins, la pendule ne lui était pas favorable, un grain de sable s'était immiscé dans la fine mécanique du temps. L'angoisse grandissante, elle attendit jusqu'à 19 heures en tournant en rond derrière les petits carreaux de la vitrine. À chacune de ses allées et venues, elle épiait l'angle de la rue d'où il était censé accourir. À bout de patience, elle finit par fermer la boutique et se dirigea fébrilement vers le bureau de poste qu'elle trouva fermé. Désemparée et tiraillée entre l'appréhension d'une catastrophe et la crainte instinctive d'une trahison, elle regardait alentour, interrogeait le ciel, les oiseaux brusquement muets, l'indifférence des arbres, les bancs narquois parés de couples enlacés, les passants ignorant sa détresse : rien ! Le monde entier se moquait de la disparition de son fidèle visiteur.

« Est-ce possible qu'il ait décidé de ne pas venir ? », se répétait-elle, en refusant de l'accepter. Non ! Vendredi dernier, il lui avait dit, en quittant : « À la semaine prochaine… » Il n'avait donc pas pu lui faire cela, non pas lui ! Les minutes devenaient de plus en plus tranchantes, séparées par des fragments croissants d'éternité. Gladys restait paralysée face à l'envolée vertigineuse de son doute, quand soudain elle vit sur la place, de l'autre côté de l'avenue, deux vieilles dames assises qui jetaient du pain aux pigeons. Sans réfléchir, elle traversa la voie en soulevant un tollé de klaxons et les apostropha, toute haletante : « Pardon, mesdames, vous n'avez pas vu un jeune homme, taille moyenne, châtain, avec un costume bleu marine à boutons dorés ? Réfléchissez, je vous en prie ! Il a dû quitter la Poste peu après la fermeture, vers 18 h 10. Faites un effort, c'est vraiment important… » Hésitante, l'une d'elles prit son souffle :

— Vous parlez sans doute du monsieur qui a eu l'accident !

— Quoi ? Où ? Que dites-vous ? Ce n'est pas vrai ! Pitié, dites-moi que ce n'est pas vrai !

— Calmez-vous, Mademoiselle ! Vous devez être bien amoureuse ! C'est beau la jeunesse…

— Parlez, parlez ! Comment va-t-il ? Que s'est-il passé ? Vite ! Vite !

— Ils l'ont emmené dans l'ambulance, mais… ne vous inquiétez pas, ils vont vous le soigner : ils sont solides les garçons à cet âge !

— C'est grave ? Que lui est-il arrivé ? Était-il conscient ?

— Émue par la détresse de la jeune femme, l'autre dame intervint d'une voix chevrotante :

— D'abord, il y a eu un crissement de pneus. Vous savez, comme à la télé ?

— Oui, oui, et puis ? hurla-t-elle au bord de l'apoplexie.

— Quand nous nous sommes retournées, le jeune homme était couché au milieu de la chaussée, devant une voiture immobilisée de travers.

— Et ensuite ?

— Germaine et moi sommes allées voir. Le temps d'arriver, il y avait un attroupement. Vous savez, Mademoiselle, nous ne sommes plus aussi rapides qu'à votre âge. Alors, quelqu'un nous a dit qu'il était conscient. Il y avait tellement de monde, que nous n'avons pas vu le blessé.

— Conscient ! Merci Seigneur, merci ! répéta Gladys plusieurs fois de suite, les yeux fermés et la tête rejetée en arrière.

— Non, ce n'est pas cela ! intervint soudainement son amie. Moi, je l'ai vu ! Je suis plus petite que toi ; j'ai pu l'apercevoir par une trouée dans la foule.

— Comment allait-il ?

— Il semblait vouloir se relever mais n'y parvenait pas. À chaque tentative, il retombait sur le côté. C'est seulement après, que le monsieur au complet vert a dit que votre fiancé était conscient. Moi, je le savais déjà !

— Et puis ?

— Quelqu'un a dû prévenir les secours car peu de temps après, le SAMU est arrivé, avec la sirène et les lumières, comme dans les séries policières. Ils l'ont mis sur un brancard et sont repartis aussitôt.

— Où sont-ils allés ?

— Je ne sais pas. Et toi, Louise ?

— Moi non plus.

— Et les circonstances de l'accident, vous les connaissez ? Savez-vous autre chose ?

— Il y a bien… attendez… Oui, c'est cela ! La dame avec le petit chien a vu la scène. Après le départ de l'ambulance, quand la foule se dispersait, elle nous a expliqué que le monsieur sortait de la poste, en courant, et qu'il avait traversé en regardant sa montre, à la place de la circulation ! Si ce n'est pas malheureux, à cet âge, d'être pareillement distrait !

— Oh, mon Dieu ! s'exclama Gladys, en réalisant qu'elle était responsable de l'accident !

Elle disparut instantanément, désemparée, sans même penser à les remercier puis fit signe au premier taxi qui ralentit. Elle s'y engouffra et intima au conducteur l'ordre de foncer à l'hôpital le plus proche. La voiture n'était pas totalement arrêtée qu'elle avait déjà ouvert la portière et bondissait en jetant sur le siège un billet de cent francs. L'entrée principale de l'hôpital était fermée. Elle courut en tous sens, à la recherche d'une âme qui puisse la renseigner. Fébrile, son être ressentait l'extrême fragilité des choses. Tout, en elle et autour d'elle, devenait cassant ! Le moindre choc, un souffle infime, une simple pensée contraire et son univers se briserait sans prévenir ! Après plusieurs tentatives infructueuses, le hasard de sa précipitation l'amena sur le côté du bâtiment, aux abords d'une entrée de garage sur laquelle un panneau trop visible pour qu'elle le remarque de prime abord indiquait : « Urgences. » Elle enfonça la porte et fondit sur la première infirmière.

— Du calme, Mademoiselle, il va bien votre amoureux !

Ces paroles stoppèrent son élan ; elles retentirent en elle, comme le tonnerre en montagne, avant d'atteindre l'étage de sa conscience. « Merci ! Merci... mon Dieu ! » En répétant ces paroles, elle sentait ses forces l'abandonner, aussi respira-t-elle hâtivement et finit par recouvrer ses esprits.

— Où est-il, je veux le voir !

— C'est impossible, il est au bloc opératoire : une jambe cassée et quelques contusions, rien de bien préoccupant ! Vous allez patienter dans la salle d'attente, en chirurgie. Venez, je vous conduis.

En suivant l'infirmière, Gladys se demandait comment elle savait qui elle était. Mais le temps de s'interroger, qu'elle arrivait déjà dans la salle où d'autres personnes attendaient, l'air hagard. Une heure plus tard, une porte à double battant s'ouvrit d'où Romain apparut, sur un lit roulant. Elle arrêta le brancardier et se pencha sur son ami qu'elle accompagna jusqu'à sa chambre. Une aide-soignante aux traits tirés et au regard bienveillant l'autorisa à rester à son chevet jusqu'à son réveil, ce qui, selon elle, ne devait pas tarder.

Les minutes que passa Gladys auprès de son « fiancé » inerte dissipèrent en elle les interrogations qu'elle connaissait depuis plusieurs semaines. Pour la première fois, elle était seule avec lui, hors de la librairie. Une sensation inédite la gagna, mélange de joie et de culpabilité. Puis, lentement, au fil du silence qui les unissait, elle sentit une paix descendre en elle, revêtant l'apparence d'une évidence. Derrière sa panique initiale, elle comprit qu'un miracle était en marche et que les heures passées, aussi fragiles que celles sur la vire, seraient clé de voûte leurs lendemains. Pour la première fois, elle pouvait nommer avec certitude ses sentiments pour Romain. Ainsi s'abandonna-t-elle aux ailes inespérées de l'amour, en laissant fondre sa retenue dont les larmes perlaient sur l'avant-bras du blessé. Déliée du joug de la conscience, Gladys pouvait désormais goûter à la vraie liberté. Elle prit conscience du luxe de se savoir le droit d'aimer, sans crainte, reproche ni compromis.

Quelques instants plus tard, elle remarqua un frémissement sur le visage promis à vieillir avec le sien. Puis tout alla rapidement : Romain fronça les sourcils, remua un bras et émergea d'un cauchemar qui aurait pu tourner au drame. Ses yeux entrouverts cherchaient au plafond une explication qui tardait à venir. Gladys prit sa main dans les siennes et lui sourit en fermant les paupières. Dans le velours d'un rêve, leurs lèvres se frôlèrent. L'instant se prolongea, jusqu'à ce que Gladys réalise qu'elle était allée trop loin, trop vite. Confuse et écarlate, elle s'assit en retrait et dissimula son visage derrière ses mains.

— Pardonne-moi, Romain, j'ai eu tellement peur pour toi…

— Gladys ! Belle Gladys ! répondit-il, le regard comblé.

À compter de cette nuit qui livra un premier baiser, jamais plus ils ne se quittèrent. À présent, leur petite fille de trois ans comblait sa maman, au-delà de toute espérance. Cette dernière était prodigieusement épanouie et ce fut sans doute ce que je remarquai d'abord, quand elle m'apparut dans l'éclat de Torcello.

« Mais alors, ta vocation ? », demanda Jean-Charles, un sourire retenu au coin des lèvres. Il devinait que durant ces années d'absence, il avait eu raison et que la foi de sa jeune amie n'avait pas la consistance qu'elle prétendait jadis. La perspective que son jugement avait une nouvelle fois fait mouche lui procura une satisfaction que la convenance lui imposait de dissimuler. Gladys s'était préparée de longue date à cette question redoutable :

— Comme je vous l'ai dit, il m'a fallu beaucoup de temps, après la tragédie, pour retrouver un équilibre. À cette époque, j'étais incapable de prendre une décision, même anodine. Je ressassais constamment les derniers conseils de Michel : ne pas me précipiter, savoir qu'il est mille façons de louer et de servir Dieu… En cette époque troublée, ma seule certitude était qu'il avait forcément raison ! Aujourd'hui, avec le recul, je sais que j'aurais également pu être heureuse en Inde. Mais mon existence actuelle, ainsi que la joie d'avoir donné la vie et de l'accompagner, jour après jour, dans ses euphories et dans ses faux pas, constituent un engagement ayant peu de choses à envier à ma mission initiale.

Le regard de Gladys se perdit dans le vague, laissant s'immiscer un silence que Jean-Charles et moi n'osâmes interrompre. Elle redressa la tête, se frotta les yeux et poursuivit : « Mes amis… je parle, je parle… de moi, encore de moi et rien que de moi ! Je vous prie de m'en excuser ! Et vous, que vous est-il arrivé pendant toutes ces années ? »

— Vas-y Jean-Charles, dis-je en levant un toast au nouveau départ de notre pétillante Gladys et à son bonheur qui rajoutait un prétexte à ma jalousie !

— Je n'ai pas changé, Pierre : les confessions, ce n'est pas ma tasse de thé ! répondit-il. Je vous parlerai de moi, promis, mais plus tard : commence, toi !

6

Je leur racontai donc ce que j'avais éprouvé à mon réveil, à Chamonix. Puis ma convalescence, mes « retrouvailles » avec Sophie. La prise de conscience qu'elle avait toujours été à mes côtés, sans que je la remarque. Mon véritable « retour » à la vie. La résurgence de ma passion pour le théâtre. Les trois pièces que j'avais écrites, leur modeste succès. Ensuite, j'abordai le sujet qu'il me tardait de leur confier et sur lequel j'appréhendais leur réaction : je leur décrivis prudemment l'état d'esprit qui m'avait poussé, en début d'année, à me lancer dans la rédaction d'un livre. L'étonnement immédiat de leurs visages ne fut rien à côté de la stupéfaction qu'ils manifestèrent lorsque je leur annonçai qu'ils en étaient les héros ! Un récit sur notre histoire commune… À la fois fier et honteux de ma démarche, au comble de l'inquiétude, je redoutais un refus irrévocable ou même une simple réprobation. Avais-je le droit, pour avoir vécu en leur compagnie des moments aussi dramatiques qu'absurdes, de m'immiscer dans leur intimité et de l'étaler sur la place publique ? Penseraient-ils que je cherchais une quelconque forme de gloire ou de profit ? Un peu de pudeur, Pierre ! Au paroxysme de l'impatience, je les voyais sans voix. Je risquai le tout pour le tout : « Qu'en pensez-vous ? »

— C'est bien ! dit Gladys qui s'imaginait déjà en héroïne dans la vitrine de sa librairie ! Lefort ne consentit point à s'exprimer.

— Et toi Jean-Charles ? dis-je en craignant le pire.

— Je ne sais pas ! D'un côté je me dis : « à quoi bon ? », mais d'un autre : « pourquoi pas ! » Ce qui me gêne surtout, c'est de ne pas cerner ton objectif.

— Tu as raison ! J'ai pesé mille fois le pour et le contre, mille fois j'ai hésité. Ce qui m'a finalement décidé, c'est la conscience que notre aventure était exceptionnelle et tellement improbable notre sauvetage. Et que mon ouvrage pourrait montrer aux personnes dans l'épreuve que même au fond du pire des cauchemars, quand tout semble perdu, l'impossible reste possible ! C'est donc ce cri d'espoir insensé que j'ai voulu glorifier. Naturellement, j'ignore quelle sera la valeur de mon travail et quel accueil les éditeurs lui réserveront, après l'avoir trouvé peu vendeur. Et si, par chance, il s'accrochait aux mailles de leurs filets, comment les lecteurs, eux, le recevraient. Je me suis consolé en me disant que s'il ne touchait qu'une seule personne, cela suffirait à justifier les nuits d'insomnie qui lui auraient donné le jour !

— Idéaliste ! Toujours aussi idéaliste, je te reconnais bien là, Pierre ! Mais pourquoi pas ? En ce qui me concerne, je mettrai néanmoins deux conditions à sa publication.

— Tout ce que tu voudras, Jean-Charles ! Dis-moi.

— Premièrement, tu devras me le montrer, avant de l'envoyer à des maisons d'édition.

— Cela va de soi ! Jamais je n'ai envisagé de le publier sans vous le soumettre auparavant. Vous le verrez tous les deux, en avant-première ! Et l'autre condition ?

— Je ne veux pas être ménagé dans ce livre !

— Soit, si tel est ton souhait ! Mais pourquoi me demandes-tu cela ?

— Je te le demande parce que beaucoup de choses ont changé… Toute ma vie, j'ai été traité avec des égards que je ne méritais pas. Ton bouquin, lui, traite de la vraie vie, celle que l'on subit avec ignorance et impuissance. Cette salope d'existence que je ne connaissais pas ! Je ne mérite pas d'être épargné : j'ai été ignoble avec l'univers et les hommes et ne cherche plus à le cacher !

— Pourquoi dis-tu cela, Jean-Charles ? Pourquoi es-tu si dur envers toi-même ? demanda Gladys, inquiète et affectée. Explique-nous, c'est ton tour !

7

« En ce qui me concerne, rien n'a véritablement changé. Et pourtant, plus rien n'est pareil ! Ce qui m'est arrivé depuis notre sauvetage est nettement moins brillant qu'à vous : à peine sorti de l'hôpital, j'ai voulu oublier le passé et ma part de responsabilité dans la mort de Michel, reprendre la compétition d'avant. Être là, au réveil, comme après une nuit normale, et retrouver la frénésie dévorante des jours qui défilent et du travail abattu. Redevenir ce que j'étais : quelqu'un aux yeux du monde et aux miens. Quand nous étions bloqués dans la paroi, j'ai dû rester conscient encore un long moment après vous. Vous étiez à mes côtés, totalement inertes. Vivants ou morts ? Je n'osais le vérifier, par crainte de savoir. Je préférais vous imaginer en vie, probablement pour rester moins seul. À compter de cet instant, je me suis défendu d'en douter, car ma propre survie en dépendait. Durant ces heures inqualifiables, mes membres ne répondaient plus, tandis que ma clairvoyance observait le fil de mes pensées s'épaissir, s'engluer puis finalement se figer. Mon corps en panne, l'esprit le rejoignait. Cet autre moi, vaguement lié à son passé, était en partance. Après avoir mâché l'horreur de notre agonie, de mon agonie, j'ai commencé à entendre un chant d'une pureté inconnue, l'appel de sirènes, celles de la libération, en lesquelles tous les hurlements étaient promis au silence. Leurs invites étaient douces. En elles, tout sentiment adverse se dissipait. La mort, qui jusqu'alors rôdait autour de moi, m'avait désormais pénétré. Plus rien ne m'importait, jusqu'à cette pensée improbable où je me suis mis à envier les croyants ! Je jalousais ceux qui, à l'extrémité d'une vie en train de se rompre, savent dans quelle direction regarder et, le moment venu, redressent la tête, étendent les bras et se laissent emmener, le cœur paisible… Mais à ce moment encore, j'ai voulu reprendre le contrôle, rejetant l'idée d'une aide extérieure, fût-elle divine. À peine ébauchée, cette éruption mentale est retombée dans le néant d'où elle avait surgi. J'ai senti mon souffle définitivement couler entre mes doigts inertes et n'en ai éprouvé ni révolte, ni regret, pas même cet obscur relent de gâchis qui pourrissait en moi depuis l'instant où tout avait basculé… Face au vide immense qui avait eu le dessus, face à son impénétrable densité, je me suis interrogé sur ce que j'avais réellement fait de ma vie et dont je pouvais être fier. Et le vide, toujours lui, était la réponse à ma dernière interrogation. J'ai réalisé que j'avais usé jusqu'à la trame les dons exceptionnels que la fortune m'avait donnés et que ma volonté d'acier avait fait fructifier, au seul profit de la reconnaissance. J'ai compris que rien n'était vrai de la déférence qu'on me manifestait durant le règne impitoyable que j'exerçais sur mes collaborateurs, sur les cadres et secrétaires qui auraient pu devenir mes amis, si seulement j'avais su le pouvoir d'un sourire… Avec une obstination sans faille, de bilans comptables en plans d'investissement, j'avais converti ma vie de couple en outil parfaitement huilé, destiné à gérer l'intendance, à élever les enfants que j'avais voulus, pour qu'ils portent mon nom, certain d'engendrer des copies conformes de ma propre réussite ! À peine si, au début de mon mariage, j'avais vu en mon épouse une autre personne que la fille du grand patron dont j'admirais la carrière et le charisme. Sa réussite avait occulté le reste, autrement dit l'essentiel. Puis les enfants étaient arrivés, sages et dociles, parfaits à l'école comme il se doit : de ceux que l'on collectionne et qui grandissent sans encombre dans la vitrine du salon puis, aussitôt les ailes déployées, gravissent les échelons de la société, la tête haute. Ils étaient là et je vivais avec eux, mais toujours en décalé. Certes, je passais chaque soir dans leurs chambres pour les embrasser quand ils dormaient, mais combien de fois en semaine avais-je l'occasion de voir leurs yeux ouverts ? Et d'ailleurs, quelle en était la couleur ? Le sais-je aujourd'hui ? Je m'interroge fréquemment sur l'image qu'ils doivent avoir d'un père qui leur a assuré les finances pour plusieurs existences, le confort et des relations « bien comme il faut », mais dont la rencontre relevait davantage du hasard que du partage. Toutes ces choses, je les ressassais déjà, par bribes, dans le vide énorme de mes dernières heures de lucidité, quand vous m'aviez prématurément quitté. Elles résonnaient en moi avec ravage, au point de me rendre de moins en moins sûr de vouloir être sauvé. Quel gaspillage : avoir attendu la tragédie pour réaliser ce qui, depuis deux décennies, me crevait les yeux ! Jusqu'alors, je m'étais constamment privé de ma présence en l'instant ! La tête dans mes pensées, je ne réalisais jamais pleinement où j'étais, par où je passais, quelles étaient l'odeur du printemps et la douceur des soirées estivales. Mon cœur n'était qu'une machine remplissant une fonction précise. Jamais non plus, je n'avais pris le temps, à l'heure où le monde ralentit, de conduire moi-même les poubelles sur la rue. J'ignorais ce qu'était exister. Avalé, aspiré, gobé par mon ambition, j'avais traversé la vie, sans réaliser qu'il s'agissait de la mienne et qu'il n'y en aurait pas d'autre. À l'instant de la perdre, je me demandais si je vivais encore. Désormais plus rien n'allait me servir, des richesses que j'avais amassées au fil des calendriers périmés et qui avaient fait ma raison d'être et ma fierté. C'est peut-être cela que, maintenant, à l'heure des comptes, je regrette le plus amèrement : ne pas avoir vécu ! Car il est toujours dramatique de mourir, y compris après une vie bien remplie, mais il est épouvantable de disparaître sans avoir eu le temps de vivre. C'est sans doute pour cela que la mort des enfants est la plus abjecte des abominations... »

Après une courte pause où Jean-Charles épongea son front en sueur, il poursuivit le récit de leur sauvetage : « A l'aube suivante, la lumière filtrait laborieusement de la couverture nuageuse. L'atmosphère était blême, comme à la fin d'un monde qui n'aurait jamais dû commencer. Du fond de mes divagations, des cris montaient jusqu'à moi, qui ne pouvaient m'atteindre. Le dernier pas avait été franchi, endiguant l'emprise des mirages intérieurs : seul restait le vide, dans sa sinistre quintessence. Une seconde fois, portées par un souffle exténué, des paroles inaudibles échouèrent sur la vire. À nouveau, je les crus réelles, mais la fourberie du doute ne tarda pas à les emporter. Je songeai à ces hallucinations qui, en un éclair, sèment la désillusion sur l'étendue saharienne. Ensuite, les heures passèrent, sans que plus rien d'extérieur n'effleure ma conscience. Je me fis une raison : ces paroles étaient affabulation. Quelle honte y avait-il, eu égard aux circonstances ? Qui aurait gardé intacte sa lucidité, à un tel degré d'épuisement ? Comment ! je raisonnais encore comme un vivant pour qui demain garde un sens ! Était-ce un signe positif de mon état ou la preuve d'une alarmante confusion des priorités élémentaires ? Au cours de mon délire, j'eus la vision d'un hélicoptère s'élevant vers moi. Son vrombissement sourd et ses vibrations se répercutaient sur les montagnes prisonnières de mon crâne. J'assistais à un ballet qui, en d'autres circonstances, aurait dû me faire fondre en larmes. Pour vivre pleinement ce rêve, j'aurais été prêt à tout renier. Mais l'inexorable compte à rebours était en marche et mon songe perdurait. De la mer de nuages qui somnolait par trois cents mètres de fond, un insecte minuscule se dégageait de la glu opaque pour se hisser dans le ciel mat. À mesure qu'il prenait de l'altitude, son essence humaine se condensait sur mon visage. Étranger à mon destin, je me sentais incroyablement libre, en suivant sereinement la progression d'un coléoptère à l'assaut d'un rêve inaccessible. À plusieurs reprises, il s'approcha de la paroi et s'immobilisa à différentes hauteurs, pour choisir la meilleure fleur à butiner. Après une dernière hésitation, il fondit sur nos corps raidis. C'est alors seulement que je réalisai que le mirage était réel ! Aussitôt, une indescriptible sensation secoua mon corps. Je dus patienter encore, entre veille et réalité, avant qu'un sauveteur ne parvienne en rappel jusqu'à notre emplacement. »

— Qu'est-ce que j'aurais aimé être consciente, pour vivre ce moment ! s'exclama Gladys.

— Ma première pensée a été que j'allais devoir « me survivre ! » La suite, mes amis, vous la connaissez et l'avez également vécue… À vrai dire, je ne me suis jamais remis du choc. Bien sûr, j'ai repris le travail, aussi efficacement qu'auparavant. Cependant, quelque chose d'irréparable était brisé, dont je ne pouvais mesurer la portée et dont je pressentais le danger. À cette époque, lorsque je consultais mon agenda, il me semblait découvrir celui d'un autre…

Gladys, perturbée par le trouble de Jean-Charles, me jeta un regard interrogateur, auquel mon propre étonnement ne sut que répondre. Notre ancien compagnon devenu intarissable poursuivit : « Aujourd'hui, j'ai atteint un âge où l'on cesse de se mentir. Du haut de ma déchéance, je réalise que ce que j'ai bâti ou fondé n'est pas plus consistant que le vide qui nous tenait et qui me tient encore… Tout ce que j'ai créé n'a aucune portée véritable : c'est cette évidence qui me fait reconnaître que je n'étais rien à l'époque et qu'à présent, d'être à peine différent, je ne vaux guère mieux ! Je vous confie cela car, en dehors de vous, il n'est personne à qui je puisse en parler et qui puisse comprendre. Le dire, à défaut de me libérer, a l'avantage d'un peu soulager le poids harassant que je porte depuis mon soi-disant sauvetage. »

Lefort avait les traits tirés, le regard morose. De larges rides ourlaient son front dégarni de quinquagénaire. Il tint néanmoins à poursuivre, malgré ce que lui coûtait son procès. Il nous décrivit avec moult détails comment il masqua aux yeux du monde son décalage croissant avec son passé. Dès son retour à la maison, il redoubla son investissement professionnel. Il mit tout en œuvre pour accélérer sa réinsertion dans la vie normale. Dans l'euphorie de sa renaissance, il ignorait que l'ancien Jean-Charles Lefort n'avait pas survécu à l'épreuve de la chair. Il enchaînait les réunions, multipliait les heures supplémentaires et les nuits blanches. Conscient que son état physique se détériorait de jour en jour et que la qualité même de son travail s'en voyait affectée, rien ne pouvait le détourner de sa trajectoire : il agissait comme si des forces exogènes commandaient ses actes et dictaient ses pensées. Où allait-il ? Il y a tant de façons de se perdre, pourquoi avait-il opté pour l'anéantissement dans une cause perdue d'avance ?

Plusieurs fois, au bureau ou à la maison, il avait appris que nous cherchions à le joindre. À chacune de nos mains tendues, il s'empressait de déchirer les coordonnées que nous lui avions laissées. Son tort fut de consacrer trop d'efforts à défier des moulins à vent. Mais comment lutter durablement contre une passion dévorante ? Combien d'autres, avant lui, s'y étaient cassé les dents ?

Malgré son obstination, le jour vint où il réalisa avoir plié un genou. Alors, le regard tourné vers sa faiblesse, il fut frappé par son irréductible ennemi. La suite, devint une lancinante descente aux enfers. Un soir, en rentrant tardivement chez lui, il dîna seul et alla se coucher. En se glissant sous la couette, dans la pénombre, il s'aperçut que le lit conjugal était vide. Il mit un moment à réaliser que sa femme venait de le quitter… Et infiniment plus encore à se mettre à sa place ! Quant à ses enfants, cela faisait des années qu'ils n'avaient plus besoin de lui, en apparence du moins. À présent ils volaient de leurs propres ailes et revoyaient fréquemment leur mère. Les rares nouvelles qu'il avait d'eux, il les devait à sa secrétaire dont la sœur était restée amie avec son ex-épouse.

— Est-ce ta femme qui a demandé le divorce ? questionnai-je.

— Non, c'est moi ! Faute de la comprendre, je voulais la sanctionner, elle qui avait toujours apprécié le train de vie que je lui permettais… Mais à la réflexion, c'est surtout moi qui l'ai été !

— A-t-elle rencontré quelqu'un ? poursuivit Gladys.

— Oui : cela faisait près de deux ans qu'elle avait un amant ! Naturellement, je n'avais rien vu. Elle me l'avoua, en jubilant, aussitôt le divorce et le partage des biens prononcés. Elle soulagée, mon échec redoublait. Je ne pouvais supporter l'idée qu'un bellâtre lui apporte ce que je n'avais jamais été capable de lui donner.

À compter de ce jour funeste, Jean-Charles devint l'ombre de lui-même. Il apprit à ramper pour se fondre dans la masse. C'est ainsi qu'au moment où il nous parlait, assis à l'unique terrasse de Torcello, il s'apprêtait à prendre sa préretraite, sur les conseils insistants de la direction. Les entreprises performantes ne manquent pas de moyens astucieux pour se débarrasser des vieilles gloires en perte de vitesse. Trois années avaient suffi à ternir la réputation qu'il avait mis vingt-cinq ans à construire et qui affichait tous les signes de la réussite. Lors de son départ de la société, lorsque ses collègues l'attendraient à la cafétéria, un discours hypocrite et pompeux dans la poche, il choisirait de ne pas se présenter !

8

Nos échanges se prolongeaient. En marge des événements majeurs survenus la décennie écoulée, nous abordâmes une foule d'anecdotes qui prenaient, à la lumière du recul, autant d'importance que nos « grandes décisions », celles qui firent de nous ce que nous sommes, ni mieux, ni pire que ces autres que nous aurions préféré devenir, mais des hommes et des femmes simples qui, en quelques points, leur ressemblent.

Gavés de nos devenirs, nous quittâmes la terrasse ombragée, optant pour une promenade digestive parmi les ruines, où nous passâmes du soleil à l'ombre et de l'obscurité à la pleine clarté : « De même dans toute vie bien remplie ! », pensai-je. Je pressentis que ce parcours initiatique dans les décombres d'une civilisation flamboyante aurait pu devenir le mien, s'il ne l'avait déjà été. À mon âge, je me méfiais de la mélancolie d'un hiver solitaire et des feux ravageurs de l'été. À l'approche du trône fabuleux qui siégeait sur la terre et l'Histoire comme dans mes souvenirs, je crus apercevoir mes enfants se disputant la meilleure place sur son assise de pierre. Je savais que leur tour était venu et qu'ils s'apprêtaient à siéger en maître sur l'esquisse de leurs vies. Je me sentis imbibé du dénuement des lieux et réalisai combien leurs existences différaient de la mienne, de celles des autres et qu'il en était mieux ainsi. L'éclairage tamisé qui filtrait jusqu'au siège minéral me fit entendre que l'histoire ne se répète jamais ou que si rarement elle y consent, c'est pour inoculer dans l'âme l'amertume d'avenirs décevants. « Vivre et laisser vivre », me répétais-je. Je songeai aussi que je m'étais trop laissé vivre et avais insuffisamment vécu, avant la parenthèse qui fit tout chavirer. Ainsi pour Lefort, dont la détresse était sans équivoque et qui croyait vivre intensément jusqu'au drame, alors qu'il se contentait d'usurper un mythe essoufflé. Délicat et fragile est l'équilibre qu'il faut rétablir et maintenir, entre la nécessité d'être et l'espace laissé à l'herbe pour croître librement. Comme tant d'égarés de mon temps, j'étais plus habile à déceler les incohérences chez mes contemporains qu'en mon propre jardin. C'est pourquoi, sous cette lumière limpide que les pluies avaient lavée et relavée pour en expurger les taches d'un passé inavouable, je ne voulais plus tricher. Il me fallait puiser dans l'éclat du jour la faculté de voir les choses telles qu'elles sont, sans y ajouter cette couche humaine et superflue qui ternit les plus merveilleux trésors.

Sous l'éclairage qui versait à grands flots ses trop plein d'évidences, j'appris à capturer l'instant avant qu'il ne périsse, happé par la convoitise de l'oubli. Je tenais pour acquis qu'au moment où je m'y attendrais le moins, cette même lumière descendrait jusqu'à moi et, dans la splendeur de l'aube, illuminerait le visage nouveau du monde.

Jeune, Lefort a misé sur une valeur sûre qui, longtemps, ne l'a pas déçu. À force de tout ramener à elle, il a oublié qu'il pouvait en exister d'autres, crime que l'existence se garde de pardonner. C'est ce que lui ont appris les heures interminables passées avec Gladys et moi dans notre prison d'air et de roc. Pour lui, cette leçon s'est avérée plus instructive qu'une vie de labeur. Le vertige lui a révélé la vraie nature du vide : danger immédiat, absorbant ses espoirs et, avec eux, Michel Botti, le seul être qui lui a finalement résisté. Mais aussi danger infiniment plus insidieux, qui s'immisce dans l'esprit et progresse au creux de l'oreiller, en distillant la sournoise ambition de projets qui engloutissent.

L'après-midi étirait ses ombres dorées sur nos retrouvailles, quand l'heure du dernier bateau approcha et avec elle, celle, mystique, du dernier départ. Tout, dans l'air et sur les reflets liquides, marquait la volonté de ne plus avancer, de s'abandonner pour une brève éternité à la douceur de ce qui fut une belle journée d'été.

Lefort nous invita à nous diriger vers l'embarcadère. En avançant, il songeait aux dix mois d'activité professionnelle restant avant sa retraite. Dix mois qui le porteraient au jour le jour, donnant sens à ses décisions et aux instants, de plus en plus rares, où il lui faudrait montrer les dents, face à une faune disputeuse guettant son premier faux pas. Cette terrible règle, il la connaissait mieux que quiconque, pour l'avoir exercée magistralement d'une rive à l'autre de sa carrière, se refusant les fréquentations qui ne participaient pas à son élévation personnelle. Jusqu'à l'accident, il vouait un culte particulier à ce précepte implacable et, de promotion en promotion, il étendait son empire, en effaçant le tutoiement de ceux qui avaient eu la prétention de se croire ses égaux. Parfois, il s'était interrogé : était-ce la soif d'arriver qui le guidait ? Mais arriver à quoi ? Ou bien celle de la chasse et de l'odeur du sang ? À Torcello, il se le demandait encore. Désormais, il connaissait l'exil de celui qui se retrouve assis à un carrefour à regarder les passants et reconnaît dans la masse indécise sa propre errance… Tout cela était vrai, nous avoua-t-il le long du canal, jusqu'au stage en montagne. Avec le choc et le doute, il lui fallut redoubler d'énergie pour affronter le monde dans lequel il avait établi son hégémonie. Les derniers mois passés s'étaient avérés les plus longs de sa vie active. En nous évoquant cette sombre période, son timbre se chargea de mélancolie, tandis que son regard errait à nos pieds, dans l'étreinte des cumulus et de l'eau noire. Gladys, dont les années n'avaient altéré ni la fraîcheur ni la générosité, cherchait visiblement à lui venir en aide mais Jean-Charles ne pouvait accepter de main tendue… Nous marchâmes donc, en n'échangeant plus que le silence qui, en ce lieu et à cette heure charnière, scellait le jour.

Soudain, je réalisai que j'allais repasser devant la demeure fantôme et, sans préméditation, je priai mes amis de continuer, en leur donnant rendez-vous sur le vaporetto.

Immobile, je les regardai s'éloigner. J'attendis encore quelques secondes puis m'adossai au mur de la bâtisse délabrée d'où j'observai le canal. De lui à moi, le mystère ne tarda pas à opérer. Tout commença par un frémissement au loin, parmi les joncs. Ensuite, l'imagination prit le dessus. J'eus la vision fugitive d'ombres claires glissant sur le miroir liquide. Mais elle ne dura que ce que durent les songes ; comme eux, elle laissa un goût d'inachevé. J'eus la chance de replonger à plusieurs reprises dans le même rêve. À chaque immersion, je me demandais où était la frontière entre songe et réalité. Qu'importait ? Spectateur, je me sentais prodigieusement heureux. Qu'aurais-je pu souhaiter de plus ? À peine avais-je conscience d'être là et d'avoir prochainement à embarquer.

Au cours d'une de ces apparitions, je distinguai deux corps vaporeux, aux alcools de la lagune mélangés. Sous la bienveillance d'un croissant de lune, ils se mirent à osciller puis à tournoyer, emportés par le crescendo d'une valse endiablée. La grâce de leurs figures se fondait en mouvements appuyés d'impulsions saccadées, déhanchées, déchaînées, d'avant en arrière, en de hardis tournoiements que scandaient les cheveux de la mariée, en projetant sur le velours noir des rayons blonds de lumière. Le rythme s'intensifiait encore. Mes oreilles abasourdies allaient crier quand soudain le décor s'immobilisa ; un calme angélique fondit sur la scène. Parmi les danseurs figés, seule une chevelure dorée restait animée qui retombait lentement en décrivant de fabuleuses arabesques. J'allais produire l'effort intérieur devant me ramener à la réalité quand leurs visages m'apparurent dans un flash éblouissant : telle fut mon unique vision directe de l'Homme de Torcello. Le choc fut sans appel. Pris de frayeur je me secouai. J'hésitai : devais-je pénétrer à nouveau dans le sinistre logis et me rasseoir derrière cette table ou rejoindre directement mes compagnons ? À la perspective d'avoir à franchir le couloir menant à la pièce mystérieuse, je fus pris d'un frisson qui trancha à ma place. Je masquai ma couardise en arguant qu'il est indécent de s'immiscer dans la vie d'autrui. Je pris donc le parti de consacrer mes dernières minutes sur l'île à la contemplation de la course immobile du canal. C'est peut-être alors que je connus les instants les plus paisibles de mon retour à Torcello. Une paix profonde, ronde, généreuse, bienfaisante, sans désir ni regret, pétrie de la suffisance de l'instant, une sérénité inédite dont la densité échappe à l'analyse et au langage. En montagne, songeai-je, il est des cols qui ne relient pas simplement deux vallées adjacentes, mais ouvrent sur de vastes traversées, jusqu'à d'autres brèches, d'où les perspectives retombent vers de gras pâturages. En leurs creux fleuris de moutons, de minuscules villages se blottissent, croyant échapper à la fuite du temps. Adolescent, il m'arriva d'en débusquer certains qui avaient réussi ce tour de force ! Et la marche, au fil de ces traversées en apesanteur, distille une saveur d'absolu. Bien sûr, en de tels instants de grâce, le randonneur reste conscient. Pourtant l'avenir n'a plus d'emprise sur lui : les horloges lui accordent une trêve bienheureuse. C'est précisément cette sensation que j'éprouvai, face à l'immensité réduite de l'allée liquide. Au fond de son lit, je vis deux nouvelles ombres, puis le vide réinvestit la scène où aucune autre pièce ne serait jouée. Elles m'apparurent plus éclatantes qu'au cours des premières visions. Mon cœur se serra, ému de ses propres rêves. L'homme de Torcello et son épouse semblaient différents de ceux dont je venais de faire la connaissance, sensiblement moins fougueux que le jour où ils durent se dire « oui. » Quelque chose m'intriguait dans leur chorégraphie ; elle paraissait trop récente pour exister au début du siècle et n'était cependant pas de celles qui transportaient la jeunesse actuelle. Toutefois je la connaissais, cette danse ! La robe de la mariée, plus sobre que la précédente, s'agitait en tous sens. Elle tournait, avançait, reculait, décrivait d'étranges révolutions autour du cavalier. Je reconnus le rock, les années soixante ! Sophie était la mariée et moi, son partenaire, restions indifférents au tourbillon qui nous emportait…

9

Je rejoignis mes compagnons sur le quai d'embarquement. Durant toute la traversée, Gladys se tenait debout, à la proue, les cheveux au vent. Devant elle, le soleil semait des diamants sur la mer apaisée. Nous étions silencieux, encore plongés dans la bulle de nos souvenirs. À l'approche de la cité des doges, l'embarcation ralentit. Aussitôt l'ambiance bascula. Finies les rêveries mélancoliques : l'embarcadère grouillait d'une foule trépidante. Il était environ dix-huit heures.

Nous débutâmes la soirée par une balade dans les rues qui préparaient leur métamorphose nocturne. J'éprouvais un plaisir inopiné à me laisser guider au hasard des quartiers, des ponts et des canaux, sans chercher à me repérer. Peu m'importait où nous allions, les monuments que nous croisions : je flottais parmi les mystères de Torcello, dans la chaleur rassurante de la civilisation, venant enfin de trouver l'équilibre parfait entre rêve et réalité. Gladys et Jean-Charles me devançaient et c'était mieux ainsi : il me fallait prolonger mon abandon. Que mes amis et le monde continuent de m'oublier, si telle est la condition du bonheur !

Soudain, une exclamation aiguë attira mon attention : Gladys venait de tomber sous le charme d'une table libre, agréablement adossée à l'assise du Pont du Rialto. Sans concertation, nous nous retrouvâmes installés, à commander l'apéritif. Tandis que reprenait le fil de la conversation interrompue sur l'île, mes pensées s'évadèrent. Le ballet magique des embarcations en bois verni, les grands cris des gondoliers, le murmure de la lagune sur fond de palais : sublime était la carte postale. Mais une chose m'interpellait : au-delà des clichés surfaits, une poésie authentique se dégageait de ce tableau dont je me sentais étonnamment participant. Gladys parlait avec passion. De quoi ? Je l'ignorais et ne cherchais à le savoir, ne voulant risquer de perdre le fil exquis de mes songes. Heureusement, elle avait trouvé en Jean-Charles une oreille attentive.

Nous dûmes prolonger tardivement la soirée, car la seule réminiscence que j'en garde est celle d'une énorme coupe glacée, sous un panache d'étoiles. Puis mes pensées regagnèrent Torcello, où une présence, à nouveau, me hantait. Et le brouillard, qui jetait ses premiers filets sur la ville, s'empara de ma mémoire. Je ne sais plus exactement dans quelles circonstances nous nous séparâmes, en nous promettant de garder le contact.

C'est ainsi que je me retrouvai aux abords de mon hôtel. Je compris alors que de l'homme de Torcello et de son épouse à la danse que je partageais au fond des eaux avec Sophie, un lien caché existait, fragile mais indestructible. Nos destinées ressemblaient à toutes les destinées, condamnées à laisser au temps le privilège des choix conséquents. Je perçus la stérilité des élans intérieurs voulant changer ce qui se profile au terme du tunnel. Qu'importait si les délires d'une fin aussi inéluctable qu'imminente m'avaient poussé à confondre les destinées, puisqu'une certitude émergeait des flots, qui me chuchotait le miracle d'une vie à deux, semblable à un départ. Torcello, Torcello, déjà si loin de moi et pourtant si brûlant ton souvenir ! Dorénavant j'allais devoir accepter ce que je m'efforçais d'ignorer depuis toujours. Tu m'as délivré de moi-même, privé de faux espoirs et comblé de certitudes peu communes. Je formulai le vœu unique de rester éveillé et, dans l'adversité, de puiser en toi la force de me redresser…

En marge de Venise et loin de ses éclats, Torcello a le pouvoir de faire tomber les masques (car la vie n'est pas un carnaval). Les vérités éclatent au grand jour, comme au jour dernier. Rien ne pèse plus lourd que les regrets. Nombreux sont ceux qui visitent Torcello, mais les rares personnes qui y reviennent ont eu, une fois au moins, le cœur marqué au fer rouge. Cependant Torcello n'est qu'un affleurement mineur, à la dérive sur la confusion des eaux. En elles, elle puise des profusions de ténèbres qu'elle oppose à nos propres obscurités. Torcello ou le pouvoir de renvoyer à ses visiteurs leur image, flanquée d'un message codé. Des douleurs d'un tel affrontement, naît le néant ou la passion, mais jamais de ces compromis malsains qui hantent nos cités moribondes. Torcello est certes l'ombre oubliée de la mégapole d'antan, elle en recèle néanmoins l'âme véritable. Je n'ose imaginer Venise sans Torcello : une arène vidée de l'esprit des jeux, une conque déserte. Torcello vaut le voyage, mais pas n'importe lequel : de ceux que l'on fait par jour de pluie ou lorsque l'amertume devient le seul remède à l'amertume. Si vous faites le trajet jusqu'à cette île où il est admis que plus rien n'arrivera et où les vestiges se visitent en deux heures, prenez le temps, au retour, de faire escale à Venise ! Du contraste entre rien et tout, votre cœur, plus tard, fera son choix… On se rend à Venise pour son mythe, ses musées, son ambiance, ses sourires, ses richesses. Torcello, elle, prodigue d'autres richesses. Infiniment plus arides, elles se révèlent bien plus poignantes. On va à Venise par amour ou par désespoir, à Torcello en quête de silence et d'oubli. Ou de souvenir, ce qui revient au même. Là-bas, à deux pas des fastes évaporés de la république déchue, la paix reprend ses droits et revêt une dimension inconnue. La première fois, on se rend à Torcello, ensuite on y revient. Ou plutôt, c'est elle qui nous rejoint secrètement dans la grisaille de nos hivers. Personne n'habite à Torcello, mais Torcello habite en chacun de ses pèlerins. Dépassant à peine de l'onde vaporeuse dont elle partage l'impalpable ennui, elle insuffle aux cœurs vulnérables une prodigieuse leçon d'amour. L'Histoire fut bannie de Torcello, toutefois Torcello marquera notre histoire…

10

Allongé sur le dos, les pieds dépassant du lit trop court, je fixais les moulures du plafond de ma chambre d'hôtel. Mon esprit agité par trop d'émotions se refusait au sommeil. Alors, je songeais à Gladys. Gladys qui avait toujours croisé loin des rêves de grandeur, indifférente aux récompenses terrestres. De ses lectures, elle avait découvert la faiblesse des empires et la toute puissance des coccinelles. Quant à moi, je savais qu'en dehors de la chaleur du soleil, il n'était point de salut. Et qu'au crépuscule d'une vie, lorsque les lumières s'éteignent une après l'autre, il faut beaucoup veiller pour ne pas succomber à la noirceur gagnant la salle de spectacle.

À l'extrémité du plafond, sous l'éclairage rasant d'un réverbère, une toile d'araignée trahissait la négligence du service. Elle pointait une imperfection dans l'ordre établi, que Lefort n'aurait pu tolérer auparavant. Et pourtant, ce jour même, le masque de fer de cette figure emblématique avait fondu sur la Vénétie désormais à nu. L'ingénieur n'avait pas eu tort de déceler les stigmates d'une condamnation, dans la confrontation de nos premiers regards.

Au-dessus de moi, ondulaient les reflets dorés du canal. En les observant, je songeai que les grands principes qui soutinrent Jean-Charles avaient terni au grand jour. Depuis dix ans, une minuscule fissure défiait sa façade monolithique. Et comme un vol d'oiseau préfigure le printemps, cette césure dans l'œuvre du temps marqua l'avancée décisive de l'automne de sa vie. Il dut sentir un vent intérieur s'élever puis monter en puissance. Bientôt, sous ses assauts répétés, son feuillage ocre s'étiola, emportant des pans entiers de sa destinée. Il y reconnut la griffe de son ennemi irréductible, celui qu'il avait contenu jusqu'alors, par les vertus croisées de la détermination et du mépris : le doute ! Jean-Charles aurait voulu serrer les poings et retenir ce que son époque pouvait encore lui offrir, mais plus rien n'endiguait l'hémorragie de ses convictions. Il avait joué, abusé des largesses de sa génération. À quoi bon avoir tout tenté, tout vaincu si, au terme du voyage, il faut revenir sur le quai de départ ? Depuis longtemps, les maigres consolations de la séduction ou des jeux de l'amour n'avaient plus d'emprise sur son armure, ni sur ses gants de soie. Il y a une liberté à choisir de ne rien faire, comme il faut une vocation pour l'appliquer assidûment. À compter de notre sauvetage, il achoppait sur cette opposition, si contraire à lui-même. Son corps aspirait à hurler sa réprobation, tandis qu'un inaudible murmure le conjurait de s'abstenir… Lefort avait grandi avec l'occident, dans un référentiel où tout ce qui n'était pas faux était supposé vrai et où les nuances étaient systématiquement éludées, la méditation mise en sourdine, au bénéfice ultime de l'urgence et de la possession. Depuis sa « chute », il avait beaucoup vieilli, en tâchant de réunir les pierres éparpillées des ruines d'antan.

Jean-Charles me rappelait une image qui, par un matin brumeux, m'extirpa de ma torpeur maladive. J'observais la lente progression d'une péniche remontant la Seine, par vent debout.

Fermement décidée, elle frayait son passage ; rien ne semblait pouvoir l'arrêter. À l'approche de l'étrave, l'eau frémissait puis était prise de convulsions. In extremis, elle fuyait sur les côtés où elle roulait honteusement. Mais en quelques secondes à peine, son humiliation était lavée : le sillage du monstre d'acier avait déjà disparu. L'eau retrouvait son innocence originelle. À quoi bon la domination, si rien de ce qu'elle courbe ne survit à l'écume éphémère ? Nul vaisseau n'est plus puissant que l'onde, nul Lefort n'infléchira durablement le cours du monde, ni sa façon de penser…

Jeune, j'étais plutôt doué en mathématiques. Au lycée, j'envisageais de devenir ingénieur, toutefois une nuit à la belle étoile, dans le Queyras, me fit découvrit le vertige face à l'infini. Je décidai de consacrer ma vie professionnelle à l'essentiel et pour cela, seule la philosophie se montrait susceptible de combler mes attentes. Dans une certaine mesure, Jean-Charles est cet autre moi-même que j'aurais pu devenir, si une cargaison d'étoiles n'avait dévié ma route. À la réflexion, un second point nous rapproche également : je n'avais pas trouvé ce que j'étais venu chercher à Torcello, mais j'y avais découvert bien davantage ! Deux ombres avaient dansé pour moi parmi les flots. Qu'il s'agisse de Sophie et de moi ou du vieil homme et de sa bien-aimée ou d'autres couples encore, que m'importait puisque tout devient familier à qui se livre dépouillé ? Depuis ce jour, je reste hanté par les fantômes de Torcello…

11

Revenu chez moi et malgré des efforts inconsidérés, la courbe des journées me ramenait inlassablement vers le canal et ses énigmes. Impossible de m'intéresser durablement à mon ordinaire. Heureusement, Sophie était là, naturelle, discrète et tellement inattendue. Sans elle, je ne sais quelle puissance improbable aurait pu m'extirper de mes interminables rêveries et de ma léthargie dévorante. Chaque soir je réalisais davantage que je vieillissais, à la fatigue éprouvée à accomplir les gestes simples qui préparent la maison pour le lendemain, comme éteindre l'halogène du couloir, traverser le jardin pour verrouiller le portail, fermer les volets, apprêter la table du petit déjeuner, diminuer l'intensité des radiateurs, monter l'escalier… Tous ces gestes banals, presque rituels, toute cette énergie dépensée à des futilités sans cesse répétées jugulaient ma jeunesse intérieure. Puis un jour, une étincelle jaillit contre toute attente : je songeai que si l'âge est seul responsable de cette pesanteur croissante, le fardeau des tâches quotidiennes à accomplir est plus léger que celui du lendemain ! Et cette évidence éminemment défaitiste me fut d'un secours souverain. Depuis, elle m'accompagne et me soutient dans ma lutte journalière contre les ravages de l'esprit de lourdeur…

Les journées se suivaient de la sorte, consommant peu à peu le mois d'août 1996. Dans mon lit, je comptais combien de jours semblables me séparaient de la rentrée scolaire. Un matin, un rayon de soleil me réveilla, qui perçait les volets d'un éclat extraordinaire. Je me penchai sur ma vie et songeai que le temps avait fini par avancer un pion sur l'échiquier de ma stagnation : de victime consentante, je devais redevenir acteur. À partir de cet instant, un vent nouveau évinça les cicatrices de Torcello sur mon existence affadie. Je pris pleinement conscience de mon retour. De Torcello d'abord, de moi-même ensuite.

La paix qu'aurait dû me prodiguer l'avènement des choses vers lesquelles j'avais longtemps marché ne fut que de courte durée ; peu à peu croissait en moi l'impression de tourner le dos à ma patrie adoptive, l'Italie. Chaque pas en avant m'éloignait de mes fantômes exquis. L'omniprésence du vide s'emparait de mes heures inoccupées. Le regard neuf porté sur Sophie aurait dû me préserver du flottement impalpable dans lequel l'absence d'événements m'acculait. Pourtant, je savais pour une raison encore obscure que cela ne suffirait pas. J'étais comme un homme ayant constamment vécu sans le savoir à côté d'un trésor et qui, au crépuscule de sa vie, lorsqu'il n'en a plus besoin, le découvre à ses pieds, rutilant de splendeur, par les hasards d'un rangement de grenier. Cette pensée m'aida à outrepasser mes penchants alanguissants. À chacune de mes résurgences, je reconnaissais que tout allait pour le mieux dans ces journées dont le cours s'établissait hors du temps, en un lieu pas plus réel que celui où j'avais jeté l'ancre.

C'est à cette époque et dans cet état d'esprit que je repris la rédaction de « La densité du vide. » En m'appliquant, je parvenais à aligner des phrases qui décrivaient avec justesse comment le vertige avait bouleversé nos destinées individuelles. Mais il y avait aussi cette part de mystère que notre séjour dans la lagune avait dérobée au devenir de mes compagnons. Présenté sous la forme d'un roman, mon ouvrage aurait toléré nombre d'entorses à la réalité, toutefois je n'écrivais pas un roman ; je cherchais à dépeindre les coulisses d'un drame qui se révéla unificateur. J'aurais trahi mes amis et moi-même en altérant le fil des événements. Un sentiment de responsabilité déplacée semblait guider ma plume. Il m'enfermait dans un champ de libertés restreintes, imposé par le sacro-saint culte de la véracité. Après tout, Jean-Charles et Gladys avaient-ils le droit de m'imposer l'avenir de mes personnages ? Sur le plan littéraire, il eut été préférable qu'ils agissent autrement : un clin d'œil au passé, les retrouvailles d'un disparu, une coïncidence faisant basculer l'intrigue... Comme il s'agissait d'authenticité et de respect, je n'avais d'autre choix que d'assumer les conséquences de mes actes. J'ignorais quelle étincelle avait insufflé le projet d'une œuvre inutile en laquelle je devais m'anéantir ! Puis, à mon insu, la terre avait repris ses droits, le temps s'était remis en marche. J'aurais dû le reconnaître et, à défaut de pouvoir le changer, l'accepter. Il me semblait assister de l'extérieur à l'envol d'un avion dans lequel une place m'était réservée...

Avais-je eu raison de soulever le voile ? Certes j'étais prévenu des risques de rendez-vous programmés trop longtemps à l'avance. À La Bérarde, n'avais-je pas mis en garde Gladys contre de tels projets ? À l'époque, ce n'était pas moi qui parlais, mais le professeur, le sage aux yeux aveugles citant un auteur connu, dans la somnolence d'un amphithéâtre. Une part de responsabilité incombait aussi à la tension relâchée après des mois où toutes mes forces vives avaient convergé vers un but unique, dans le collimateur d'un télégramme. Après l'avoir tant attendu, tant espéré, je l'ai finalement vécu, cet objectif suprême. Je l'ai éprouvé dans sa quintessence, mais à quel prix ? Valait-il l'investissement et son lot de désillusions ? Il me restait, pour seule consolation, l'impression d'avoir épuisé une vérité dont j'avais imprudemment douté. Je ne pouvais changer le passé ; il me tenait, autant que je le tenais. Victime de son incorruptibilité, il était voué à l'immobilisme et, sous cet angle au moins, je pouvais prétendre avoir eu le dessus. Car moi, David, j'étais encore capable de changer et, ainsi, peut-être de triompher de Goliath !

Un pas de côté

1

J'ai une tendresse particulière pour les journées d'été, en Laponie, qui se prolongent tardivement et déversent sur la taïga une pureté originelle. Au faîte de leur gloire, elles tremblent à l'approche d'août. Sa première quinzaine écoulée, elles trébuchent et glissent sans transition vers les rigueurs hivernales. Je dois à leurs prémices une part de ma fascination pour les contrées septentrionales. Dans leurs ciels, aucun signe n'est visible, pas même la bave d'un avion dont la boussole s'affole, et pourtant une menace plombe l'étendue. Seul, le spectateur averti sait y reconnaître une mélancolie susceptible de tout réconcilier. La condition ? Avoir un cœur pouvant aussi facilement s'ébattre que s'apaiser devant la majesté de spectacles qui sont la négation même des clapiers dans lesquels les civilisations emmurent leur apparente quiétude. C'est précisément la quête de cette qualité rare qui m'a conduit ici, en ce mois de juillet 1997.

Avant d'entamer l'ultime année scolaire qui me portera à la retraite, j'ai voulu goûter aux pouvoirs magiques du silence. J'ai donc loué une maison à Vanttsaukoski, sur le cercle polaire, au bord d'un des cent mille lacs de Finlande, à deux pas de la frontière russe. Sophie est à mes côtés et sa présence suffit à combler le vide des espaces infinis. Ici, au milieu de nulle part, les semaines défilent, sans que rien ne se passe. Soustraits au monde, sans téléphone ni télévision, les seuls événements qui ponctuent la course ralentie du temps sont le passage d'un renne dans notre vaste propriété, la capture d'un poisson ou nos deux séances journalières de sauna, suivies d'un plongeon déraisonnable dans l'eau glaciale. Vers 23 heures, heure à laquelle le soleil marque les premiers symptômes de fatigue, nous nous rendons à l'extrémité de notre domaine, face au lac, au terme d'un caillebotis sinuant parmi les sapins, les myrtilles et les baies polaires. Là, protégés tant bien que mal des nuées de moustiques, nous nous asseyons et contemplons l'immobilité. Le soleil flirte avec l'horizon et jette ses rayons tangents parmi les nuages bas, en direction de la forêt délimitant l'autre rive du lac. Sous ses ardeurs répétées, la lisière de conifères s'embrase et s'élève dans l'air : une présence l'habite. Que serait l'univers sans elle ? Rien de visible ne changerait, mais pour moi plus rien ne serait pareil… Voici comment il faudrait aimer, si seulement nous voulions aimer : avec abandon en la passion et foi en la déraison. Oui, c'est bien une leçon d'amour et de patience à laquelle nous assistons, chaque soir, devant dans la montée en couleur des sapins, par-delà les flots tranquilles. Pourquoi chercher ailleurs ce que nous possédons déjà et qui suffit à combler plusieurs existences ? Que désirer de plus et que d'efforts dépensés pour ne point y parvenir ! La main de Sophie dans la mienne, nos regards se laissent emporter par le frémissement de l'onde où des fragments de ciel se déclinent en des milliers d'étoiles contenant chacune une réponse.

Le soleil est stationnaire. Près de notre lac, par soixante-six degrés de latitude nord, j'ai l'impression d'observer d'en haut la région qui m'a enfanté et dans laquelle je me suis ridiculement débattu. Les yeux rivés plein sud, porté par le clapotis et l'embrasement des choses, je ressens l'éloignement de la culture qui m'a formé. Je laisse à d'autres le soin et la bravoure de la courtiser encore et d'y semer des graines nouvelles, car à l'aube de la dernière ligne droite de ma vie, je sais enfin quelles graines peuvent s'épanouir et dans quelles terres ! Celles de là-bas ont trop donné, trop été abusées. Le temps pour moi est venu d'en cultiver de plus authentiques, afin d'y découvrir, au bout du voyage ou dans d'autres rêves, la pureté qu'enfant je fuyais et, qu'adulte j'ai cherchée à travers ce qui la rejetait.

Ici, je peux à loisir terminer mon livre, notre histoire. Finalement, pourquoi l'écris-je ? Mille fois, je me le suis demandé, sans pouvoir y répondre précisément, mais une force obscure m'incitait à poursuivre. Peut-être pour réguler ce trop plein d'émotions que ma bouche ne peut exprimer et que ma main ne peut contenir. Ou pour avoir enfin le droit d'oublier le drame, mais paradoxalement aussi pour m'en souvenir ! Et le miracle devrait s'accomplir de lui-même. Lorsque je caresse de loin en loin ces pensées, mon sang se réchauffe et, avec lui, le monde revêt un autre visage. Je trouve l'énergie d'affronter ma terre natale dont je n'attends plus rien et vers laquelle il me faudra repartir. Au terme des principales étapes de mon histoire, j'ai découvert une forme inédite d'innocence ; je détenais alors les clés du ciel ! Le peintre croit saisir l'essence d'un paysage par l'assurance des traits donnant vie à son aquarelle, alors qu'il s'empare d'un trésor bien plus fabuleux : la flamme cachée en lui. Il nomme talent la dextérité avec laquelle il manie le pinceau, et non la faculté de laisser résonner en soi les battements sonores de la nature. Toute création artistique doit être contemplée non pour elle-même mais pour l'élan qui présidait à sa naissance. Ce que l'homme fait de plus admirable n'échappe pas à la règle : le mérite de l'illumination revient au courant qui le traverse.

À Vanttsaukoski, face aux éléments dénudés, il n'est pas rare qu'une explosion d'idées envahisse mon esprit. Néanmoins, seules quelques-unes germeront, les autres regagneront l'oubli général, telles des destinées éparpillées. Et mon cœur teinté d'une vague amertume s'accorde aisément à l'indifférence de la marche humaine. Je réalise alors que la philosophie ne m'intéresse pas, mais que ce qui m'attire en revanche, et sans jouer sur les mots, c'est l'attitude philosophique.

Minuit, l'instant féerique où le soleil encore vaillant confie le jour au lendemain. J'observe la course des nuages au fond des eaux immobiles et m'interroge : « Qu'est-ce qu'être et qu'est-ce que posséder ? » Puis d'ajouter : « Et qu'est-ce qu'avoir été ? » Dans ce pays sans règle, un principe s'impose naturellement : veiller à la qualité du lien invisible qui nous unit aux êtres aimés et à l'existence que nous menons. Ce lien est tissé d'une matière plus noble que la nôtre. Et le reste peut attendre ; sans une dose d'abandon, pas de création ni de rédemption. Savoir vivre, c'est peut-être écouter simplement ce que la vie murmure sur l'oreiller, au creux d'un vallon ou sur une plage humide dont les vagues effacent inlassablement nos faux pas. Cette leçon de sagesse, je la dois à la Laponie et au silence qu'elle a su élever au rang de vertu. Sans lui, les civilisations suffoquent de surperformance. Je dois aussi cet enseignement aux rares instants où l'intensité de mon oubli a fait de moi un homme comblé.

J'ai appris à aimer ces étendues discrètes et subtiles, à l'aptitude de sa terre à se confondre avec le soleil qui s'y noie. Entre les roches couleur de feu et les sapins brandissant vers le ciel l'étendard de la sérénité, circule l'eau de la vie. Elle seule peut semer dans l'amour les germes de la passion. Ces contrées glorieuses et perdues ont l'étrange capacité d'emporter ma plume vers l'infini des voyages intérieurs. En Finlande, j'ai appris à quel point le monde pouvait se passer de moi. Et loin de m'accabler, cette avancée me procure un ineffable sentiment de liberté. Certains se sentent investis d'une mission de productivité, d'efficacité, de profit, de célébrité ou attendent une reconnaissance, l'ombre d'un merci. D'autres préfèrent œuvrer au polissage superflu de vérités indémontrables ; avec eux, j'ai cherché l'éclairage qui sied le mieux à notre temps. Souvent, je me suis perdu à sa suite mais, à de rares occasions, j'ai cru le débusquer. Alors, il m'ouvrait le carnet de ses confessions et aussitôt la sphère se refermait, rendant au quotidien son visage ordinaire, c'est-à-dire le plus vulgaire.

Je réalise ici pour la première fois que la complicité de mon être et de l'existence qu'il mène vibre plus intensément en des lieux que la raison ne peut souffrir et loin desquels mon âme ne tarde pas à se dessécher…

2

Quelques jours avant notre départ pour la Scandinavie, j'ai reçu des nouvelles de Gladys. Elle disait qu'elle était heureuse et m'annonçait être enceinte. Sa joie débordait de sa lettre et transformait chacune de ses phrases en un hymne au bonheur. Quelques mots alignés, semblables à des milliers d'autres, venaient d'aboutir par miracle entre mes doigts tremblants. Rapidement, son ardente liesse est devenue la mienne. Malgré la distance et la génération qui nous séparaient, j'ai ressenti les vibrations intactes d'un lien d'amour qui n'était pas de l'amour, mais le dépassait à bien des égards. Aucun acte physique ne s'est jamais produit entre nous et pourtant le souvenir de ses sourires suffit encore aujourd'hui à embraser mon cœur que je croyais assagi. Tout disparaît de ma vue, hormis la candeur de son regard.

Une larme m'a échappé qui a taché sa missive, attirant mon attention vers un post-scriptum dans lequel elle me demandait d'être le parrain… Je suis resté immobile, les bras ballants. Rapidement, l'encre noire s'est mise à gonfler sous le flot de mon émotion. Une à une, les lettres se sont animées puis ont pris leur indépendance, emportées par un courant auquel ne pouvait résister la fragilité des sentiments qu'elles avaient fidèlement véhiculés. J'ai reconnu dans la déliquescence des mots celle de mon propre cheminement, les occasions manquées, mes enfants m'échappant, ma négligence envers Sophie, la légèreté de mes actes, mes efforts démesurés consacrés à la poursuite de chimères… Je croyais mes yeux définitivement secs, et voilà que quelques mots juxtaposés, des phrases simples, échouées sur la surface lisse d'un papier bon marché, ont ébranlé mes certitudes de philosophe !

Confortablement assis à la terrasse de notre cottage, je ressens une indéfinissable liberté à écrire ce que j'ai éprouvé quelques semaines auparavant, en recevant le courrier de Gladys. Joie aussi, mais ambiguë, de trahir doublement : Sophie, d'abord, que j'aime tendrement et dont l'amour n'est plus à prouver, capable de comprendre ce que son époux lui-même n'a pas réalisé, le moteur véritable de sa motivation et, loin de le condamner, qui sait le soutenir discrètement. Gladys ensuite. En effet, quelle sera sa réaction lorsqu'elle apprendra, en lisant ces lignes, ce que le mélange insolite de circonstances et de convenances m'a toujours forcé de lui dissimuler ? Haïra-t-elle celui qui fut son ami puis son confident ? « Il faut du courage pour divulguer ses sentiments », disait un livre dont j'ai tout oublié et qui, pour une raison mystérieuse, m'a accompagné jusqu'à ce jour. Aujourd'hui, fort des années laissées derrière moi (ce que les crédules nomment expérience ou que d'autres, plus caustiques, qualifient de déclin), je puis affirmer qu'au crépuscule d'une vie, l'aveu de ses sentiments est l'un des actes requérant le plus de volonté. Entre Gladys et moi, quelque chose de fort s'est installé dès nos premiers échanges. Rien à voir avec un amour classique, même si je reconnais l'avoir profondément aimée et l'aimer encore. Plutôt une forme rarissime de respect entre un homme et une femme : en elle, j'honorais la force de la faiblesse, en moi elle respectait la faiblesse de la force.

Dès que je ferme les yeux, je revois le vent courir dans ses cheveux immatériels, quand nous foulions les pavés de Torcello, mais là n'est point l'essentiel. Ce qui me frappe en elle, c'est son étonnante volonté de tout concilier, sa farouche aversion pour le renoncement. Elle a tracé son chemin, sans jamais se retourner sur l'écume de son sillage. Ce que son regard a caressé s'est métamorphosé à mes yeux. Pourtant, mille contradictions coexistent en elle. En parfaite harmonie ! À la contempler, j'ai perdu mon esprit critique, la faculté de raisonner, d'identifier les dérives les plus criardes. Tel le flux et le reflux de l'océan, ses pensées alternent entre gris clair et gris foncé, sans jamais trahir la respiration des eaux, ni l'équilibre établi. Prête, elle l'est et ne le sait pas encore. Il lui faudra davantage de temps pour découvrir les évidences qu'elle maîtrise déjà et les laisser s'épanouir, un jour peut-être, en une émanation d'elle-même... Dans mes souvenirs, elle aligne les mots et les paroles avec grâce et volupté, mais ces bouquets fleuris n'exhalent plus aujourd'hui le parfum d'antan : le temps poursuit son œuvre. Patience d'être et patience d'aimer. Son jeu favori était celui des nuances et des mots, et les mots se jouaient de ses élans spontanés, au point de l'acculer quelque fois dans des sphères où elle se trouvait condamnée à rester seule. À sa façon, Gladys était de son temps et le temps, une part indissociable de son être. Les grandes causes qu'elle défendait vainement se perdaient dans le reflet de miroirs qui lui renvoyaient une vision indirecte de son inconscient. Elle affectionnait les causes perdues. Ne lui importait que de vivre et de sourire à qui lui souriait. Il lui fallait accorder les battements de son cœur bouillonnant à la lente respiration du monde, en unifiant les contradictions de son époque. Rebelle, elle l'était, à sa manière, et le revendiquait de toute sa vulnérabilité. À Torcello, elle commençait enfin à assumer sa vraie nature, délivrée des frustrations ayant nourri son remords et des faux espoirs de jeunesse. Et elle le faisait avec grâce et désinvolture, derrière ses yeux de velours. Surtout, si vous la croisez, ne lui demandez pas qui elle est, ce qu'elle fait : ses pieds, depuis longtemps, ne foulent plus le sol : épargnez-lui le réveil ! Les anges sont fragiles : ils ont besoin de gardiens ! Adolescente, elle s'attardait parfois sous un grand chêne, au fond de son jardin, et s'y découvrait une vocation de source reliant la terre des hommes à l'invisible pays des rêves. Ne l'empêchez pas de semer l'espérance autour d'elle : elle voyagera à travers les âges, jusqu'à trouver une âme assoiffée à désaltérer. Il est une foule de mots qui ne veulent rien dire mais qui, pour elle, sont lourds de signification.

Souvent, je m'interroge : que se serait-il passé si je l'avais rencontrée à vingt ans ? Aurais-je été pareillement troublé ? Aurais-je trouvé les mots, ressenti ce qui transporte encore aujourd'hui mon cœur éprouvé ? Et comment aurait-elle réagi ? Aurait-elle connu des sentiments à mon égard ? De la pitié, de la compassion ? De l'amour fraternel ? Non : je n'aurais pas voulu d'un amour fraternel, d'une amitié de façade, de ces formules prêtes à porter, vides de substance et qui éclatent à l'épreuve de la vie. Entre elle et moi, quelque chose de grand aurait forcément germé. Et ensuite ? Notre idylle aurait-elle résisté à la jeunesse inflexible et au tourbillon des jours ? Ou son vernis aurait-il craqué dès la première sécheresse, comme tant d'autres avant lui ? Comment savoir ? Quelle certitude nourrir en ce monde ? Suis-je responsable des vingt années qui nous séparent ? Ne suis-je pour elle qu'un vétéran en perdition, qu'une âme à sauver ? Qu'y a-t-il finalement au fond de ce regard dans lequel je me serais volontiers noyé ? Recèle-t-il les trésors qu'il promet ? S'agit-il vraiment de l'unique clé de mon bonheur ? À présent je le sais, outre le théâtre d'un inattendu face-à-face avec la mort, le Mont-Blanc fut pour moi la scène d'une triple histoire d'amour : amour de la terre mille fois reniée qui me vit naître et que, fils prodigue, je redécouvris à la manière d'un pénitent. Amour également de la source de tout amour, si longtemps dissimulée derrière les brumes de mon orgueil. Amour inavoué enfin que celui que je te voue, Gladys, toi qui jamais ne le sus ! Depuis, tu as grandi et maintenant, onze années après notre rencontre, le souvenir éthéré de ton ombre sur fond de Torcello ranime en moi les braises que je croyais éteintes. L'annonce de ton mariage fut déchirure et soulagement. Désormais je n'avais plus à gérer mes émotions, à concilier l'inconciliable. Ton épanouissement m'a libéré de moi-même et du carcan de scrupules qui lentement m'étouffait. Plus jeune, je me suis trompé de fée. J'ai vécu avec l'une d'elles, la mienne, sans la voir véritablement et en ai convoité une autre, à travers une passion dissimulée : j'ai confondu deux rêves. Coupable, je l'ai été et la vie ne pardonne pas à qui se trompe de rêve. Maintenant que les mots sortent de l'ombre et s'alignent docilement sur une page blanche, je sens croître en moi la mélancolie des vrais moments de bonheur. Des larmes roulent sur mes joues ravinées ; je pressens qu'il me faut en rester là. Comment savoir ce que Gladys pense de moi ? Et puis non, à choisir, je préfère l'ignorer !

Toujours sur ma terrasse, la plume à la main, je sens une brise onduler sur ma peau desséchée. Me vient le parallèle entre l'écriture d'un roman et l'ascension d'une montagne, par une voie nouvelle. À chaque feuille vierge, tout reste à inventer : les pas s'impriment dans une neige immaculée. C'est probablement cette pureté créatrice qui m'a amené en Laponie. Ici, plus que nulle part ailleurs, je me sens vivre, bien que ne faisant quasiment rien de mes journées, toutes semblables en apparence. En cet endroit privilégié, je sais consentir à l'oubli, sans amertume ni regret. Et la paix de mon cœur s'en trouve démesurément grandie. Pourtant, je me sens régulièrement tel un homme âgé qui mesure les promesses qu'il s'était faites et que le temps lui a ravies. Il croyait au bonheur mais ne l'a que peu éprouvé, dans des années où il incarnait sans talent son propre rôle. Il ne lui reste qu'à se convaincre qu'il progresse désormais dans le songe ultime, celui en lequel tous les pas accomplis trouveront un sens.

À présent, devant la psyché symbolique du lac, je me sens enfin le droit de regarder le soleil décliner et d'apprécier le prodige de l'instant. Comme cet alter ego imaginaire, je suis conscient que la beauté contemplée est la seule richesse qui m'accompagnera plus loin. Avec lui, je prends le parti des hommes résolus à aimer. Face au réveil des nuances sur la grande scène de la nature, je suis épris d'une volonté nouvelle et sincère d'aimer sans condition. Je laisse sombrer sous le miroir inversé de l'eau, mes regrets, mes espoirs, mes rancœurs, toutes ces errances qui ont jalonné mon existence. Je m'abandonne à moi-même et au décor qui m'entoure de ses bras de glace. J'aime dévisager d'ici les reflets de la vie à laquelle j'ai participé, puis consenti, et j'entends déjà, de l'horizon masqué, un vent d'espoir s'élever.

3

Selon les règles du bonheur, penser est le premier des faux pas : tel est l'enseignement que la taïga réserve à ses hôtes, au fil des forêts et des saisons. En elle, les vérités sont limpides et soutiennent le regard. L'eau se respire et prend chair, l'air se boit et désaltère. L'innocence suinte de partout. Elle se lit sur l'écorce des sapins, dans le creux des lichens, à la consistance des nuages. Les plus patients y percevront les battements lointains du monde, les autres trouveront le bonheur à leurs pieds, dans la végétation basse où nichent des fruits généreux. Et c'est là, à bout de souffle, que les chercheurs de certitudes découvriront une pureté en voie d'extinction : celle de l'âme. Parfois aussi, lorsque le crépuscule jouera ses derniers feux, les plus habiles découvriront une mélodie chargée de passion. En ces lieux envoûtés, la frontière disparaît entre prendre son temps et prendre le voile ; vivre simplement, y devient religion.

J'ai suffisamment vécu pour ne plus prendre au sérieux le présent ni l'avenir. Peut-être est-ce le commencement de la sagesse qu'adolescent je cherchais et dont la vie ne m'a pas montré le chemin. Finalement, qu'est-ce que vivre, sinon apprendre sans cesse qu'il n'est rien de parfait ni d'absolu ? Admettre sa propre imperfection puis celle des autres. Accepter sans regret ou commisération, ni coupable ni victime, son intime parenté avec la nature originelle. Et qu'importe d'avoir raison ou tort ? Seule l'altitude éphémère à laquelle portent les élans désintéressés justifie les efforts consentis. « Faire le mieux possible et laisser dire… » Est-ce par hasard si une main avertie a découpé cette maxime dans l'épaisseur d'une planche de bois, sur la façade d'une maison du village de Maloja ? Du haut du col homonyme, elle tourne le dos à une Suisse devenue suspecte à force de propreté et veille sur une mer de lumière : l'Italie, qui s'ouvre, plein sud. Et comme la générosité n'a pas de limite, cette main humble et prophétique l'a également traduite en langues étrangères, pour expliquer aux passants qu'il n'est point de race élue, de terrain conquis mais différents équipages largués sur l'océan des âges…

Certains trouvent l'aventure au seuil de leur porte, à dix ans ou à soixante-dix, d'autres la cherchent vainement aux antipodes, sous ses multiples déclinaisons. Les plus heureux sont naturellement les premiers ; je ne suis pas de leur royaume. Quoi d'étonnant alors, à ce que j'éprouve une bouleversante affection pour les empires décadents ? Dans leur débâcle, ils révèlent un caractère si humain… À mes côtés, la nature reprend le dessus. Le vent courbant la cime des sapins rappelle celui qui promulgue, de siècle en siècle, la force d'espérer. Je le sens plus jeune et plus fort que jamais. Nos paroles, dit-on, sont légères comme lui et aussitôt rédigées, tombent sous le couperet de la justice. Le vent est synonyme de liberté et de victoire ; le temps est son allié. Il y a quelques mois encore, je restais de longues heures dans mon abri de jardin, en proie au doute. J'hésitais à poursuivre la rédaction de mon ouvrage, lorsque le même souffle se leva. Mon attention fut attirée par notre cèdre qui s'étirait puis fut pris de soubresauts. Quelle force, me dis-je, que celle réveillant un géant assoupi ! Je sus que j'étais allé trop loin dans « La densité du vide » pour ne pas terminer. Car l'important n'était plus d'écrire ni de décrire, ni même d'exprimer, mais de transmettre. À l'instar des êtres délurés qu'infirme j'adulais et dont les frasques ponctuent les destinées, je compris qu'il me fallait créer un champ de force dans lequel m'investir pour connaître, dans ses ultimes déclinaisons, le spleen des grandes solitudes. Tous ceux qui, une fois dans leur vie, ont réalisé une grande action ont pensé qu'ils seraient plus forts que le temps et que la prouesse accomplie leur épargnerait définitivement l'exil. Mais aux portes du troisième âge, je réalise ce pour quoi j'étais vraiment fait. Et aussi qu'en dehors des utopies, il n'est point d'existence sans exil.

À la lisière de l'arctique, alors que mes pensées se perdent dans des parcours qui auraient pu être les miens, une aube nouvelle s'élève devant moi. La lumière a imperceptiblement changé : un clin d'œil, parmi tant d'autres que personne ne remarquera. Quel gâchis ! Un feu sans incendie, une étoile en perdition, un vol d'oiseau et la page est déjà tournée ! Et la vie aussi… Face à moi, au-delà du lac et de sa palissade d'arbres muets, l'éternité. Dans mon dos, la ville, celle de mon enfance et de l'agitation. À cette heure même, elle détourne des millions d'hommes et de femmes de l'essentiel. Sous les rayons tombant du ciel en larmes, je me dis qu'il est encore temps de tout réconcilier. Un lever de soleil à travers une forêt, c'est une seconde jeunesse à saisir. Pourtant, j'en ai connu, en me rendant au lycée, des aurores enchanteresses où la lumière déverse à grands flots des promesses de printemps, dans l'enchevêtrement de branches nues. Alors comment expliquer qu'au terme d'une journée de travail bien remplie, à une exception près, je ne repensais jamais à ce spectacle éblouissant que j'avais contemplé le matin même ? Si seulement j'en avais eu l'once d'un souvenir, peut-être aurait-ce suffi. Mais je refais à nouveau l'histoire. Ainsi de tous les enfants que nous n'avons pas eus : j'imagine parfois à quel point ils seraient en droit de nous bénir ! Au début de notre mariage, Sophie et moi en voulions quatre. La vie en a décidé autrement. Longtemps, je me suis interrogé sur le nombre idéal, sur l'équilibre parfait, comme s'il était un idéal en la matière ! Au nom de la morale ou de motifs religieux, combien de couples accomplissent des prescriptions qui les dépassent, comme si une arithmétique prévalait en termes d'amour ?

Plus jeune, durant la froideur des hivers, je voyais mes idées, et celles de mon époque, prises dans la banquise. Mais depuis notre sauvetage et maintenant avec la complicité de l'air lapon, je tiens pour vrai qu'au cœur de tout immobilisme, un bourgeon minuscule attend les beaux jours. Vient toujours le temps de la conscience et avec lui, celui de l'épreuve. Il est un fil tendu entre nos origines et je ne sais quoi, sur lequel j'ai mis une vie à apprendre à marcher…

Je dois à présent m'expliquer sur l'exception évoquée précédemment ; la pureté qui m'entoure réclame de ma part une égale transparence. C'était par une matinée figée de janvier. Je traversais un parc, dans la confusion de mes pensées d'apprenti philosophe, lorsque je sentis la présence d'une lueur inhabituelle à ma droite. Je détournai le regard et vis le halo pâle d'un éclairage public. La banalité de cet objet me fit replonger dans mes réflexions. Quelques minutes passèrent puis une impression bizarre m'envahit, comme si un caillou s'était infiltré dans ma chaussure. Je stoppai ma progression, résolu à porter attention à cet éclairage qui m'avait déconcentré. Et là, je découvris, dissimulé derrière un tissu d'arbres entremêlés, le soleil qui émergeait de la grisaille matinale. Cette surprise me retint quelques instants. Enfin concerné, j'épiai son imperceptible ascension. Il me semblait le voir porté par d'invisibles mains jointes qui le consacraient pour sa lourde tâche journalière. Au fil de son élévation de branche en branche, son éclat s'amplifiait, au point de me contraindre à détourner le regard. Depuis, de nombreuses saisons ont traversé ce parc et le monde, mais cet instant, lui, ne m'a plus quitté.

4

Sur le repos de l'onde, j'embrasse cette terre que j'aime désormais pour ses faiblesses autant que, jadis, pour ses bienfaits. La densité du vide me devient accessible. Il y a le vide physique, brutal, effrayant, celui qui s'entend de prime abord. Puis il y a l'autre, plus pernicieux, je nomme celui de l'âme. En toutes circonstances, leur poids pèse lourdement, mais d'une manière radicalement différente. Pour Gladys, dont la moralité fait référence à mes yeux, c'est par le biais d'une peur primitive, animale, qu'il s'est manifesté. Sa confrontation directe passée, ne lui est resté qu'un souvenir que l'érosion des années bonifiera probablement. Tandis que pour nous, les hommes de l'expédition, le vide était surtout moral ; nos agissements suffoquaient d'absurdité. Le face-à-face avec le vide a déclenché des avalanches intérieures qui ont ravagé les forêts de certitudes au sein desquelles nous nous croyions en sécurité. C'est le cas de Michel et le mien, plus subtilement aussi celui de Jean-Charles. On peut longtemps tromper les vivants, et soi avec, mais on ne peut jouer durablement avec la vie. Lefort a misé sur un talent particulier, unique, et ce talent lui a occulté l'existence. Son erreur semble anodine, mais dévastatrices ses conséquences. Malgré son activisme, sa valeur personnelle est devenue creuse, comme la mienne. Pour lui, la confrontation avec le vrai vide, celui auquel nul n'échappe même au prix d'habiles arrangements, cette monstrueuse allégorie du néant, l'a terrassé de sa masse énorme. Et aujourd'hui encore, il n'a pas fini d'en payer le prix. Tout vide a une densité dont le joug est soit léger soit écrasant à porter. Tel est le tribut de son implacable jugement.

Durant quelques décennies, l'espace d'une vie consciente, j'ai erré entre l'ignorance du monde dans lequel d'étranges conjonctures ballottent les hommes et l'état prétentieux où ils présument maîtriser ses mécanismes intimes. À la recherche de moi d'abord, du temps perdu ensuite. Et une génération plus nombreuse que les étoiles m'a accompagné à mon insu. Pour quel progrès ? D'erreur en déception, j'ai compris qu'il est des quêtes qui surpassent les cimes matérielles et d'où la vue se passe de mise en scène. Aux sites exceptionnels de Vanttsaukoski, de Torcello et du Mont-Blanc, je suis redevable de ce que je suis devenu. Non meilleur qu'auparavant, juste libéré des chaînes de l'espoir et du regret. Je sais que ces endroits, si chers à mes yeux et indifférents aux autres, convergent en une clé de voûte : une certaine solitude. Non pas de celles qui isolent mais unifient, transportent, fondent et élèvent. Bien sûr, ces lieux sont éphémères, comme les miracles qui s'y produisent ; ils ne s'achètent, ni s'apprivoisent, mais murmurent à qui sait les entendre que la possession véritable est d'une intime parenté avec toutes les formes de dépossession. Passagers du vent, il nous faut vivre, avancer et aimer, en laissant aux vocations appropriées le soin de disserter sur le fluide qui nous abreuve.

J'ai beaucoup hésité avant de décider de publier mon manuscrit. Ce qui m'a finalement convaincu, c'est à l'aube d'une journée radieuse que je le dois. Un rayon de soleil ruisselait d'un épais feuillage. En l'observant, j'ai pris conscience que dans nos aveuglements, un trait de lumière, même insignifiant, a le pouvoir d'illuminer la forêt entière. Je me suis dit que l'éclairage combiné de mon témoignage et de nos mésaventures pourrait aussi percer les ténèbres et venir en aide à une détresse particulière. Je ne suis pas dupe et sais que mon ouvrage ne fera pas de moi l'auteur d'un best-seller, mais peut-être, plus modestement, le chantre d'une autre philosophie, reposant sur un abandon qui n'a rien d'un renoncement…

L'inspiration ressemble à un murmure perçu au saut du lit ou en plein sommeil. Les bons auteurs ont l'ouïe fine… Dans mon récit, je ne cherche ni à plaire ni à convaincre – car qu'y a-t-il de plus dérisoire que de vouloir convaincre ? – mais à dépeindre avec justesse le tissu de sentiments entrelacés qui fait la vulnérabilité et la motivation des chercheurs de repos. C'est pourquoi je laisse aux générations de courtisans des temps modernes le soin de se jalouser. À travers leur agitation, je tracerai mon chemin : tel est mon credo ! Il me plaît de croire que j'habite ailleurs... Depuis le glacier de Frêney, il m'est souvent arrivé de pénétrer dans un champ restreint où plus rien n'a d'importance et où l'absence d'importance finit par devenir préoccupante. Ce paradoxe a sous-tendu mon poing, du début à la fin de la rédaction de mon livre. De même, je ne cherche plus à comprendre ni à expliquer mais à témoigner ; cela suffit amplement au destin extraordinaire d'une vie ordinaire. Je me laisse emporter par ma pente naturelle et la création, si elle le mérite, naîtra naturellement, pourvu que je laisse croître la graine invisible enfouie en mon cœur. Celui-là seul peut se surpasser, qui a longtemps ramé contre le vent. Et le jour où ce dernier vire de bord, il sait se laisser porter par lui. Le vent est comme un ennemi fidèle : à force de lutter, des liens se créent qui, s'ils sont cultivés avec droiture, conduisent au respect.

À ce point du récit, j'éprouve le besoin de partager. « Ne jamais prendre trop au sérieux ce que l'on fait le plus sérieusement ! », me suis-je maintes fois répété. À présent, face au monde, je ne demande et n'attends plus rien, moi qui, dans mon dénuement moral, possède déjà tout. D'où provient ce mystère qui veut que tant de choses méritent d'être dites et que si peu émergent du domaine du bavardage ! Parler, c'est se lancer et parfois aussi créer. Mais toujours renoncer ! Et se taire n'est qu'une variante du même renoncement ! J'envie le funambule, en équilibre entre dialogue véhiculant et silence réparateur. N'y a-t-il que moi qui me fasse ce genre de réflexion ou suis-je escorté dans mes écarts de millions de frères et de sœurs ayant aussi choisi le silence comme mode d'expression ? Qu'on me dise où est la norme ? Que signifie avoir un raisonnement normal ? Comment vivre en se nourrissant de fruits juteux aperçus de l'autre rive, sans passerelle ? Par quel moyen les rejoindre, par-delà le gouffre des lassitudes et des tentations ? Vivre, c'est avant tout espérer. Et qui dit espérer, voit aussitôt accourir une foule de désillusions. Combien faut-il de déboires pour mériter une réussite ? Bien entendu, je sais que cette arithmétique biaisée est sans prise sur le réel et ne fait écho qu'à mes schémas les plus vils. Alors, je me rabats sur une sagesse personnelle qui, à défaut d'envergure, a le mérite de me coller à la peau et de me soutenir quand le monde me dévoile sa face obscure. Elle consiste à se répéter qu'il ne faut rien espérer trop ardemment ! Bien sûr, un tel précepte peut paraître désespérant, toutefois le cœur épris de justice en sort renforcé, s'il accueille avec un même recul les louanges et la réprobation. Comme l'avare puise sa récompense dans sa démarche, un certain défaitisme lucide et consenti présente des avantages insoupçonnés. Accueillir d'une attitude unique et désinvolte les sollicitations extérieures, voilà de quoi largement remplir le programme d'une vie. Éprouver est une chose, l'exprimer en est une autre. Mais il en est une qui les surpasse amplement : faire ressentir. C'est à ce niveau que s'évalue le talent.

5

Le soleil de minuit : le droit au refus ! Celui d'obéir, résigné, aux habitudes. Dans sa mansuétude, le soleil lapon m'a appris à dire « non », en récusant les usages. Les habitants du grand Nord connaissent depuis toujours les sautes d'humeur du dieu éphémère de leurs étés. À ceux du sud, cette chance ne fut pas donnée ; aucune incitation pour eux à remettre en cause les vérités immuables. Tout n'est que question de point de vue. Pourtant tous les points de vue ne se valent pas. L'égalité ne prévaut que dans les rêves !

En écrivant ces lignes, je contemple avec un émerveillement intact l'étreinte du soleil et de l'eau. Son approche en douceur, comme pour ne pas l'effaroucher, puis leur marche pudique, côte à côte, dans le souffle retenu de minuit. Mais déjà, l’horloge les ravise. Pliant sous la lassitude, il entame sa lente remontée. Et moi, spectateur fasciné, je vois dans son revirement le signe encourageant que même les plus forts peuvent changer d’avis !

Pour beaucoup, mourir en ces lieux égarés serait encore plus dramatique qu’ailleurs. Pour d’autres dont l’esprit respire au rythme des saisons, disparaître de cette façon pourrait refléter un semblant de continuité. S’il est indéniable que la Laponie incite à la contemplation, il faut aussi lui reconnaître la faculté surprenante, à travers son tempérament imprévisible, de nier la sagesse, tout en dispensant une forme supérieure de sagesse. De la platitude de l’étendue que je domine faiblement de notre terrasse, je fais le rapprochement entre la montagne et la vie ordinaire. C’est dans les aventures factices passées en haute altitude que s’apprécie à sa plus juste valeur la dimension d’une existence apparemment quelconque. Et c’est également là que l’homme se voit confronté à l’essentiel. Ô Waterloo, loin de ta plaine baptisée dans le sang, ta morne destinée se jouait bien avant ton heure, dans la démesure de l’élan qui allait t’élever à la postérité !

Depuis quelques jours, je me surprends à songer aux vertus étonnantes des contradictions. Et maintenant, c’est sur celle du vide que mes pensées achoppent. L’étrange sentiment me vient de pouvoir enfin le démasquer, ce perfide compagnon de voyage. Mais que sais-je au juste de lui, si ce n’est qu’il profite de confusions passagères pour ensemencer l’instant de révolutions à venir ? À l'abri des regards avertis, il commence avec ferveur son inéluctable mission. Pour Gladys, elle a pris le visage de l’amour terrestre, au détriment de l’autre. Avec l’appui du temps, sa culpabilité s’est dissipée, la laissant goûter aux fruits généreux des alpages auxquels elle aspirait intensément. Pour Jean-Charles, le vide a eu des répercussions dévastatrices, malgré qu’il n’ait jamais relâché la pression et qu’il ait continué de consacrer ses forces vives à garder la face en public. Aujourd'hui, jeune retraité, nul ne mesure l'ampleur des ravages. Derrière les mêmes gestes, les mêmes attitudes, la même suffisance, c'est désormais un étranger qui agit en lieu et place de Jean-Charles Lefort et avec lequel il lui faut composer. D'avoir trop demandé à la vie, d'avoir bafoué ses devoirs les plus élémentaires au seul profit du tangible, il lui faut affronter la part irrationnelle de l'homme dont il s'est toujours défié. Le vide a été ce révélateur implacable qui lui a tendu un croc-en-jambe en pleine course. Quant à moi, c'est un peu pareil, bien que j'aie eu la chance de connaître une issue plus heureuse. Le vide m'a appris que ma vie, que je tenais pour déserte jusqu'à l'été 1986, ne l'était que selon mes critères subjectifs, distordus par un esprit critique exacerbé. Et que bien plus vides étaient d'autres parcours auxquels tout paraissait sourire et dont je jalousais l'élégance du tracé. Grâce à lui, j'ai perçu que rien d'essentiel n'est accessible dans l'histoire d'autrui et qu'il faut cesser d'envier les jardins fleurissant par-delà les haies. J'ai aussi réalisé que de philosophe raté, je pouvais accéder à une philosophie plus authentique, non pas faite de grandeur ni de profondeur, sans portée réelle, mais ponctuée de petits bonheurs et de la satisfaction de remarquer les événements qui touchent ceux que j'aime. D'irrémédiablement perdu, du stade de vivant en sursis, la confrontation abrupte avec mon propre néant, par-delà les abîmes du Mont-Blanc, a été mon véritable sauvetage.

Et pour Michel Botti ? Il n'est pas évident d'appréhender les conséquences que le vide a eues sur ses dernières heures. Peu avant sa disparition, quand il venait de me sauver, il avait connu sa libération. Je me surprends souvent à spéculer qu'au-delà de cette cruciale étape intérieure, tout, dans une certaine mesure, devait lui paraître acquis. La mort, il vivait avec elle et la connaissait mieux que quiconque. Il l'avait trop coudoyée, pour la craindre sérieusement. Non, la seule épreuve qu'il redoutait, il venait d'en être délivré. Alors que pouvait-il encore espérer ? Pour lui, témoigner n'avait pas d'importance et vivre, à peine davantage. Il restait cependant une chose supérieure à ses yeux : l'honneur. Avant de quitter la plate-forme, face au vide, il devait savoir que sa tentative était sans espoir. Après avoir mille fois retourné la question dans les méandres de son expérience, il s'est levé. Car son devoir était de tenter l'impossible pour sauver ses clients. En nous quittant, il nous a souri. Ce sourire, personne ne pourra l'ôter de ma mémoire ; il restera en moi comme le symbole indéfectible de la supériorité de la vie sur la mort.

Souvent, je me suis demandé s'il fallait plaindre Michel ou simplement admirer la noblesse de son acte et louer son abnégation. Parfois je me dis que le regard ultime qu'il a lancé à Gladys provenait déjà de l'autre berge. Le vide a donné à notre guide l'occasion de rendre grâce pour la rédemption en laquelle il ne croyait plus. Son humilité et la maigre estime qu'il avait encore de lui après tant d'années de reproches l'avaient plongé dans une brume si impénétrable que, même affranchi, il ne parvenait à s'en extraire.

Un ravin existait entre Michel et Jean-Charles ; la mort et les saisons l'ont finalement comblé. Avec la disparition du premier qui s'est opposé à lui, Jean-Charles s'est vu dépossédé de l'essentiel. Que pouvait-il attendre de la gloire postiche vers laquelle il tendait ? Une puissance extérieure agissait à sa place. Les années s'accumulant, le goût du succès lui devenait de plus en plus artificiel. Il éprouvait l'aigreur des êtres comblés, c'est-à-dire de ceux n'ayant plus rien à espérer. Ne lui restait que l'agrément d'avoir gravi deux à deux les échelons de la société pour connaître, au faîte de son ascension, l'exil des souverains.

J'ignore pour quelle raison me viennent ces pensées, alors que je rame posément vers l'autre rive du lac. Je sais, en revanche, que l'isolement dans lequel je me suis plongé avec Sophie, à l'extrémité oubliée du vieux continent, est insignifiant à côté de celui de Jean-Charles. Au moins, ici, chaque coup de rame a un sens : il rapproche de la grève, écarte des roseaux, corrige la dérive ou permet d'admirer un oiseau. Il s'agit de buts simples, mais francs et atteignables, de ceux en direction desquels jamais le sol ne se dérobe. Moi qui ne suis rien, perdu dans l'immensité nordique, je connais peut-être ici et maintenant la véritable gloire : le droit de respirer en harmonie avec mon existence, sans l'appréhension d'être jugé et sans jeter à mon tour de regard accusateur. Telle est ma sensibilité de ce que Sartre appelait les « instants parfaits. » À quelques encablures du rivage, Sophie pose ses mains sur les miennes pour m'inciter à ne plus bouger. Le front relevé et les cheveux au vent, je lis sur son visage une félicité qui reflète la perfection de l'instant. Bercés par le clapotis, nous remettons notre sort à la brise complice. De notre nuage éphémère, je sais que les possessions véridiques sont d'abord quêtes d'amour. Et qu'être aimé n'a de sens qu'après avoir soi-même beaucoup aimé.

Je me demande où mène l'instant et qui je serai demain. Le temps pour moi est venu de vivre au présent. En voyant le visage de Sophie prendre les couleurs passionnées de la nature, j'apprends à savourer les largesses provisoires de la vie et à y discerner les vrais mérites. Au-delà du moment, toute forme de promesse porte en elle le sceau de la désillusion. Bien sûr, la création nous survivra. Elle progressera ou déclinera : nul n'arrête la croissance d'un chêne. Mais de l'inéluctable de cette marche en avant, je perçois une sorte de détachement. Participer de l'instant et s'abandonner au reste, voilà un projet limpide comme il en faudrait davantage. Je la sens forte et légère et si tendre à vivre, cette modeste sagesse. Pourquoi mon esprit veut-il encore y résister, quand mon cœur, depuis longtemps, y a renoncé ? Et le passé, est-il à cultiver ou à éloigner ? Comment s'y soustraire ? Pourquoi l'effacer et pourquoi s'en souvenir ? À l'heure où le soleil, une nouvelle fois courtise les flots immobiles et où le silence, profond jusque-là, se lève face à la conque bornée du monde, je ressens du fond de mon histoire la présence de ceux qui en ont partagé les chapitres les plus denses. Ma gorge se noue, mon estomac se contracte : l'angoisse du vide ou le vertige de l'âme ? Ces sensations hostiles me pénètrent à la manière de flèches acérées ; c'est ce que dut éprouver Lefort, lorsqu'il gisait au bout de sa corde.

Tous, nous avons cherché à nous dépasser, à nous survivre, en quelque sorte : Gladys par sa foi, Lefort par sa ferveur au travail, Botti par son ultime rachat, moi par mon livre, l'homme de Torcello par son invincible amour et même cette famille des grisons chez qui il me fut donné de loger par une nuit glaciale de ma jeunesse. Dans la pièce centrale de sa grande maison, les murs étaient ornés d'une multitude de cadres aux photos sépia, grises ou colorées. Plusieurs générations se donnaient la main, occultant presque totalement le mur d'origine, aussi épais que celui d'une forteresse. À toutes regarder dans la même direction, elles paraissaient alliées contre l'ennemi irréductible de la famille : le temps. Et moi, face à la puissance de cette lignée marquée d'un seing unique, je ne savais qui était le plus fort. Dans un coin, un cadre était vide ; il attendait la fillette qui s'était enfuie à mon arrivée. Autour d'un poêle monumental, il semblait acquis que quel que soit son parcours à venir, il se terminerait à cet endroit précis, dans quelques années ou dans un siècle, quarante centimètres sous le père, à droite de l'arrière-grand-mère. Car qu'est-ce que l'espace d'une vie pour ces familles ancrées dans la lignée ? Faut-il les envier ou les plaindre ? Depuis cette nuit d'hiver, je reste autant fasciné par les destinées sans repère que par celles dont chaque génération ajoute avec patience, discipline et résignation, une brique à une construction qui en compte déjà mille. Celles-là ont des murs à protéger et qui les protègent, une descendance à chérir, des aïeuls à respecter. Et la société peut toujours menacer les citadelles que leurs ancêtres ont dressées contre la fuite du temps, comme les murs en Irlande contre le vent !

Et maintenant que la rédaction de mon récit se termine et que le sort de ses protagonistes est dévoilé, un sentiment étrange m'envahit, mélange de la satisfaction d'avoir achevé une part importante de la tâche qui m'incombait et d'une anxiété rémanente. Que me réserve le travail de relecture et de correction ? L'ensemble est-il à la hauteur du drame et de la flamme qui lui ont donné naissance ? Transmettra-t-il, par-delà ses maladresses et l'écueil des non-dits, une once de la densité qu'il prétend célébrer ? Le gros œuvre est fini, je vais échanger la pioche pour une truelle et des pinceaux fins. Car seules ont une âme, les œuvres nées des pièges déjoués. Les fondations bâties, il me faut ériger le sanctuaire censé protéger de l'oubli les heures qui ont consumé nos quatre existences. Et qu'importent les jours, les mois, les années, puisque personne n'attend le résultat de mon travail ; privilège inestimable des parfaits inconnus ! Il y a là une forme de liberté, mais il s'agit de célébrer une valeur supérieure. Le doute me gagne : y aura-t-il quelqu'un, sur le chemin de mon œuvre, que la fragilité de son édifice émouvra et qui vibrera au rythme de ses vertus contradictoires ou au son pathétique d'aventures intérieures si semblables aux siennes ?

À l'extrémité du ponton, ébloui par le soleil éparpillé sur l'étendue liquide, je réalise que je verse dans la poésie facile. Que signifie, aujourd'hui, la poésie, sinon une résonance intime entre le monde et la relation ambiguë qui nous lie à lui ? Au terme d'une route suivie à mon insu, j'ai appris qu'il ne suffit pas de vivre pour avancer dans la vie, il faut surtout cultiver une destinée particulière. L'évidence m'apparaît que les chemins menant au monastère de Sant Pere de Rodes, en Catalogne, ou à notre lac, en équilibre sur le cercle arctique, procèdent de la même démarche et célèbrent une vérité commune. À ce titre, ils se valent amplement. Ce dont il s'agit n'est pas de l'homme, en tant qu'homme, mais du fil sacré qui le relie au cosmos ou au néant. Et le reste n'est que façon plus ou moins habile de présenter les choses. Entre allégresse et prostration, il est un balancement subtil comme la caresse d'un souffle d'été qu'il faut cultiver et, le moment venu, savoir ferrer. Récemment, un pied de part et d'autre du 72e parallèle et sous des étoiles à peine visibles, j'ai senti un bouillonnement grandir en moi, telle une révolte silencieuse, qui m'exhortait à risquer une piste délaissée. Je me suis interrogé sur l'absence cinglante de leçons, dans nos ronflantes formations scolaires, où la quête de l'amour serait la principale matière enseignée, à travers ses infinies déclinaisons. Pourquoi vouloir tout apprendre, tout quantifier, tout expliquer, à l'exception du moteur même de l'existence, de la source primitive d'où jaillit l'extase et la sérénité et où tout finit par revenir et s'accomplir ?

6

L'eau, encore elle, toujours elle. À l'origine de la vie, c'est vers sa plénitude que tous les ruisseaux convergent. Ses remous me deviennent familiers. En une aube nouvelle, je retrouve intacte une vision d'antan : chaque matin, au début de ma carrière, je longeais la Seine, à pied, en me rendant au Lycée, puis je la traversais. À de rares occasions, je crus voir serpenter sous sa face lustrée une présence adverse. Au fil des mois, j'appris à l'interpréter, à travers la mouvance de ses manifestations : l'allégorie de ma désertion. En définitive, le parcours accompli, quoique banal, valait autant que ceux auxquels j'avais secrètement aspiré. Il est des belvédères d'où les différences s'estompent, entre itinéraires exceptionnels et simples esquisses de songes. Le fait d'écrire ces lignes me procure la nostalgie incongrue d'époques que je n'ai pas connues. Ou plutôt que j'ai découvertes, bien après leurs derniers soubresauts. Certains soirs, il me semblait détenir les clés du monde. Mais aussitôt apparues, ces irruptions laissaient dans ma gorge un arrière-goût amer, qui préfigurait des années de sécheresse. Aujourd'hui, de ces gloires passagères, ne subsiste qu'une mélancolie diffuse, plus inconsistante que le quotidien dans lequel j'étais confiné.

En me remémorant ces instants gâchés, j'envie et appelle des extases chimériques, un cocotier au clair de lune, sous la mélodie de « Yesterday », tous ces moments futiles qu'en dix ans on amoncelle et qui se condenseront, plus tard, en parfums dont le souvenir remontera à l'enfance…

Sur mes pieds nus foulant la grève froide, courent les frissons de l'écume. La nuit est noire. Devant moi, l'astre d'argent crépite en une infinité de chandelles dansant sur un chenal laiteux. Je ressens le besoin urgent, avant de disparaître, de contempler la poésie de ma descendance. Mais je délire encore : ici et en cette saison, il n'est point de nuit véritable. Je resterai donc privé de la tendresse du clair de lune… Dans le grand Nord, les cocotiers portent des aiguilles et l'eau est polaire. Par-delà mes transports, je constate que j'ai eu la meilleure part, celle d'avoir cueilli au cours de mes errances des perles d'une rare beauté et qui ne pourront m'être enlevées. Vivre, c'est avant tout éprouver.

S'il est des lieux qui favorisent la misère morale, il en est d'autres qui soulèvent l'homme au-dessus de lui-même. La condition ? Avoir un cœur suffisamment vaste pour accepter ses propres faiblesses. Alors, des portes s'ouvrent et les contrées les plus ingrates révèlent des visages d'une prodigieuse richesse. Cela m'est arrivé aux trois lieux décrits dans ce livre. Pour d'autres, ce sera dans le désert ou sous la courbe apaisante d'un vallon couvert de vignes ou au bord d'une plage captive de Guadeloupe, au couchant, lorsque l'horizon se consume. Ô immensités sauvages, vous qui avez toujours secondé mon cœur, qu'aurait été mon cheminement sans vous !

Mais, de vivre et de me laisser vivre en cette parenthèse boréale, d'inciter mes pensées à vagabonder au gré d'une nature dont la caresse fait frissonner les eaux, je sens croître en moi la grandeur des choses finissantes. Aux latitudes où je vis, l'été bat son plein. Pourtant, ici, une puissance invisible menace la Laponie ; le compte à rebours est enclenché ! Quel est donc ce mystère qui m'a conquis ? Et pourquoi ai-je cette étrange impression que les arbres de ce pays austère puisent leur vigueur dans les derniers souffles de l'été, dans une terre à peine dégelée et déjà prête pour la longue nuit hivernale ? À ces latitudes, l'automne n'est jamais loin. À la moindre incartade, il surgit d'une confrontation en mi-teintes, semant la nostalgie d'un air de violon qui ne sera plus joué : c'est l'adieu d'un été en partance, qui ne peut se résoudre à tout abandonner. Enfant, j'affectionnais ces contrées de l'éternel Noël, qui se parent de feux chatoyants dès que le ciel bascule. Une entente tacite me lie à leur haleine glacée à laquelle rien ne résiste, qui ne possède une austérité similaire, une désespérance commune.

Comment aller de l'avant ? En fermant simplement les yeux ! Parfois, je crois sentir une brise favorable me porter au-dessus de moi-même. Sous son aile silencieuse, les feuilles aux tons chavirés larguent une à une les amarres, qui dérivent dans le tourment des jours. De mon nuage, j'aperçois, au ras du sol, mes contemporains rampant en quête d'oxygène. Leur déroute, qui fut mienne, nourrit leur désillusion. Ô nuit céleste que le temps ne peut contenir, je vous implore de me visiter encore, vous qui jamais ne m'avez été infidèle ! Il est des rêves, par-delà les rêves, dont je ne pourrais me résigner à ne point participer. Aujourd'hui, je nomme vérité une qualité particulière du repos de l'âme. Aussi loin que je m'en souvienne, j'ai toujours tenu dans ma main une pièce de monnaie dont je contemplais en permanence la même face, et voilà que je découvre qu'elle en possède une autre ! Je la retourne, une nouvelle page s'ouvre devant moi.

Finalement, tout se passe pour l'homme comme s'il lui suffisait de rechercher sa plus grande part, et à compter de ce jour, de lui dédier chaque battement de son cœur. Ce soir, en voyant le soleil refuser l'obscurité et rebrousser chemin, je me sens préoccupé par ceux qui se sont entièrement investis dans une forme unique d'abandon. Jean-Charles, leur digne représentant, fit comme moi, sans le savoir : impasse sur l'essentiel.

Je me sens loin de cette époque où je ne savais si j'avais raison ou tort et où j'ignorais si avoir raison n'était pas un tort en soi. Une fois de plus, la beauté qui m'entoure prend le dessus ; il doit être enfoui dans mon esprit que le bonheur n'existe qu'à l'état primitif. Dans l'infini des étendues monotones, la plus précieuse des formes d'ennui se cultive avec plus de ferveur que partout ailleurs. Les vrais voyageurs ne peuvent s'en passer. Je nomme non pas ceux qui accumulent les miles, en rédigeant des rapports de productivité ou en triant leur courrier, un verre de champagne à la main, trente mille pieds au-dessus des océans dont ils ne connaîtront jamais l'écume ni les mystères, mais ceux pour qui un bourgeon conservera intacte, année après année, la faculté de réveiller en eux le goût de nouveaux départs.

7

Sous le spectre de reflets jaillissant de terre, je m'interroge sur la place du rire dans une vie. Le rire, élément vital entre tous, est paradoxalement de ceux que nous cultivons le plus piètrement. D'une certaine manière, pour Botti, Lefort ou moi-même, l'infortune passée n'était pas sans lien avec le manque d'humour dans nos existences individuelles : l'absence de recul et de dérision est à l'origine de quantité d'afflictions. Il s'agit d'un sujet bien trop important pour être abordé avec gravité ! Comme le sel révèle la saveur des mets fades, il doit en être de même d'un regard amusé. Combien de nos contemporains sombrent dans la morosité, qui continuent de jouer leur rôle dans la société ? Comment leur insuffler qu'il est des crêtes, loin de l'ordinaire, dévoilant des points de vue inédits sur le monde qu'ils croient posséder ? Comment leur transmettre, par-delà les abîmes séparant les êtres, qu'une lumière existe, supérieure aux éclairages publics ? Mais il me faut accepter que les pays éblouissants vers lesquels penche désormais chacune de mes pensées, sont aussi, à leurs heures, ceux de l'obscurité totale. Concilier les extrêmes, sous une attitude constructive, voilà la tâche à laquelle je dois m'atteler, car le reste viendra naturellement. Comment donc, habitants du globe, pourrions-nous renier les deux forces qui animent nos journées : le jour et la nuit ? Jusqu'à la fin, il nous faut cultiver une part d'ombre, lorsque plongés dans la clarté, et garder une flamme allumée, quand la vie revêt sa sombre pèlerine. Il est des pays avares de paroles où l'essentiel passe par le regard ; j'envie ces contrées méconnues auxquelles j'aspire secrètement.

J'éprouve une nouvelle fois l'impression pernicieuse de ne pas exister. La futilité du siècle me monte à la bouche. Comme en ces époques que je croyais révolues, je renoue avec le doute. De tout, globalement, mais surtout de moi-même. Alors, vieux réflexe, j'envie le jardinier ou le berger. J'envie les dépositaires de vérités simples, tangibles et immuables. Jeune, j'ai grandi sous l'éclat de la justice : le bien était récompensé, le mal puni. Le meilleur était celui ayant le plus de connaissances ou d'intuition, celui raisonnant le mieux, donnant les meilleurs résultats ou les plus fiables pronostics. L'existence, à cette époque, respectait la mathématique de cette règle juste et claire, réconfortante en quelque sorte. Ensuite, le temps a patiné ce beau fruit et la justice a revêtu un voile de deuil. Il m'arrive de pressentir cette inaccessible déesse, dans l'attitude de mes voisins. Mais souvent la terre entière semble conspirer contre elle, la reléguant au rang de superflu. Bien que rompu aux désillusions de la vie, je reste affecté par les innombrables déclinaisons modernes de l'injustice. Les jours de trop grande lucidité, je ne peux me résigner à accepter la négation des vertus qu'enfant j'adulais et qu'aujourd'hui je vois bafouées sur le visage de mes anciens compagnons en culottes courtes. Alors, une fois encore, j'invoque le seul secours que je ne pris jamais en défaut : j'appelle les plaines, les montagnes, les déserts, tous ces lieux délaissés où rien ne retient la mesquinerie ni la convoitise. Les yeux fermés, je respire posément, profondément, exactement comme il faudrait vivre, si seulement nous savions vivre. Parfois je trouve dans l'écriture une forme d'apaisement. À travers elle, c'est la piété de Gladys, les faiblesses de Lefort, l'abnégation de Botti, l'acceptation de moi enfin, que je conjure et qui, par le miracle de ma seconde naissance, parviennent à consoler des plaies remontant à l'enfance.

Je ne puis nier être aujourd'hui ce philosophe anonyme que j'aspirais à devenir. L'agonie du précédent, de l'autre moi-même, fut longue et douloureuse. À travers elle, je reconnais la mort des philosophies prétentieuses et nihilistes qui ont longtemps sévi et qui, sous prétexte de dénoncer les aberrations de l'Histoire, versaient sans nuance dans la caricature et la généralisation facile. L'urgence, en effet, était à la glorification de principes généraux, suffisamment simples pour être compris d'un grand nombre, et à l'unification de la pensée, sur fond de rationalisme. Mais voilà, l'échec de ces mouvances est, à mon sens, le grand progrès de la philosophie moderne ! À l'instar de l'humain, il lui faut pour progresser des avancées et des reculs, des périodes d'incertitude, des traversées de déserts, des pas improvisés dans des directions inattendues d'où elle observe, avec retrait, sa propre dérive. À l'époque où j'usurpais la qualité de philosophe, j'ai connu, à ma modeste mesure, les vicissitudes de ces sombres périodes. Et le vague sentiment d'inutilité, voire de culpabilité par impuissance, n'a pas survécu à la confrontation avec le vide : il fut littéralement transpercé de l'intérieur par le plus redoutable ennemi et, au terme d'une lutte perdue d'avance, il dut reconnaître les multiples clins d'œil du monde. Affranchi de la censure du qu'en-dira-t-on, j'ai découvert la liberté des saines interrogations, pierre angulaire bafouée du nouveau millénaire. J'ai donc grandi, vieilli aussi, et suis parvenu

– et c'est là mon seul mérite – à fonder un lien immatériel entre moi et l'existence disparate que j'avais menée. Et le reste n'est que bavardages stériles. C'est ainsi que ce soir, à l'extrémité de la planète et désormais séparé d'elle, je réalise combien les événements exceptionnels que nous avons vécus resteront à jamais ancrés en mon âme et dans ma chair, me donnant aux portes de la vieillesse plus de forces vives qu'à vingt ans : je me sens enfin de ceux qui appareillent à toute heure…

Fin

Épilogue

1

Cyril, assis sur le seuil de l'abri, distingue au loin, en contrebas, un point minuscule avançant péniblement dans la neige. Son attention se focalise sur la progression chaotique de l'insecte ; sa lenteur et son hésitation l'interpellent. Ou ne serait-ce qu'une illusion d'optique, le jeu trompeur de perspectives fuyardes ?

— Raphaëlle, peux-tu venir ?

— Qu'y a-t-il ?

— Regarde, là-bas : c'est quelqu'un sur le glacier, n'est-ce pas ?

— Attends… Oui, tu dois avoir raison ! On dirait qu'il vient vers nous.

Lisa, la sœur cadette de Raphaëlle, réchauffe une boîte de cassoulet dans le bivouac. Dehors, Raphaëlle s'assied aux côtés de Cyril qui se rapproche d'elle et la serre contre lui. Elle pose tendrement la tête sur son épaule. Ensemble, face à l'immensité de la haute montagne et de leurs vies qui commencent, ils observent la lente montée de l'inconnu. Soudain, celui-ci disparaît de leur vue !

— Tu le vois encore ? s'étonne Cyril.

— Je ne sais pas, j'étais ailleurs à vrai dire… Il va certainement réapparaître d'un instant à l'autre. Pense plutôt à moi !

— Il est peut-être tombé dans une crevasse !

— Ne te fais pas de mauvais sang, à cette distance on ne peut être sûr de rien. À mon avis, il est simplement masqué par le relief. Rentrons plutôt : je frissonne.

Une fois rentrés, les jeunes dévorent le festin que Lisa leur a préparé, appuyé par un petit vin de pays acheté à la hâte, la veille, en quittant la vallée. L'ivresse de l'altitude aidant, une humeur enjouée s'empare du minuscule espace. Des éclats de rire fusent, des larmes coulent sur les joues rosées des filles. Cyril et Raphaëlle imitent leurs professeurs les plus marquants : leurs tics, leurs expressions favorites, leur simple posture… La précision avec laquelle ils se souviennent de leurs lapsus et travers, des maladresses commises ou de leur accent donne à Lisa, fraîchement bachelière, une image puérile de la faculté. Loin de saisir les subtilités poussant sa sœur à s'esclaffer démesurément entre les étreintes de son amoureux, elle se sent de moins en moins concernée par leurs effusions de joie. Peut-être est-elle de trop ? Elle s'interroge sur les raisons pour lesquelles sa sœur lui a proposé d'être du voyage et pourquoi elle, pauvre idiote, a accepté ! Était-ce par gentillesse, comme elle l'a cru de prime abord ou pour mieux l'humilier en la reléguant une nouvelle fois au rôle d'intellectuelle godiche qu'aucun garçon ne remarquera ? Son malaise grandit, l'air se met à lui manquer ; elle se lève précipitamment, enjambe leurs corps enlacés et se précipite sur la porte métallique sans qu'ils l'aperçoivent. Elle s'éloigne à grands pas du bivouac et s'arrête derrière un promontoire d'où ils ne pourront l'apercevoir. Alors seulement, elle peut respirer. Les mains masquant son visage en larmes, elle tente de retrouver le calme. Lorsqu'elle cesse de hoqueter, elle redresse la tête, ouvre les yeux et pousse un cri de frayeur : à quelques mètres à peine, se dresse une silhouette énorme, immobile ! Elle esquisse un mouvement de recul. Cyril et Raphaëlle accourent, alertés par son hurlement. À leur tour, cette vision d'outre-tombe stoppe leur élan. Passé le coup de sang, Cyril, en chef d'expédition responsable, lance timidement une perche :

— Bon… Bonsoir ! Parlez-vous français ?

— Oui, résonne une voix inquiétante.

— Vous voulez loger ici ?

— Oui.

Un silence écrasant et Cyril enchaîne : « Pas de problème, nous allons vous faire un peu de place ; l'abri est prévu pour six et nous ne sommes que trois. »

Ils rentrent dans l'espace exigu, tandis que Lisa, toujours effarouchée, reste seule dans le crépuscule. Cyril meuble le vide avec volubilité, redoutant le silence de l'inconnu et soucieux de combattre l'atmosphère de plomb que sa venue a jetée parmi eux. « C'est donc vous que nous avons repéré tout à l'heure, sur le faux-plat du glacier ! Nous vous avons suivi pendant un moment puis vous avez subitement disparu. Ne vous voyant pas réapparaître, nous nous sommes mis à douter de ce que nous avions vu. Il ne vous est rien arrivé, n'est-ce pas ? »

— Non.

Le silence efface sa voix de baryton et s'empare à nouveau du bivouac. Par de lents mouvements, l'inconnu commence à s'installer.

— Vous avez faim ? lui demande Cyril.

« Un peu », grogne la masse grisâtre courbée sur une couche poussiéreuse. Elle se retourne et dévoile à la lueur de la bougie un visage humain, derrière une barbe négligée. L'homme plie les genoux et s'assied pesamment sur le matelas.

— Il nous reste du cassoulet ! En voulez-vous ? propose Cyril.

— Oui. Merci.

Ce remerciement inopiné rompt la lourdeur ambiante. Raphaëlle reste en retrait de Cyril qui ne sait s'il doit intervenir ou pas. Il se décide finalement : « Moi, c'est Cyril. Et voilà Raphaëlle, ma petite amie. La boudeuse, dehors, c'est Lisa, la sœur de Raphaëlle ! »

L'intrus hoche la tête en guise de réponse, sans décrisper les dents. Son regard reste préoccupé, insensible à la futilité des présentations. Cyril attend qu'il se présente à son tour mais la bouche de l'étranger ne daigne s'ouvrir.

— Raphaëlle et moi sommes à la fac de droit de Rouen. Quant à Lisa, elle vient de décrocher son bac.

— Que faites-vous ici ? demande sèchement l'inconnu sans les regarder.

— Euh ! J'ai voulu faire découvrir la haute montagne à Raphaëlle, mais quand j'en ai parlé à ses parents, Lisa avait l'œil si pétillant que Raphaëlle lui a proposé de nous accompagner…

— Connaissez-vous quelque chose à la montagne ?

— C'est-à-dire… J'ai fait deux stages d'alpinisme à l'UCPA. Surtout, j'ai une énorme envie de leur faire connaître les sensations que l'on éprouve à près de quatre mille mètres d'altitude.

Satisfait d'avoir amorcé le dialogue, Cyril poursuit : « Nous avons un peu de matériel avec nous, toutefois nous ne gravirons pas de véritable sommet, car les filles sont débutantes. Le bivouac Eccles est le point culminant de notre aventure. Au-delà, il nous faudrait un guide. »

— Quand êtes-vous arrivés ?

— Hier, répond Raphaëlle : vous êtes la première personne à qui nous parlons depuis notre départ de la vallée.

Lisa est quelque peu rassérénée. Elle se retourne et considère le minuscule refuge en demi-tonneau, plongé dans la pénombre. À pas de loup, elle se rapproche de la grotte inquiétante où un grizzly s'est installé pour la nuit. Elle s'arrête devant la porte close, hésite puis approche timidement la main de la poignée rouillée. De ses maigres forces, elle pèse contre la lourde masse obstinée qui finit par céder et la précipite de l'autre côté de son appréhension. Son cœur bat la chamade. Elle découvre avec surprise l'étranger assis face à Cyril et Raphaëlle qui l'écoutent religieusement. Il leur parle, ce qui est un miracle en soi ! Son étonnement croît encore lorsqu'elle remarque le ton confidentiel avec lequel il s'exprime, d'une voix semblant ne pas lui appartenir. Les yeux dissimulés du barbu s'illuminent sous l'éclairage vacillant des chandelles. Lisa y discerne une émotion intense qui, comme ses larmes sèches, ne peut se manifester librement. Elle qui éprouvait une crainte instinctive à son égard, se voit en proie à un sentiment proche de la culpabilité. Coupable probablement, se dit-elle, mais de quoi ? De l'avoir trop hâtivement jugé ? Elle sait que ce n'est pas tout : principalement de n'avoir pas deviné d'emblée l'angoisse qui le rongeait, elle qui se targue de devenir psychologue ! Que sait-on de la détresse humaine ? Quelle est l'histoire de cet homme et comment découvrir ce qu'elle n'osera lui demander ? À l'heure où expirent les dernières lueurs du jour, Lisa réalise que dès qu'elle croit détenir une vérité sur quelqu'un, elle commet aussitôt une erreur qu'elle finira par regretter. De celles qui, bardées de remords et nourries d'irréparable, pèseront dans la solitude des hivers, lorsque son cœur sera inconsolable. Raphaëlle, venant de constater le visage troublé de sa sœur, intervient :

— Quand tu prenais l'air, Lisa, Monsieur nous expliquait qu'il s'est séparé de sa femme il y a six ans et que depuis deux années il n'avait pas revu ses enfants.

— Ah ! dit-elle avec embarras. Un silence, puis elle ajoute avec compassion : avez-vous récemment essayé de les revoir ?

— Non, dit-il, fataliste. Je sais que c'est ma faute. En réalité, c'est quasiment dès leur naissance que je les ai perdus ! J'étais pourtant à leur chevet mais sans les considérer véritablement : je les voyais et ne les regardais pas… Et il en était de même de ma femme. Ces dernières années, j'ai appris à ne plus leur en vouloir. Cela n'a pas été simple ! Avec moi, ils n'ont manqué de rien, du moins sur le plan matériel. L'essentiel, c'est ma femme qui le leur a donné. Moi j'étais absent.

— Il n'est jamais trop tard ! avance Lisa avec l'assurance et l'enthousiasme de ses dix-huit ans.

— Vous verrez plus tard, Mademoiselle, que les choses ne sont pas si simples, surtout en vieillissant ! Avec le temps, on peut pardonner aux autres mais rarement à soi-même…

— Il est vrai que je n'ai pas beaucoup d'expérience, répond-elle piquée au vif, je suis néanmoins certaine que vous êtes trop dur envers vous-même et qu'il n'est pas trop tard pour renouer le contact avec vos enfants. D'ailleurs, qu'avez-vous à perdre ? Avez-vous pensé à eux et non à votre unique détresse ? Savez-vous comment ils vivent votre séparation ? Qui vous dit qu'ils n'aspirent pas à vous revoir et que seul l'orgueil les empêche de faire le pas ? N'est-ce pas ce même orgueil qui vous confine, vous, dans votre malaise ?

— Ce que j'ai à perdre ? Probablement rien, car j'ignore ce qui me reste aujourd'hui, à part les économies désormais inutiles d'une vie de labeur.

Craignant que la conversation devienne gênante, Cyril tente une diversion :

— Quelle course ferez-vous demain ?

Le regard de l'homme s'assombrit. Il pousse un soupir et répond :

— Ce n'est pas vraiment une course ! Ou bien si, un peu particulière…

— Que voulez-vous dire ? insiste Cyril.

— C'est difficile à exprimer. Si vous voulez, quelque chose à mi-chemin entre un pèlerinage et un devoir…

— Tout cela est bien mystérieux ! Dans quelle direction irez-vous ?

— Bonne question ! répond-il comme s'il s'adressait à lui-même. Et pour sauver les apparences, il précise sa pensée au prix de coûteux efforts : je m'élèverai d'abord jusqu'au col. M'élever, quelle drôle d'expression ! Ensuite, je traverserai le plateau, en direction de l'autre rive du bassin.

— Mais c'est dangereux ! s'inquiète Cyril. Avez-vous une corde ?

À cette parole, le quinquagénaire sourit. « Une corde ! », répète-t-il plusieurs fois à voix basse. Lisant l'inquiétude et la stupéfaction sur leurs jeunes visages, il veut les rassurer : « Vous savez, quand on est seul sur un glacier, une corde n'est pas très utile… »

— Et si vous tombiez dans une crevasse ?

À cette perspective, le personnage insolite semble contrarié. Il hésite, gratte sa barbe et ajoute avec piètre conviction : « A mon âge, j'ai l'habitude de la montagne. »

Cyril, aucunement rassuré, insiste encore : « Je suis désolé de vous dire cela mais ce que vous nous dites m'inquiète ! Voulez-vous que nous la fassions ensemble, votre course ? », lance-t-il sous le regard ébahi des filles. « Nous avons une corde, quelques mousquetons, deux broches à glace, au cas où… »

— C'est gentil mais je ne puis accepter.

— Cyril s'apprête à intervenir quand l'homme lui coupe sèchement la parole : « N'insistez pas ! » Un froid glacial s'abat sur l'abri. Les étudiants sont tétanisés.

« Vous savez, je suis un loup de mer ! », déclare-t-il quelques instants plus tard, en esquissant un sourire. Mais l'entrain de Cyril est bel et bien brisé. À la confusion de son esprit, s'ajoute un mal de tête lancinant dû à l'altitude ; il ne peut faire la part des choses, peser avec justesse les risques qu'encourt le vieux désabusé et la nécessité de respecter sa liberté. « Voilà un sacré sujet d'épreuve de philo ! », songe-t-il, sachant à quel point ce genre de dilemme ne l'a jamais inspiré face à une feuille blanche.

Ému par l'embarras et la sollicitude des jeunes, l'inconnu tente à nouveau de les rassurer : « Ne vous inquiétez pas ! Je suis venu seul jusqu'ici, je suis capable de poursuivre également seul. Je ne changerai pas d'avis. » L'ambiance continue de s'alourdir, l'esprit des jeunes entre en ébullition : « Cherche-t-il à se suicider ? », se répètent-ils inlassablement. L'ancien garde la tête froide. Il extrait de son sac divers objets difficilement reconnaissables dans l'obscurité : de la nourriture et un carton rectangulaire qu'il pose sur la table. Il caresse ce dernier à plusieurs reprises, comme pour l'épousseter et déclare : « Puisque vous vous inquiétez, je vais vous faire un cadeau ! »

— Un cadeau ! répète nerveusement Lisa.

— Oui, un beau cadeau…

Ses lourdes mains se soulèvent et s'approchent délicatement du curieux emballage vers lequel tous les regards convergent. Ses doigts dénouent un ruban vert pâle puis soulèvent la boîte qui dévoile un manuscrit négligemment relié.

— Un livre ! s'étonne Raphaëlle.

— Oui, un livre ! répond fièrement son détenteur, mais pas n'importe quel livre ! Il s'explique : un roman dont l'aventure se passe ici même !

— Un livre de montagne, j'adore ! exulte Cyril.

« Quelle barbe ! », se dit Raphaëlle en son for intérieur. Elle imagine déjà que ces feuillets criblés de ratures à l'encre dégoulinante vont accaparer son petit ami durant de longues heures au détriment de l'attention qu'il pourrait lui porter. Et pour apprendre quoi, en définitive ? s'interroge-t-elle, elle qui a toujours préféré les ouvrages concrets, les articles, les revues. La gorge nouée, l'inconnu fait une confidence : « Prenez-en soin : vous ne trouverez pas cette version en librairie. »

— Vous êtes l'auteur ?

— Peu importe : moi ou un autre… ! Prenez-le et lisez-le lorsque vous aurez le temps.

Un silence fébrile s'empare à nouveau des lieux. Cyril tient contre sa poitrine ce bouquin aussi insolite que son donateur, pendant que les filles échangent des regards interrogateurs. Il lance une dernière bouée : « Nous redescendrons demain vers midi. Si vous changez d'avis d'ici-là… » À l'évidence, cette proposition laisse de marbre le vétéran ; son mutisme anéantit les derniers efforts des jeunes. Raphaëlle serre nerveusement la main de Cyril, si fortement qu'il doit réprimer un cri de douleur.

« Le cassoulet est prêt ! », murmure Lisa pour leur venir en aide. À ces paroles, l'étranger retrouve une apparence abordable et la remercie. Une fois servi, il entame son repas sous les feux croisés de six yeux scrutateurs. Un peu plus tard, il interrompt le festin et fouille dans son sac pour en retirer un objet métallique bosselé, sorte de débris qui devait jadis faire office de gourde. Il l'ouvre délicatement et le porte à ses lèvres. Tous l'observent se désaltérer par gorgées amples et régulières. « Nous allons vous laisser finir votre repas sans vous déranger », dit Raphaëlle en se levant. Elle pousse la porte et sort, suivie de près par Lisa et Cyril :

— Qui est-il, au juste ? demande Raphaëlle. Et sa sœur de lui répondre :

— Il m'a d'abord fait très peur puis maintenant – et je ne sais pas pourquoi – c'est plutôt de la pitié qu'il m'inspire. Je pense que je me suis trompée à son égard, en réagissant négativement de prime abord.

— Je partage l'avis de Lisa, dit Cyril, mais le problème est qu'il refuse de nous donner la moindre information le concernant : d'où il vient, où il compte aller... ? Quand il parle de demain, j'ai froid dans le dos !

— Le fait qu'il soit parvenu seul sans encombre jusqu'ici malgré les crevasses laisse penser qu'il pourrait être un alpiniste chevronné. Lisa poursuit : c'est peut-être même une célébrité dans le milieu de la haute montagne ?

À l'air dubitatif de ses compagnons, elle se sent obligée de développer : « En tout cas, cela pourrait expliquer sa discrétion sur lui et sur ses projets. Les grands navigateurs ou les explorateurs renommés sont souvent des ours des cavernes ! Je me souviens avoir lu dans le récit d'un aventurier qui venait de réussir une traversée de l'Antarctique en solitaire, qu'à son retour dans la civilisation il n'avait pas daigné répondre aux journalistes qui l'attendaient au port... Il se peut qu'à un certain degré de retranchement... » Raphaëlle interrompt les spéculations de sa cadette :

— Je ne crois pas : avez-vous observé ses mains et sa face ?

— Non, répondent-ils de concert.

— Eh bien moi, je vous dis que ce ne sont pas celles d'un montagnard ou d'un aventurier !

— Il est vrai que sa démarche était lente et hésitante, quand nous l'observions dans le bas du glacier...

Sur ces paroles de Cyril, les jeunes demeurent songeurs sous la voûte glacée de la nuit. Les dernières lueurs du jour ne sont plus qu'un souvenir. De leur inexpérience, ils apprennent combien la détresse d'un être reste indifférente à l'humanité. Considérablement plus seuls que la veille, ils sont là tous les trois, immobiles, dressés sur un piédestal de cristal face à l'infini, avec le silence pour unique écho. Les membres de Lisa sont transis. Toujours à fleur d'émotions, elle voudrait exprimer, mais exprimer quoi ? Le silence est omniprésent et le vide absolu. Ce traître compagnon plombe l'espace et scelle les lèvres. Une lueur à peine perceptible s'attarde sur la calotte du Grand-Paradis. Il suffit de si peu de chose : la caresse d'un jet de lune sur une terre exilée, et voilà qu'un cœur se réchauffe ! Puis, c'est au tour du Grand Combin et des hauts plateaux valaisans, du Cervin et du Mont-Rose enfin, de goûter aux ultimes délices de l'existence. Et au-delà de la vertigineuse paroi orientale de ce dernier géant, les vallonnements bucoliques du Valsésia et l'envoûtante plaine d'Italie ont rejoint le royaume des ombres.

Lisa, qui ne supporte pas le froid, s'en retourne dans l'abri. Sur le trajet, elle devine le spectre de l'arête sommitale du massif, par-delà la masse opaque du Mont-Blanc de Courmayeur. Entre ce sommet et son suzerain, celui de Chamonix, deux mondes coexistent, distants de quelques centaines de mètres, que séparent d'insondables univers. Maintenant, les titans ont définitivement disparu, engloutis dans l'épaisseur de la nuit. Ne subsiste qu'un calme magistral, déconcertante absence de son qui préfigure la capitulation de la vie elle-même. Ainsi confrontée à la reddition du jour, des couleurs et des espoirs, Lisa éprouve l'envie de tout inverser, de revenir en arrière de quelques heures : personne n'en saurait jamais rien ! Une faille insignifiante dans l'œuvre du temps, qu'elle partagerait seule avec lui ou qu'elle ignorerait ! Arrêter la chute des repères en lesquels elle croyait encore en début de soirée. Le temps de s'égarer dans des méditations sans lendemain et l'Europe a expiré sans esclandre. Malgré la joie, les forces vives et l'amour déployés, elle lit dans l'encre noire qu'aucun être ne surpassera le destin de l'espèce : telle est l'amère sagesse qui restera associée à cette journée insolite dans son cœur de jeune adulte.

— J'ai froid, chuchote Raphaëlle à l'oreille de Cyril qui la serre contre lui.

— Rentrons.

Lisa s'adosse à la carcasse métallique du refuge. « Tu ne rentres pas ? » lui demande sa sœur. « J'ai encore besoin d'un peu de temps… » Le caractère énigmatique de sa réponse échappe aux amoureux qui disparaissent dans le halo de la porte entrouverte. Lisa se retrouve seule en cette nuit solennelle, remplie de présages. Elle sent naître une oppression puissante mais ressent le besoin de prolonger la confrontation. Les minutes passent et glissent, la voûte céleste suit. Et Lisa, toujours immobile, éprouve l'immense solitude des galaxies reléguées aux quatre coins du néant, l'impalpable densité du vide. Est-ce cette solitude commune qui la soutient contre toute logique, elle que jamais personne d'autre que ses parents n'aima véritablement ? Délicatement, comme de crainte de briser l'ordre établi, son regard se porte vers la voie lactée et y sonde les années-lumière séparant des bouquets d'astres. « Qui donc est cet homme ? Et qui sommes-nous ? », s'interroge-t-elle, le regard perdu dans la spirale laiteuse d'un bout de ciel. « Sommes-nous réellement là, où nous pensons être ? » Et si l'énigme qui accompagne leur visiteur inattendu trahissait son authentique nature : une simple vue de l'esprit, une allégorie aux allures réelles ? Existe-t-il indubitablement ? Déjà, ses pensées lui échappent et, emportées dans la vapeur de son souffle, rejoindront un jour peut-être les étoiles semées dans le grand champ du firmament. Tel est son vœu immédiat. Comme tout transport, il est éphémère ; ses yeux s'engourdissent sous le poids de la lassitude et laissent retomber son regard vers des altitudes terrestres. Au passage, il se heurte à la masse impalpable d'une autre mer, non pas de rêves mais de nuages. Sous la bienveillance de son tapis moelleux, sous la douce tentation nocturne, des milliers de bras invisibles sont tendus vers elle, qui lui louent les vertus du repos. Dire que si peu d'âmes assoupies dans le creux des vallées sont conscientes du prodige qui les coiffe, de ce tapis d'étoiles flottant au-dessus de leurs toits de lauzes. Fourbue, Lisa s'interroge encore : « Qu'est-il préférable : pousser la conscience jusqu'à ses propres limites ou se laisser porter par les préoccupations commodes de sa génération ? » Entre le mélange de satisfaction et d'angoisse que distille la première option aux naïfs se croyant promis à de nobles destinées et le repos non immérité que prodigue la seconde, son cœur balance que son esprit embrouillé ne peut départager. C'est peut-être lui, le grand mystère amené à marquer sa mémoire : le droit et le devoir d'être heureuse, de jouir de la vie en cultivant une forme sagace de mélancolie…

2

Raphaëlle ouvre les yeux : le noir absolu ! Elle se retourne et cherche à tâtons sa lampe frontale qu'elle retrouve près d'une chaussure, sous le sommier. Elle l'allume : 8 h 30. « Il est très tard ! », songe-t-elle.

— Quel temps fait-il, demande une voix vaseuse.

— Je ne sais pas, chuchote-t-elle. Je vais voir.

Mal réveillée, elle enfile gauchement son pull-over et ses chaussures puis se dirige vers la porte qu'elle ouvre rapidement pour éviter les grincements et la referme avec le même empressement. À l'extérieur, impossible de discerner le ciel du relief ; les éléments se confondent dans une atmosphère blafarde. Plus de montagne ni de vallée, plus de glacier ni de cascades de granite, juste de vagues ondulations hantées de lambeaux de brume vers lesquels se porte l'attention de Raphaëlle. Ici ils apparaissent, là s'évanouissent comme privés de raison. À peine plus loin, d'autres se détachent d'agglomérats informes et regagnent l'air livide. « Voilà qui est simple ! », se dit-elle. En cette aube nouvelle, le monde semble douter. Un instant singulier qui n'appelle pas d'avenir… La jeune femme qui sent l'angoisse grandir en elle, décide de rentrer. De retour dans l'abri, Cyril et Lisa maugréent d'être sauvagement aveuglés en plein songe. Raphaëlle, toujours perturbée par un sentiment indéfinissable, ne réalise pas de suite que la place de l'inconnu est vide. Elle avertit ses proches. Cyril redresse précipitamment la tête pour vérifier de visu : plus aucune trace du visiteur ! Raphaëlle s'affole à son tour : « Mais où est-il par ce temps ? » Sur le bord de la table, elle aperçoit le livre qu'il leur a offert. Un bout de papier en déborde. Elle s'approche et s'en saisit. Une main hésitante y a écrit : « Merci pour tout. »

Cyril sort, une paire de jumelles à la main. Il contourne le bivouac et scrute le relief brumeux. Vainement. Un peu plus tard, une trouée se dégage vers l'est, qui dévoile la silhouette altière du col de Peuterey. Rapidement, le décor se métamorphose, les vapeurs s'organisent et prennent une direction commune ; la journée reprend son cours. Cette fois encore, la nature survivra ! Les premiers rayons atteignent l'abri et rendent du baume au cœur des jeunes. Cyril et Raphaëlle s'embrassent, Lisa reste à l'écart pour inspecter les environs. Soudain, elle remarque un mouvement. Cyril s'empare des jumelles et reconnaît l'inconnu qui s'élève péniblement sur le glacier, en direction du soleil. « Quelle tête de mule, celui-là ! » Ils l'observent tour à tour, jusqu'au point extrême où la tache minuscule de son corps se fond dans l'aveuglement du jour. Aussitôt disparu de leurs regards, un sentiment d'isolement les envahit.

Le temps avance imperturbablement. Les jeunes restent prostrés. Le soleil, dans le ciel désormais radieux, ne parvient pas à les réchauffer. Depuis le départ de leur hôte, un mystère persiste. Quel mystère ? Celui de son grand secret ? Celui de la vie ? De la mort ? De la sienne ? De la leur ? Tout se confond ! Lisa parcourt le bouquin intitulé : « La densité du vide. » Rapidement, elle pressent que son propriétaire n'est autre que l'un des protagonistes, mais lequel ? Elle sait que la solution est dans la suite de l'ouvrage. Plus question pour elle de redescendre cet après-midi ; il lui faut terminer aujourd'hui la lecture et en découvrir l'arcane ! La météo est excellente : aucune raison sérieuse de quitter les lieux dans l'immédiat !

3

Lefort est à présent seul face au vide, son plus grand ennemi, celui qui précipita sa chute avant même le premier coup de semonce, il y a treize ans déjà. Il se tient là, debout, droit, le menton relevé, comme il le faisait quand il recevait des distinctions en public. Et sous ses pieds, la dalle. Cette dalle dont il connaissait chaque détail de la partie inférieure ! Cette dalle dont le haut le hanta plusieurs jours durant ! Cette dalle qui aurait pu changer le visage du monde, si seulement elle s'était trouvée cinquante centimètres plus loin ! Fatalité lisse et pétrifiée qui ne pardonne rien, pas plus aujourd'hui qu'hier. Lefort s'étonne que ses dernières pensées le ramènent à Botti. Quelques mètres en contrebas, il imagine les bras du guide tendus vers d'incertaines prises, la sueur dégoulinant de son front, les muscles crispés à se rompre, le souffle coupé, un dernier doute et la roche polie par les siècles, sans la moindre aspérité à laquelle suspendre, pour une seconde encore, une vie qui s'échappe. Cette roche impitoyable sous ses doigts devenus insensibles, étrangers, une vision fugitive du firmament et un pied qui soudain se dérobe, sans cri ni étonnement, un moment d'apesanteur puis le frottement décapant et indolore du corps sur le granit, une joue qui s'arrache et l'inévitable basculement, le cours des choses qui s'accélère – ou qui ralentit – le temps mis à l'épreuve et un regard interrogateur lancé vers le ciel qui recule et tournoie, l'ivresse inespérée de l'abandon, l'apaisement d'avoir mené avec droiture sa dernière course, son ultime combat. Ou se pourrait-il qu'il ait comme lui, en cet instant même, cherché la confrontation avec le vide, ayant accepté que la partie fut déjà perdue ? A-t-il délibérément fait le pas final ? Ces questions, et mille autres plus confuses encore, s'entrechoquent dans l'esprit meurtri de Lefort dont la barbe hirsute flotte au vent. Du fond de ses entrailles, une gêne entre en ébullition, pareille à celle qui, la veille du drame, le paralysa lorsqu'il s'apprêtait à effectuer son premier rappel sous les yeux accusateurs de ses compagnons.

Fort de l'expérience qu'il a depuis acquise et armé de la détermination de mettre un terme à sa nausée, il sait qu'il va réagir différemment. Toutefois cette gêne le reprend et l'indispose autant que son malaise et sa terreur : l'imprévu ! Lui qui, depuis plus de dix ans, a tout calculé, tout imaginé, a négligé cette petite boule au creux du ventre, cette gangrène qui le détourne du fil de ses pensées. Il inspire, recentre son esprit et s'approche du bord rocheux qu'il ne peut regarder de face mais qu'il sonde de l'extrémité de ses semelles. Immobile, le souffle retenu, il se concentre, répète la procédure qu'il a cent fois déroulée et qui mettra, dans un instant à peine, un terme à l'imperfection de sa vie. Et le voilà à nouveau distrait par cette maudite douleur. « Un répit… une seule seconde de rémission et cela suffira ! »

Mais il n'est point de répit, pas davantage qu'hier ! La douleur croît en lui à une allure vertigineuse. Il réalise que cette seconde qu'il espère et appelle, que cette rémission, si modeste soit-elle et insignifiante à l'échelle du cosmos, ne lui sera pas accordée. À la limite de l'asphyxie, sa bouche s'ouvre, sa gorge se déploie, sa respiration reprend. L'urgence est de garder le cap, de ne pas détourner le regard du néant auquel il devrait déjà appartenir. Les yeux exorbités, les pupilles dilatées, sa vie lui échappe, le monde autour de lui chavire. Il perd l'équilibre, titube aveuglément et, dans une contraction musculaire incontrôlée, se retrouve plaqué au sol, plusieurs mètres en retrait du précipice.

Lentement, l'air idiot, il réapprend à respirer. Sa première pensée lucide est qu'il va désormais devoir « se survivre ! » Avant même de pouvoir se relever et bien que venant d'essuyer le plus cuisant des échecs de courage et de détermination, il découvre en lui l'apaisement du détachement. Une légèreté indicible. Il réalise que ce réflexe qui l'a sauvé, était un geste de vie. Et qu'ainsi, aux tréfonds d'une nuit sans lendemain, une flamme n'est jamais complètement éteinte ; un espoir subsiste encore, quand bien même l'esprit a tout mis en œuvre pour l'anéantir. La pensée n'est rien, et comme la volonté, la vie se complaît à lui échapper : seule l'existence mène le jeu. Quel jeu ? Le reste n'est que spéculation, plus inconsistante que l'air ou le qu'en-dira-t-on. Des années de détermination et de nihilisme ne pèsent pas lourd à côté d'une pulsion de chair… Ces pensées lui venant, Jean-Charles sent que plus rien ne pourra lui résister. Pour la première fois, il éprouve la caresse du soleil sur sa joue. Une vision brève de son enfance lui revient : il est assis au coin du feu et attend la venue du Père Noël… Puis c'est au tour du vent de lui redevenir perceptible. Immatériel et infiniment libre, il le sent bondir joyeusement dans ses bronches encombrées et abreuver ses poumons, rendre vie à son être… Alentour, le silence a changé. Le ciel aussi, tout comme ces pics, ces glaciers, ces étendues démesurées et ses mains gourdes qu'il va devoir apprivoiser. Il sait que son malheur ne vient pas de ses actes passés, ni du drame qui a révélé la fissure dans sa carapace, mais de son obstination à rejeter ce qui ne pouvait le servir. Il pense à Gladys. À Gladys et à ses certitudes. À sa naïveté aussi. Mais surtout à Gladys et à son foutu bonheur !

Jean-Charles se relève, tourne le dos au vide et repart sur ses propres traces ; il lui reste à parcourir à l'envers le chemin de sa perdition. Il pose un à un les pieds dans l'empreinte de ses pas et leur imprime une direction opposée : que de symboles pour un homme sans symbole ! Une promesse lui traverse l'esprit…

Il parvient au sommet d'un bombement neigeux d'où la vue s'ouvre sur l'Italie et ses dents éclatantes, là même où, il y a une heure, les étudiants l'ont perdu. Sans tarder, il entame la descente, le cœur affranchi. Il médite sa marche comme d'autres, au fond de monastères, la destinée humaine. Il songe aux schémas et principes qui jamais ne lui furent accessibles. Il a enfin l'impression de vivre ou de revivre, débarrassé du plus perfide des usurpateurs de son corps et de son âme. Au gré de ses pas mécaniques, une évidence éveille sa conscience : entre l'acte de Michel et celui qu'il s'apprêtait à commettre, il n'y a qu'une différence, mais une différence de taille : la noblesse ! Lui qui ne croyait qu'en la valeur des actes et en la toute puissance de la volonté, le voilà qui appréhende avec joie et horreur le gouffre séparant le don de Botti, en des temps que le temps aujourd'hui glorifie, et le geste qui l'amena, lui, l'implacable, l'inébranlable Jean-Charles Lefort, à cette extrémité du continent, au paroxysme de l'absurde qu'il a pourtant toujours combattu. À l'instinct, il se fraye un passage entre les pièges du glacier. Le danger lui a échappé à la montée ; il avait si peu d'importance alors. À présent, une force inédite l'incite à écouter les leçons de la terre et à en discerner les signes. Derrière le monde des projets et des résultats, derrière la façade des ambitions, une porte s'est entrouverte qui lui en a dévoilé une autre, moins prestigieuse, mais prodigue de la véritable gloire…

Lisa, Raphaëlle et Cyril ne le reverront jamais. Ils garderont de sa rencontre un sentiment d'inachevé, l'impression qu'ils auraient dû en faire davantage. Jusqu'où faut-il respecter la liberté d'autrui ? Ni Cyril, ni ses compagnes ne le savent et là n'est point l'essentiel. Au-delà de cette interrogation, se profile le poison du doute. Une tache à peine visible s'est posée sur l'étendue immaculée de leur jeunesse. Que deviendra-t-elle dans un an, dans dix ans ou au terme du voyage ? Peut-être, à bout de force et d'illusions, la sentiront-ils se réveiller ? Ou peut-être pas ! Ou alors, dans l'imminence des grands départs, connaîtront-ils la réponse aux questions qu'ils auront habilement esquivées tout au long de leurs vies ?

Plus tard, à l'heure où le soleil déserte les abîmes du Mont-Blanc et étire les ombres agrippées aux flèches de granit, Lisa termine la lecture du manuscrit ; elle connaît désormais l'identité de leur visiteur. C'est donc sur ses frêles épaules et sur celles des deux amoureux que reposera le lourd secret de Lefort. De grosses larmes perlent sur son visage d'enfant. Elle relève la tête et pose son regard brouillé sur un hypothétique ailleurs…

Table des matières

Achevé d'imprimer en France
Protection IDDN